本书由"全省哲学社会科学研究专项任务项目（全国教育大会精神研究）"；贵州省"德创行班主任工作室"培育项目；贵州省教育科学规划课题"数智化教育助推大学生创新素养提升路径研究"（课题编号：2024B063）；贵州省高等学校教学内容和课程体系改革项目"地方本科院校专升本物流人才'1v3c5e'培育模式创新研究"（课题编号：GZJG2024406）；民族地区大学生创新创业教育中心平台建设项目（课题编号：2022xjg024）；贵州省一流课程"创新性实践"项目（编号：2024JKXN0093）资助出版

大学生创新创业基础

曹庆楼 杨清华 王雪苇 主 编

薛韩刚 崔艺桓 李 桥 王 珊 陈芳芳 副主编

知识产权出版社

全国百佳图书出版单位

—北京—

图书在版编目（CIP）数据

大学生创新创业基础 / 曹庆楼，杨清华，王雪苇主编；薛韩刚等副主编. -- 北京：知识产权出版社，2025.8. -- ISBN 978-7-5245-0025-4

Ⅰ．G647.38

中国国家版本馆CIP数据核字第20255QV811号

内容提要

本书以"创业主体—创业条件—创业实务"三大模块构建循序渐进的课程体系，采用"理论奠基+案例解析+实践推演"的立体教学模式，通过实训项目引导学生完成"认知创业本质—构建资源网络—落地商业实践"的完整闭环，着重培养市场洞察、资源整合与风险管控能力，助力学生形成从创意萌发到企业持续经营的系统性创业思维。

本书不仅是本科、专科及中等职业院校双创教育的基础性教学用书，还适合作为各类创新创业培训课程的教材。

责任编辑：李小娟　　　　　　　　　责任印制：孙婷婷

大学生创新创业基础

DAXUESHENG CHUANGXIN CHUANGYE JICHU

曹庆楼　杨清华　王雪苇　主编
薛韩刚　崔艺桓　李　桥　王　珊　陈芳芳　副主编

出版发行：知识产权出版社有限责任公司		网　　址：http://www.ipph.cn		
电　　话：010-82004826		http://www.laichushu.com		
社　　址：北京市海淀区气象路50号院		邮　　编：100081		
责编电话：010-82000860转8531		责编邮箱：laichushu@cnipr.com		
发行电话：010-82000860转8101		发行传真：010-82000893		
印　　刷：北京中献拓方科技发展有限公司		经　　销：新华书店、各大网上书店及相关专业书店		
开　　本：720mm×1000mm 1/16		印　　张：19.25		
版　　次：2025年8月第1版		印　　次：2025年8月第1次印刷		
字　　数：338千字		定　　价：78.00元		

ISBN 978-7-5245-0025-4

出版权专有　侵权必究

如有印装质量问题，本社负责调换。

创业是一个复杂且系统的过程,它不仅属于商业行为范畴,更是一项涉及认知、创新、团队、环境、文化、机会、筹资、决策、计划及企业管理等多个层面的综合性活动。其中每一个环节都起着关键作用,每一项决策都可能对企业的未来发展产生影响。

创业管理是一门具备系统化特质、以实践为导向的学科,其目的在于培育学习者的创业思维、创新能力及企业管理技能,使学习者能够识别商业机会、整合资源、制订创业计划并高效运营新创企业。本书依据"创业管理"课程的基本教学要求,结合编者多年从事该课程教学与科研的经验编写而成。

本书全面阐释了创业的核心理念与实践方法,为创业者,尤其是大学生群体,提供了系统性的指导。其内容不仅包含创业的基础知识与技能,还涉及如何在激烈的市场竞争中找准自身定位,如何在资源有限的情况下进行有效的资源整合,以及如何在面临风险时实施有效的管控。

本书在编写过程中,着力凸显以下特色。

(1)政治导向与时代背景:本书各章节均紧密贴合当前政治经济形势,反映时代发展趋势,确保内容紧跟时代步伐,契合国家政策导向。

(2)实践性与操作性:每章内容均结合实际案例,并提供具体操作步骤,助力读者将理论知识转化为实际应用能力。

(3)系统性与全面性:涵盖创业的全流程,从机会识别到企业运营,确保读者能够获得全方位的创业指导。

（4）创新性与前瞻性：引入最新的创业理念，探讨未来发展趋势，激发读者的创新思维。

（5）互动性与实用性：设计互动环节，增强学习体验，提升实战能力。

（6）案例丰富，数据详实：确保理论与实践紧密结合，为创业者稳步前行提供助力。

通过系统学习，学生能够提升创业认知水平，掌握创新方法，优化团队管理，把握市场机会，作出科学的融资决策，并有效管理企业，进而提高创业成功率。

在本书撰写过程中，感谢黔南民族师范学院吴浩天、况春遥、骆琳秀、高慧芳、毕星宇、杨舒、肖莉、龚婷婷、吴雪、陈泽明、潘美艳、王兴红、张敏、施良等同学（排名不分先后）给予的帮助，本书编写组在此致以诚挚谢意！

第一章 创业认知 / 1

第一节 创新、创业和创意的含义、特征与要素 / 2

第二节 大学生职业规划与创业 / 9

第二章 创新理论、创新方法与创新原则 / 13

第一节 创新理论 / 14

第二节 创新方法 / 18

第三节 创新原则 / 27

第三章 创业企业家与创业团队 / 33

第一节 创业企业家 / 34

第二节 创业团队 / 42

第三节 创业企业家培养和创业团队建设 / 50

第四章 创业环境 / 61

第一节 创业环境概述 / 66

第二节 宏观环境 / 69

第三节 微观环境 / 75

第四节 环境分析方法 / 79

第五章　创业文化 / 87

第一节　创业文化概述 / 88

第二节　创业文化的内涵 / 93

第三节　创业文化培育和构建 / 95

第四节　新时代大学生创业文化的培养 / 103

第六章　创业机会 / 111

第一节　创业机会概述 / 113

第二节　创业机会的识别 / 119

第三节　创业机会评估 / 126

第七章　创业筹资 / 134

第一节　创业筹资概述 / 135

第二节　资金需求预测 / 138

第三节　股权筹资 / 140

第四节　债务筹资 / 151

第五节　资本成本 / 164

第八章　创业投资决策 / 173

第一节　市场分析 / 177

第二节　市场调查的方法与程序 / 181

第三节　创业成本分析 / 191

第四节　项目投资决策方法 / 193

第五节　项目风险预测 / 209

第九章　创业计划 / 219

第一节　创业计划的概念、目标和用途 / 220

第二节 创业计划的内容 / 222

第三节 创业计划的制作步骤 / 232

第四节 创业计划书的撰写 / 238

第十章 新创企业管理 / 252

第一节 新创企业的注册流程 / 253

第二节 新创企业概述 / 258

第三节 新创企业营销概述 / 263

第四节 新创企业运营概述 / 268

参考文献 / 287

附　　录 / 291

第一章　创业认知

> **学习目标**

▲**知识目标：**

(1) 掌握创新、创业和创意的含义；

(2) 熟悉大学生职业规划与创业的基本内容；

(3) 掌握大学生创业的主要内容。

▲**能力目标：**

(1) 理解创新的含义和特征，掌握创新的思维方法和技巧；

(2) 掌握创业的含义和要素，学会制订和实施创业计划；

(3) 理解创意的含义和要素，提高创意产生和实现能力；

(4) 了解创新、创业和创意之间的关系，学会如何将三者结合并运用于实践。

第一节　创新、创业和创意的含义、特征与要素

一、创新

(一) 创新的含义

近年来,学者对创新的定义提出了多种不同的解释。

1912年,美国学者熊彼特在其《经济发展理论》一书中,首次提出"创新"一词。熊彼特将创新定义为生产函数的变革,这种变革无法被细分为无限小的步骤,即所谓的"创造性破坏"。他进一步将创新分为五种情形。

(1) 采用一种新的产品,即消费者还不熟悉的产品;

(2) 采用一种新的生产工艺,即在相关制造领域尚未经过验证的方法;

(3) 开拓一个新兴市场,无论该市场先前是否已经存在;

(4) 获取或掌握原材料或成品的新供应渠道,无论该渠道是已经存在的,还是首次被开发的;

(5) 创造出一种新的企业组织形式。

社会学家认为,创新是指人们为了发展需要,运用已知的信息和条件,突破常规,发现或产生某种新颖、独特的有价值的新事物、新思想的活动。创新的本质在于突破,即突破旧的思维定式、旧的常规戒律,改进或创造新的事物(包括但不限于各种方法、元素、路径、环境等),从而创造出有价值的成果。

本书认为,创新是指以现有的思维模式提出有别于常规(常人)思路的见解为导向,利用现有知识和物质,在特定的环境中,为满足社会需求,

改进或创造新的事物、方法、元素、路径和环境,并能获得一定有益效果的行为。

那么,创造与创新有什么区别?

一是条件不同。创造是指在无先例的基础上,通过发明、制造和生产活动实现的,如中国古代的四大发明。

创新是指在现有技术基础上进行更高级别的技术革新与提升,如企业转型等现象备受关注。

二是概念不同。创造从字面上理解,意指"首次提出或构建的事项",即人类首次产生新颖的精神或物质成果的思维与行为的综合体现,其本质特征在于原创性。例如,科学领域的发现、技术领域的发明、文学艺术领域的创作等,均属于创造性活动的范畴。创新活动的特点在于其是有意识地对世界进行探索性劳动的过程。

(二) 创新的特征

从创新的定义来看,创新具有目的性、变革性、新颖性、超前性、价值性、继承性和突破性等特点。

1. 目的性

创新的目的性是指任何创新活动都有一定的目的,这个特性贯穿于整个创新过程。从政府的角度来看,创新作为推动人类社会发展的重要力量,其目的是增进人类福祉。从企业的角度来看,企业创新的目的是提高效率,降低成本,发现机会,提升竞争力。同时,企业在追求创新的过程中,旨在通过创新活动获取短暂的竞争优势,以期阻止或延缓潜在新竞争者进入,从而维护或提升其市场竞争力。

对于个体而言,特别是大学生群体,创新活动的目的不仅包括个人价值的实现,也包括社会价值的创造及创新精神的培育。因此,创新活动的目的性应明确,其核心在于评估其是否对自然界的演进、社会的进步及个人的全面发展具有积极影响。

2. 变革性

创新的变革性是指通过运用一系列方法（如管理制度变革、创新工作方法等）对现有制度、管理体制和运行方式进行改革与革新，是一种深刻的变革。对于企业而言，创新变革是企业发展的重要因素，其不仅可以帮助企业适应市场变化，顺应时代发展，还可以促进企业持续性提升。以下是创新的变革性对企业的重要性分析。

（1）提升企业竞争力：创新变革可以帮助企业不断更新其产品、服务和流程，提升企业的市场竞争力。

（2）满足客户需求：创新变革可以让企业更好地了解市场需求和顾客偏好，推出更具市场竞争力的产品和服务，以满足客户需求。

（3）强化企业文化：创新变革过程的推进，依赖于团队的协同合作、创新性思维及开放性文化的培育，从而能够加强企业文化氛围的建设。

（4）增加企业价值：创新变革可以带来新的商业模式、新的技术和新的产品，进而提升企业价值。

（5）适应环境变化：在当前市场与环境的快速变化中，创新变革成为企业调整战略与业务、适应环境变迁的关键手段。

3. 新颖性

从创新的概念来看，创新不是模仿，也不是再造，其意义在于"出新"。出新是创新的本质，是创新的价值所在。所有创新都必须在创新思维指导下，用新思路、新方法去解决问题，从而获得新理论、新技术、新设计、新方案和新产品。新颖性包含三个维度：一是全球创新性或绝对创新性；二是局部创新性；三是主观创新性，即对创新主体而言具有前所未有的特性。总体而言，创新是对现行不合理现象的扬弃过程，它摒弃了过时的元素，确立了新的事物。

4. 超前性

超前性是指超越当前正常条件的性质。众所周知，古语有云："人无远虑，必有近忧"，此言揭示了缺乏深谋远虑将导致迫在眉睫的困扰。因此，在进行各项活动时，必须深思熟虑，提前进行战略部署和规划。唯有采取前瞻性的策略和布局，方能避免仓促和急躁。创新活动旨在改进或创造新的事物、方法、元素、路径及环境，因此其本质特征是具有前瞻性的。这种前瞻性是基于现实情况的深入分析和实际考量，体现了实事求是的原则。

5. 价值性

价值一词通常是指客体对主体所展现的积极意义与效用。创新活动能够突破传统模式与限制，催生新的市场空间、产业形态及就业机会。创新在推动行业变革、引领商业模式创新与技术革新方面发挥着关键作用。以苹果公司、谷歌公司等为代表的技术巨头，通过持续的创新实践，不仅引领市场潮流，而且创造了巨大的市值与经济价值。此外，创新对于提升企业生产效率、改善产品质量、降低生产成本具有显著的促进作用，进而实现更佳的经济效益。因此，创新的价值是显而易见且具体的。

6. 继承性

创新的基础在于继承。牛顿说："如果说我看得更远，那是因为我站在巨人的肩膀上。"这句话很好地说明了新与旧的关系，无旧便无新，新是在旧的基础上发展演变而来的。所以，继承是创新的基础，只有在继承的基础上才有创新。

7. 突破性

创新的关键在于突破。要实现创新，就要突破常规限制，突破固有习惯，摆脱过去的思维定式。创新是对传统的变革。

二、创业

(一) 创业的含义

在我国古代，创业是开创基业的意思。《孟子·梁惠王下》中提道：

"君子创业垂统,为可继也";汉代张衡在《西京赋》中写道:"高祖创业,继体承基";三国时期的诸葛亮在《出师表》中也表达了类似的观点:"先帝创业未半而中道崩殂,今天下三分,益州疲弊,此诚危急存亡之秋也"。

杰夫里·提蒙斯认为:创业不仅是一种行为方式,它融合了深思熟虑、品德素质和卓越才能,要求在策略上全面考量,并具备协调一致的领导力。❶徐军在《大学生创新创业基础》一书中对创业的定义进行了阐述:创业中的"创"字代表一种行动力,而这个行动力具备六要素——人物、情景、对象、思维、方法和目标;至于"业",它由很多元素组成,如行业、职业等,创业是通过运用创业思维,组建团队,并将这些想法变为现实的过程。❷

总体而言,创业活动涉及创业者及其团队如何利用和整合自身所掌握的资源,以实现经济价值或社会价值最大化的过程。

(二) 创业的要素

近年来,不同学者对创业的要素有不同的认识。例如,1999 年,提蒙斯提出,创业是"机会、资源、团队"三大要素的结合❸;2004 年,葛建新等提出,人的因素、物的因素、社会因素和组织因素构成了创业的要素;2005 年,蔡莉、葛宝山和李雪灵等在对科技型企业的创生系统研究过程中提出,科技型企业创业要素分为宏观要素(包括科技环境、金融环境、教育人才环境、政策法律环境、文化环境和市场环境)和微观要素(包括创业者、商机和资源)❹。综合以上观点,本书认为,从创业的定义来看,创业主要涉及三个要素:创业者、创业团队和创业环境。

---

❶ 杰夫里·提蒙斯.创业学[M].周伟民,吕长春,译.北京:人民邮电出版社,2005.
❷ 徐军,徐全忠.大学生创新创业基础[M].北京:高等教育出版社,2020.
❸ 杰夫里·提蒙斯.创业学[M].周伟民,吕长春,译.北京:人民邮电出版社,2005.
❹ 蔡莉,葛宝山,李雪灵,等.创新驱动创业的理论基础[M].北京:科学出版社,2023.

1755年，法国经济学家坎蒂隆首次将"创业者"一词引入经济学。❶ 1800年，法国经济学家萨伊首次对创业者进行定义：创业者是在经济活动中协调资源分配、资金使用和劳动力雇佣的代理人。❷ 1934年，著名经济学家熊彼特认为，创业者应具备创新精神，创业者应具有发现和引入创新且效益显著的产品、服务和流程的能力。❸ 综合这些观点，本书认为，创业家是指那些具备识别或运用特定信息、资源、机遇或技术的人。他们借助相应的平台或工具，将这些识别或技术转化为更丰富的财富和价值，并实现其追求或目标。

陆雄文在《企业管理学大辞典》中提到，创业团队是为进行创业而形成的集体。❹ 它使各成员（包括创业搭档及其他成员）在行为上形成彼此影响，在心理上意识到彼此的存在，并感受到相互之间的归属感和协作精神。黄海燕在《大学生创新创业基础》一书中提到，创业团队通常由少数企业创始人组成，他们为了实现共同目标和愿景而联合创办企业，共同进行资本投入，并在决策过程中共享权利，从而形成一个紧密协作的集体。❺ 综合以上观点，本书认为，创业团队是指为实现共同目标而组建的团队。

创业环境是指开展创业活动的范围和领域，是创业者所处的境遇和情境。它包括影响创业者创业思想及开展创业的各种因素和条件。一般来说，稳定的社会环境对创业具有积极影响。近年来，为了支持大学生创业，我国陆续出台了多项政策文件，如《国务院办公厅关于进一步支持大学生创新创业的指导意见》等，旨在支持和鼓励大学生创业。

---

❶ 理查德·坎蒂隆.商业性质概论[M].商业性质概论.余永定，徐寿冠，译.北京：商务印书馆,2011.

❷ 萨伊.政治经济学概论：财富的生产、分配和消费[M].陈福生,译.北京:商务印书馆,2017.

❸ 约瑟夫·熊彼特.经济发展理论[M].何畏,译.北京:商务印书馆,2017.

❹ 陆雄文.企业管理学大辞典[M].上海：上海辞书出版社,2013.

❺ 黄海燕.大学生创新创业基础[M].沈阳:东北大学出版社,2018.

三、创意

(一) 创意的含义

根据《现代汉语词典》的解释,创意是指"具有创造性的想法、构思等"。我国汉代学者王充在《论衡·超奇》中提到:"孔子得《史记》以作《春秋》,及其立义创意,褒贬赏诛,不复因《史记》者,眇思自出于胸中也";宋代程大昌在《演繁露·纳粟拜爵》中写道:"秦始皇四年,令民纳粟千石,拜爵一级,按此即晁错之所祖效,非错剙意也";我国著名诗人王国维在《人间词话》中评述:"美成深远之致不及欧秦,唯言情体物,穷极工巧,故不失为第一流之作者。但恨创调之才多,创意之才少耳";郭沫若在《鼎》中也强调:"文学家在自己的作品的创意和风格上,应该充分地表现出自己的个性。"综上所述,本书认为,创意是指对现实事物的理解和认知,所衍生出的一种新的抽象思维和行为潜能。

(二) 创意的要素

众所周知,创意需要想象力、创造力和创新力。

想象力是创意的基础,是指人们对事物形象、感性、情感等方面的认知能力,即通过想象来构思新的事物或观念。要培养丰富的想象力,我们需要广泛的生活经验和深厚的知识积累,同时对事物有深入的了解和敏锐的感知。只有这样,我们才能在想象中创造出独特且富有创意的作品。

创造力是想象力的实现,是指将想象中的创意付诸实践的能力。创造力需要我们具备实践能力和技术能力,能够将心中的创意具体化、可视化,并且通过实际操作和技术手段将其实现。培养创造力需要我们具有坚定的毅力和持续学习的态度,只有这样才能不断完善和提高自己的创造力。

创新力是创造力的升华,是指在创造过程中,不断寻找新的思路、新的方法和新的途径,从而实现突破。创新力要求我们具备开拓进取的精神和敢于冒险的勇气，能够从各类资源中汲取灵感，不断探索和尝试，从而创造出更加独特、更具价值的成果。

四、创新、创业和创意之间的关系

创新、创业和创意之间存在着密不可分、相互促进的联系。创新不仅是创业的工具和基础，对于大学生创业者而言，具备创新意识、创新思维、创新技能和创新品质更是至关重要的。这些素质能够帮助我们在激烈的市场竞争中，开拓出一条创业之路。因此，可以说创新是创业者实现创业的核心要素之一。

创业是创新的载体，只有通过创新，创业者才能确保其事业得以生存、发展并保持持久的生命力。

创业和创意是相辅相成的，要想成功创业就要有创意。在激烈的市场竞争中，只有成为独一无二的存在，才能吸引顾客，进而促进销售量的增长。

第二节　大学生职业规划与创业

一、大学生职业规划的含义和发展脉络

（一）大学生职业规划的含义

根据中国职业规划师协会的定义，职业规划是指对职业生涯乃至人生进行持续且系统计划的过程，它包括职业定位、目标设定和通道设计三个要素。职业规划也叫"职业生涯规划"。职业生涯规划的好坏可能影响人的整个生命历程。

大学生职业规划是指学生在高等教育阶段所进行的系统性职业发展规划。该过程涵盖了学习规划与职业规划两个核心方面。职业规划的存在与

否及其质量,不仅对大学生在校期间的学习与生活品质产生深远影响,而且对大学毕业生的就业状况及未来职业发展具有决定性作用。

从狭义的职业规划视角审视,大学生目前所处的阶段主要表现为职业准备期,其核心目的在于为将来的就业及职业发展奠定坚实基础。客观分析,系统性地学习与实践是不可或缺的环节,承担此教育职责的个体应当具备深厚的职场经验,并且接受过系统化的职业生涯指导培训。

(二) 大学生职业规划的发展脉络

为了促进大学生树立科学的职业规划,我国主要从以下两个方面加强大学生职业规划的发展。

一是开展大学生职业发展与就业指导课程。2007年,教育部印发了《大学生职业发展与就业指导课程教学要求》,提倡普通高等院校自2008年起开设职业发展与就业指导课程,如福州大学开设的"大学生职业发展与就业指导"课程。

二是举办职业规划大赛。根据《教育部关于举办首届全国大学生职业规划大赛的通知》(教学函〔2023〕1号),通过举办大赛,更好实现"以赛促学",引导大学生树立正确的成才观、就业观和择业观,科学合理规划学业与职业发展,提升就业竞争力;"以赛促教",提升高等教育机构大学生生涯教育质量,精细化实施毕业生就业指导服务;"以赛促就",广泛发动行业企业和高校参与赛事活动,推动人才供需有效对接,全力促进高校毕业生高质量充分就业。同时,各地方积极鼓励学生参与职业规划竞赛活动。

二、大学生创业的含义和主要途径

(一) 大学生创业的含义

大学生创业是指在校大学生或新近毕业的大学生在学习期间或毕业之际,通过识别商业机会、整合各类资源、独立或合作创办新企业,提供创新产品或服务，以达成其创业目标的一系列行为过程。

(二) 大学生创业的主要途径

一是参与大学生创业竞赛是提升创业能力的主要途径。例如，1998年5月，清华大学成功举办了首届大学生创业计划大赛。截至2023年，教育部认可的此类竞赛已达84项。

二是针对毕业生群体，国家采取政策扶持措施，以促进其创业活动。具体而言，2023年5月11日，中共中央政治局常委、国务院副总理丁薛祥在全国高校毕业生及青年就业创业工作会议上发表重要讲话，强调必须切实加强高校毕业生的就业与创业工作，确保实现党和人民所期望的成效。❶

三、大学生职业规划与创业的关系

大学生的终极目标在于实现就业，而就业是民生之本，创业是就业之源。为了提升经济增长对就业的拉动作用，必须不断推动就业数量的扩张与质量的提升。支持中小微企业的发展，发挥其作为就业主要渠道的作用至关重要。同时，应汲取一些西方国家经济"脱实向虚"的教训，持续强化实体经济，以创造更多高质量的就业岗位。此外，加大人力资本的投入，提升教育质量，加强职业教育与技能培训，提高劳动者的素质，以更好地适应高质量发展的需求，有效预防大规模失业的风险。

本章主要介绍了创业认知的基本含义，并围绕创新、创业和创意展开了讨论。首先，我们介绍了创新、创业和创意的基本含义、要素和特征，

---

❶ 丁薛祥:稳住各级各类事业单位招聘规模 确保央企国企接收高校毕业生人数不低于去年[EB/OL].（2023-05-11）[2025-05-15]. http://finance.china.com.cn/news/20230511/5982040.shtml.

以及它们之间的关系。其次,探讨了大学生职业规划与创业之间的关系,包括大学生职业规划的含义和发展脉络、大学生创业的主要途径,以及大学生职业规划与创业之间的关系。

→ 思考与讨论

对于大学生来说,职业规划与创业之间的关系是怎样的?大学生应该如何进行职业规划,以便更好地实现自己的创业梦想?

第二章　创新理论、创新方法与创新原则

学习目标

▲知识目标：

(1) 理解创新理论的内涵，包括其分类和创新类型；

(2) 掌握创新方法的含义，包括头脑风暴法、TRIZ 创新法、5W2H 创新法和 PDCA 创新法；

(3) 理解创新原则的含义，以及创新所遵循的具体原则。

▲能力目标：

(1) 能够识别不同创新理论的内涵，并理解其在实践中的应用；

(2) 具备应用头脑风暴法、TRIZ 创新法、5W2H 创新法和 PDCA 创新法的能力，以推动创新实践活动；

(3) 能够遵循创新原则，指导和促进创新活动的开展。

第一节　创新理论

一、创新理论的内涵

创新理论作为广泛涵盖多个领域的概念，其起源可以追溯到拉丁文化和哲学。在拉丁文中，创新（innovate）一词源自"in"和"nova"，其中"in"表示"进入"或"在……之内"，而"nova"则是"新的"或"新奇"的意思。结合来看，"Innovate"一词意味着"进入新的领域"或"创造新奇的事物"。

在拉丁文化中，创新理念与古希腊哲学家亚里士多德提出的变革（metamorphosis）概念相契合。亚里士多德认为，变革是事物的本质特征之一，是事物由一种形态转化为另一种形态的过程。这一观念强调了创新和变革的重要性，以及在不断变化中寻找新机遇和可能性的必要性。

在拉丁文化中，创新被视为一种勇敢和冒险的精神。古罗马诗人荷拉斯在其《颂歌》中赞美了创新者的勇气和智慧，认为他们敢于挑战传统观念，开辟新的道路。这种勇敢和冒险的精神，成为推动创新理论发展的重要动力。

拉丁文化中的实用主义精神也为创新理论提供了支持。古罗马哲学家塞涅卡认为，实用主义是智慧的体现，组织或个人应该根据实际需要和实际情况来采取行动。这种实用主义精神鼓励组织或个人从实际出发，不断探索和创新，以解决实际问题。

从定义上来说，创新理论可以被视为一种利用已存在的自然资源创造新事物的方法或手段。

在经济领域，创新理论由熊彼特在其代表作《经济发展理论》中首次提出，用以解释资本主义经济发展周期。熊彼特认为，创新是一种通过新的思想、产品或服务来满足需求或解决问题的过程,而这个过程需要创造力,即产生新想法的能力,以及变革,即将新想法转化为具体结果的过程。

创新理论具备探索性、风险性及不确定性等特征。其中,探索性特征体现在对新领域及未知领域的深入研究;风险性特征源于创新过程中潜在的失败风险及不确定性;而不确定性特征则表现为对未来结果预测的不精确性。

创新理论可被视作一种理论框架,其核心在于通过探索新颖的思想与概念,实现新产品的开发或新服务的创造,旨在满足市场需求并促进社会的持续发展。该定义强调了创新理论的核心要素,即创新性、创造力及变革性;创新是指通过新的思想、产品或服务来满足需求或解决问题;创造力是指产生新想法的能力;变革则是指将新想法转化为具体结果的过程。

在操作层面,创新理论的应用需要关注以下几个方面。

(1)探索性:创新需要探索新领域和未知领域,这要求我们在实践中保持开放心态,勇于尝试新的方法和思路。

(2)风险性:在创新过程中,存在失败和不确定性的风险,因此我们需要建立风险意识,制定合理的风险管理策略。

(3)不确定性:创新的结果往往无法预测,这需要我们保持灵活性和适应性,及时调整创新策略和方向。

总之,创新理论的含义丰富而深远,它指导我们在实践中不断探索、创造和变革,以实现社会进步和发展。在操作层面,我们需要关注探索性、风险性和不确定性等方面,以确保创新活动的顺利推进。

二、创新理论的分类

创新理论可从创新对象、创新性质、创新动力和创新主体四个方面进行分类。

一是从创新对象来看,主要分为产品创新、服务创新、过程创新和组织创新。产品创新主要通过新的技术、设计或理念,创造出全新产品或对现有产品进行改进,以满足市场需求;服务创新则是指在服务行业中,通过新的服务方式、服务流程或服务内容，提升服务质量，满足消费者需求；过程创新是指通过改进生产或服务流程，提高效率，降低成本，提升质量，以满足市场需求；组织创新是指通过改变组织的结构、管理方式、文化等，使组织更加适应外部环境，提高组织效能。

二是从创新性质来看，主要分为渐进性创新和突破性创新。渐进性创新在现有技术或产品的基础上进行小幅度改进或优化，逐步满足市场需求；突破性创新通过全新的技术或理念，创造出全新的产品或服务，对市场产生重大影响。

三是从创新动力来看，主要分为技术推动型创新和需求拉动型创新。技术推动型创新以技术进步为主要动力，通过新技术的研发和应用，推动产品和服务的创新；需求拉动型创新以市场需求为主要动力，通过满足消费者需求，推动产品和服务的创新。

四是从创新主体来看，主要包括企业创新和社会创新。企业创新以企业为主体，通过自主研发、技术引进等方式，推动产品和服务的创新；社会创新以政府、研究机构、社会组织等为主体，通过政策引导、科技研发等方式，促进社会整体创新进程。

三、创新的类型

基于创新基础的内涵，本书将其划分为思维创新、产品（服务）创新、技术创新、组织与制度创新、管理创新、营销创新及商业模式创新等类别。创新作为社会发展的重要驱动力，其范畴广泛，包括理论创新、制度创新、科技创新、文化创新等。在推动社会进步与发展的过程中，创新扮演着至关重要的角色。

（一）理论创新

理论创新是指组织或个人在社会实践活动中，对出现的新情况、新问题，作出新的理性分析和理性解答，对认识对象或实践对象的本质、规律和发展变化的趋势作出新的揭示和预见，对人类历史经验和现实经验作出新的理性升华。

简单地说，理论创新就是对原有理论体系或框架的新突破，对原有理论和方法的新修正、新发展，以及对理论禁区和未知领域的新探索。

(二) 制度创新

制度创新是指在现行政治经济制度框架内，如金融体系、银行制度、企业架构、工会组织、税收政策、教育体系等，通过变革以赋予创新主体额外或附加利益的机制。制度创新的促成因素可归结为三类：市场规模的变动、生产技术的进步及由此引发的社会集团或个体收入预期的调整。

因此，制度创新可理解为在既定的生产环境中，通过激励机制来促进创新行为的实现。

(三) 科技创新

科技创新作为工业企业发展的核心驱动力，涉及将新技术、新工艺等应用于产品开发的全过程。该过程不仅包括企业直接投入研究与开发课题的经费，还涵盖了所有间接支持研究与开发活动的支出。因此，科技创新可被定义为一种通过应用创新技术与工艺，实现新产品开发的动态过程。

(四) 文化创新

文化创新是指在社会实践活动中，组织或个人在文化交流与传播过程中，对现有文化的内容、属性、本质规律及发展趋势进行系统性与全面性的新概括和新总结。文化创新包含两个核心要素：其一，具有继承性；其二，结合新时代特征和现实要求，对文化体系进行全新的归纳、概括和总结，以增强其逻辑性和规律性，并赋予文化体系新的思想和观点。在此基础上，原有的文化理论体系得以充实新内容，实现原有文化的突破，形成全新的文化理论成果与内容体系（图2-1）。因此，文化创新主要是指通过创新的方式、方法和手段,打破传统观念和模式,推动社会文化全方位的创新。

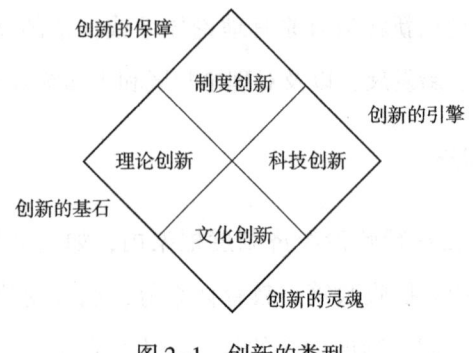

图 2-1　创新的类型

综上所述,理论创新、制度创新、科技创新和文化创新是相互关联、相互促进的。它们共同构成创新的体系,为推动社会进步和发展提供了强大动力。在未来的演进过程中,我们必须更加重视上述领域的创新活动,强化跨领域的合作与学术交流,促进创新成果的实际应用与技术转化,以期为构建更加美好的未来贡献我们的力量。

第二节　创新方法

一、创新方法的含义

组织或个人在应对创新挑战时,采取的一系列系统化、策略性的过程和实践,其目的在于推动新思想、新产品、新服务或新技术的产生、执行及管理。在这一过程中,运用有效的创新方法显得尤为重要。创新方法不仅能够激发创新思维,而且为问题解决方案的提出提供了创新思维的途径。

创新方法是组织或个人在创新活动中,采用的各种策略和技术的综合体现。在快速变化的市场环境中,持续创新成为组织生存和竞争的关键,创新方法使组织能够迅速适应市场变化，通过持续的产品创新和服务创新保持竞争力。此外，通过实践创新方法，组织或个人能够积累创新的知识和经验，这对于组织发展和个人成长极为关键。创新方法在应对社会与环境挑战方面发挥着关键作用，促进了可持续发展的进程，凸显了其在当代社会中的核心价值。

一般来说，常用的创新方法有头脑风暴法、TRIZ 创新法、5W2H 创新法和 PDCA 创新法。

二、头脑风暴法

（一）头脑风暴法的基本内涵

头脑风暴法（brainstorming）是由美国广告界人士亚历克斯·奥斯本（Alex Osborn）在 1940 年提出。奥斯本寻求一种能够提高团队创意和解决复杂问题的有效方法。他在 1953 年出版的《创意想象力》（Applied Imagination）一书中，详细阐述了头脑风暴的理念和实践方法。

头脑风暴法作为一种在创新管理领域被广泛采纳的创意生成技术，其核心在于借助集体智慧，通过自由发散的思维模式，激励参与者提出数量众多的想法。该方法致力于促进创新问题解决方案的产生，其目的在于激发并汇集一组人员在特定时间限制内，针对特定问题或主题，自由且无约束地提出创意。

（二）头脑风暴法的基本特征

1. 自由发散的思维模式

头脑风暴法的核心原则在于激励参与者自由地提出各种构想，无论这些构想看似多么天马行空或不切实际。该方法所营造的自由的、无限制的氛围，有助于参与者突破传统思维模式的束缚，从而探索更广泛的可能性。

2. 数量优先

在头脑风暴过程中，重视创意的数量而非质量。这一策略建立在如下假设上：随着创意数量的增加，其质量也将得到提升，因为更丰富的想法集合将为发现具有创新性和实用性的解决方案提供更大的可能性。

3. 相互促进

头脑风暴法强调参与者之间的互动启发，个体的创意思维可能成为激发他人产生更创新和完善构想的催化剂。此类互动不仅促进了创意产出数量的增加，而且提升了整体创意质量。

4. 团队合作

尽管头脑风暴法可以独立实施，但其通常被视为一种团队协作活动。该方法借助团队成员的多样性，涵盖其知识、经验及视角，以产生广泛且创新的想法。

5. 结构化和非结构化现象

尽管头脑风暴倡导思维的自由发散，其本质上却是一个结构化、组织化的流程。在这一过程中，通常会设定明确的目标或问题陈述，并且团队成员需遵循既定的规则与步骤，以保障头脑风暴的成效与效率。

（三）头脑风暴法的实施步骤

将头脑风暴法分为以下七个阶段，能够进一步提高其效果和效率，确保团队能够充分利用该创新技术产生有价值的想法和解决方案。

1. 准备阶段

头脑风暴法的准备阶段，组织者需要确定头脑风暴的目标、选择合适的参与者（最好是具有不同背景和专业知识的人员以增加多样性），以及准备会议所需的物理空间或虚拟空间。准备阶段还需要确保所有必要的工具和资源都可用，如白板、标记笔、便笺纸等。

2. 热身阶段

为使参与者摆脱日常思维定势，进入一个更为自由和富有创造力的状态,热身阶段显得尤为关键。该阶段可通过轻松的游戏、创新性练习或简短的思维激发活动实现。热身阶段有助于降低参与者的心理防御机制,从而使其更倾向于分享其想法。

3. 明确问题阶段

组织者需明确向团队阐述头脑风暴的主题或待解决的问题。务必确保所有成员都对问题核心及其关注焦点有充分理解。通常,问题的明确表述本身即能激发创意。

4. 重述问题阶段

为了进一步激发创意,可以鼓励参与者用不同的方式重述问题。这有助于从新的角度看待问题,可能揭示出之前未被注意到的方面或维度。重述问题可以通过个人思考或小组讨论来实现。

5. 畅谈阶段

在畅谈阶段,可以鼓励参与者提出尽可能多的构想,不论这些构想在传统意义上多么异乎寻常或缺乏现实基础。在此阶段,所有提出的构想均被视为具有潜在价值,重点在于构想数量的累积。通常情况下,一位高效的引导者能够有效地维持活动的进程,确保创意思维环境的开放性和支持性。

6. 筛选与评价阶段

在畅谈阶段后,接下来是对所提出的构想进行筛选与评价。该阶段要求参与者运用更为结构化和批判性的思维模式,共同审视所有构想,对其可行性、创新性及潜在价值进行深入探讨。此过程可通过投票、集体讨论或运用其他决策工具来达成。

7. 整理与总结阶段

最后一步是对经过筛选的想法进行整理与总结,形成一个清晰的行动计划。这可能包括确定下一步的具体步骤、分配责任人,以及制定实施时间表等。整理与总结阶段是确保头脑风暴成果能够被有效执行的关键阶段。

通过实施这七个步骤,头脑风暴法成为一个全面的过程,它不仅是推动实际创新实施的有力方法,也是想法生成的工具。

三、TRIZ 创新法

(一) TRIZ 创新法的基本内涵

TRIZ 理论(Theory of Inventive Problem Solving),也称 TRIZ 创新法,是一种系统性的创新管理方法,旨在帮助组织或个人解决复杂的技术问题。它源自俄罗斯发明家阿尔波罗·索洛维约夫的研究,并在 20 世纪 50 年代由他的学生发展而来。TRIZ 创新法的主要特征包括系统性、结构化,以及基于科学原理的创新导向。

(二) TRIZ 创新法的基本特征

1. 系统性

TRIZ 创新法以系统性思维为基础,通过对问题和解决方案进行系统化的分析和处理,以找到最优解决方案。

2. 结构化

TRIZ 创新法提供了一套结构化的步骤和工具,帮助组织或个人有条不紊地处理问题,确保问题分析和解决过程具备条理性和明确性。

3. 基于科学原理

TRIZ 创新法不仅依赖于经验和案例,更重要的是基于科学原理和理论体系,如矛盾矩阵、发明原理等,从而提供理论支持和指导性建议。

4. 创新导向

TRIZ 创新法的目的是解决复杂的技术问题,并提供创新的解决方案。它鼓励组织或个人跳出传统思维模式,寻找更加有效和创新的解决途径。

这些特征共同作用,使 TRIZ 创新法成为一个强大的创新管理工具,被广泛应用于各个领域,帮助组织或个人解决各种复杂问题和应对各种挑战。

(三) TRIZ 创新法的实施步骤

将 TRIZ 创新法细化为以下四个步骤，可以进一步提高其效果和效率，确保团队能够充分利用 TRIZ 创新法来产生有价值的想法和解决方案。

1. 收集问题

发现问题是问题解决过程的起点。在这个阶段，组织或个人需要收集与问题相关的所有信息和数据，包括问题描述、相关约束条件、现有解决方案的优缺点等。收集问题应全面，以便后续进行分析和比较时，能够有充足数据支撑。

2. 分析问题

分析问题阶段旨在深入理解问题的本质和根源。这可能涉及对问题产生原因的探究、分析问题的各个方面，以及识别问题的关键因素和制约瓶颈等。通过分析，组织或个人可以更清晰地了解问题的复杂性和挑战性。

3. 比较解决方案

在这一步骤中，组织或个人需要比较不同的解决方案。这包括已有的解决方案、可能的改进方案及其他领域的类似的解决方案等。通过比较不同方案的优势、实施可行性和预期效果，我们可以确定最佳的解决策略。

4. 归纳原理

归纳原理阶段是 TRIZ 创新法的核心组成部分。在这一步骤中，组织或个人需要根据分析和比较的结果，总结出适用于解决该类问题的一般原则和规律。这些原则可能基于 TRIZ 创新法的创新原则，如矛盾矩阵、40 个发明原理等。归纳出的原理可为后续解决方案的设计提供理论支持和指导方针。

以上步骤共同构成了 TRIZ 创新法的问题解决框架，可以有效指导组织或个人有序地处理复杂问题，并提供创新的解决方案。通过遵循这些步骤，组织或个人可以更加有效地解决各种技术和管理领域的问题和挑战。

四、5W2H 创新法

(一) 5W2H 创新法的基本内涵

5W2H 创新法的起源可以追溯到新闻采编领域,其是一种常用的问题提出和信息梳理方法。它在创新管理中被广泛应用,帮助团队全面了解和分析问题,从而更好地制订解决方案和行动计划。它包括以下七个要素。

What(什么):是指问题的具体内容或描述,即事件或情况的主题。

Why(为什么):用于探究问题发生的原因或动机,帮助理解问题的根源。

Where(在哪里):是描述问题发生的地点或范围,有助于确定问题的空间范围。

When(何时):是指问题发生的时间点或时间段,有助于确定问题的时间范围。

Who(谁):是描述与问题相关的人员或组织,有助于确定问题的研究对象。

How(如何):是描述问题发生的方式、过程或手段,有助于理解问题的具体情况和发展过程。

How much(多少):是描述问题的数量、规模或程度,有助于确定问题的影响范围或程度。

(二) 5W2H 创新法的基本特征

1. 全面性

5W2H 创新法通过覆盖问题的不同方面,确保问题分析的全面性。它不仅关注问题本身,还关注问题发生的时间、地点、相关人员及发生方式等,从而提供了一个全面的问题分析视角。

2. 系统性

5W2H 创新法是以系统性思维为基础，将问题分解为不同要素，并逐一进行分析和探究的方法。这种系统性的方法有助于组织或个人厘清问题的分析思路。

3. 简单易用

5W2H 创新法具有简洁直观的特性，易于理解和应用。该方法的七个要素涵盖了问题分析的常规方面，使组织或个人可以快速上手进行问题分析工作。

（三）5W2H 创新法的实施步骤

将 5W2H 创新法分为以下四个步骤，可以进一步提高其效果和效率，确保团队能够充分利用 TRIZ 创新法产生有价值的想法和解决方案。

1. 提出问题

将问题清晰地表达出来，包括问题的内容、原因等。这是 5W2H 创新法的起点，也是问题分析的基础。

2. 回答问题

回答问题是指对问题进行细致的拆解和分析，包括回答问题的 What、Why、Where、When、Who、How，以及 How much 等，以确保问题的各个方面都得到充分的考虑。

3. 整合分析结果

将所回答的问题整合起来，形成一个全面的问题分析报告或总结。这有助于团队对问题形成清晰的认识，为后续解决方案的制定提供基础。

4. 制订行动计划

根据问题分析结果，制订相应的行动计划和解决方案。这包括明确解决问题的具体措施、责任主体及时间安排等，以确保问题得以有效解决。

以上步骤共同构成了 5W2H 创新法的问题解决框架，该方法为组织或个人提供了一种全面且系统的分析和解决问题的途径，从而促进创新管理的有效实施和执行。

五、PDCA 创新法

(一) PDCA 创新法的基本内涵

PDCA 创新法最早是由质量管理先驱沃尔特·休哈特在 1931 年的著作《制造产品质量的经济控制》(*Economic Control of Quality of Manufactured Product*) 中提出,"计划—实施—检查(Plan-Do-See)"是 PDCA 创新法的雏形。

PDCA 创新法,即计划—执行—检查—行动循环,是一种创新管理策略,其核心理念在于通过明确目标、制订并执行计划、检查实施结果及持续反思与总结经验,实现对组织或个人工作流程及业务活动的持续优化与改进。该方法旨在促进持续改进,进而提升整体绩效。

(二) PDCA 创新法的基本特征

1. 与创新管理的契合

PDCA 创新法与创新管理密切相关,因为创新需要持续不断的改进和优化。PDCA 创新法的循环性和灵活性使其能够有效应对创新过程中的不确定性和变化。

2. 数据驱动的决策

PDCA 创新法强调以数据和事实为依据,进行决策和行动。在创新管理实践中,基于数据分析的决策过程可以帮助团队更好地理解问题本质和潜在机遇,并制定有效的创新策略。

3. 持续改进的文化

PDCA 创新法鼓励持续地改进和学习,将其作为一种持续的文化和习惯。在创新管理实施中,持续改进和学习的文化能够激励团队不断探索和实验,从而推动创新活动的持续发展。

(三) PDCA 创新法的实施步骤

将 PDCA 创新法细化为以下四个步骤，可以进一步提高其效果和效率，确保团队能够充分利用 PDCA 创新技术来生成有价值的想法和解决方案。

1. 计划（Plan）

在创新管理中，计划阶段不仅包括制订项目或产品的开发计划，还包括制定创新战略和创新目标。团队需要明确创新的目标、市场需求、资源投入等，并制订相应的执行计划。

2. 执行（Do）

执行阶段是创新管理中的实践阶段，团队根据制订的计划和策略，实施创新项目或方案。这可能涉及产品开发、市场推广、业务流程优化等活动。

3. 检查（Check）

在创新管理中，检查阶段是对创新实施效果的评估和监控。团队需要通过数据分析、市场反馈等手段，检查实施阶段的效果，并与预期目标进行对比。

4. 改进（Act）

改进阶段是对创新过程的总结与反思，团队需要根据检查阶段的结果，分析问题和潜在的改进点，并调整创新策略和实施计划，以实现持续的改进和优化。

在创新管理实践中，PDCA 创新法的特征和步骤可以帮助团队或个人有效管理创新过程，从而实现持续的创新和业务发展。

第三节　创新原则

一、创新原则的含义

创新原则是指在思考、行动和解决问题时，不局限于传统的、已知的方法或理论，而是寻求新颖、独特和有价值的途径。它鼓励打破陈规，挑战现有框架，推动个人和组织不断探索、实验和创造，以实现更好的结果和进步。

创新原则的核心是强调原创性、实用性和价值性。原创性意味着要提出新的、与众不同的想法或解决方案；实用性则要求这些想法或解决方案能够在实际中得到应用并取得效果；价值性是指这些想法或解决方案能够为个人、组织或社会带来实际的利益和价值。

创新原则主要包括以下六个方面的操作维度。

一是鼓励自由思考。创造一个开放、包容的环境，允许员工或团队成员自由表达观点、提出问题和尝试新事物。避免对创新想法进行过早的评判或限制，激发大家的创造力和想象力。

二是跨部门合作。鼓励不同部门或团队之间进行跨部门合作和交流，以整合各自的资源和优势。通过跨界合作，可以发现新的创新机会和解决方案，实现更大价值。

三是持续学习。保持对新技术、新知识和新趋势的关注和学习。通过不断学习和更新自己的知识体系，可以发现更多的创新点子和灵感来源。

四是试验和迭代。将创新想法付诸实践，通过不断的试验和迭代来优化和完善。在实践中发现问题、调整策略，并不断进行改进和优化，以实现更好的效果。

五是容错机制。建立一种容错机制，允许在创新过程中犯错误或失败。鼓励大家勇于尝试新事物、敢于冒险，并从失败中吸取教训、总结经验。

六是激励和认可。对于提出创新想法并付诸实践的个人或团队给予适当的激励和认可。这可以激发大家的创新热情和积极性，促进更多的创新成果产生。

二、创新遵循的基本原则

(一) 坚持"以人为本"原则

"以人为本"原则,在于将人的需求和利益放在首位,所有行动和决策都要以人的福祉为出发点和落脚点。在创新过程中,坚持"以人为本"原则至关重要,因为这能够确保创新不仅关注技术或产品的进步,还关注员工、客户和社会的需求。

(二) 坚持适度性原则

适度性原则,也称妥当性原则、妥适性原则或适合性原则,是指在事物发展过程中,必须保持其质与量的界限,以实现质与量的和谐统一。此原则强调,每一事物都有其特定的度与范围,唯有在充分认识并掌握此度之后,才能精确把握事物的本质,并在实践中有效地实施适度性原则。该原则要求所采取的措施必须能够实现既定目标,或至少对目标的实现有所助益,并且这些措施必须是恰当的手段。

在创新过程中,坚持适度性原则对于在追求创新的同时,确保创新的稳定性和可持续性具有重要意义。通过确立明确的目标、进行风险评估与管理、适度投入资源、持续进行改进与调整、建立反馈机制及鼓励适度的冒险等策略,我们能够在创新活动中寻找到最适宜的平衡点。

(三) 坚持有用性原则

有用性原则,也称相关性原则,在会计核算中占据重要地位。它强调会计核算提供的信息应当满足各方面的需求,包括国家宏观经济管理、企业内外部经营管理及信息使用者的经济决策等。

创新的有用性是指导我们进行创新活动时遵循的重要原则。它强调创新不仅要新颖、独特,还要具有实际的应用价值和效用。在创新过程中,我们需要坚持那些有用、有效或具有实际价值的创新元素，避免那些无益或低效的创新。

（四）坚持可行性原则

可行性原则是在多个领域中都广泛应用的概念，尤其是在项目管理、产品设计、服务优化等方面。其基本思想是在投入大量资源之前，先评估想法、项目或计划是否具备实现的可能性，包括技术可行性、经济可行性、运营可行性和社会可行性。

创新的可行性原则是指在提出和实施创新方案时，需要考虑到方案的实际可行性，包括技术可行性、经济可行性、社会可行性等。创新的可行性原则在操作层面主要包括以下几个方面。

（1）技术可行性：评估创新在技术层面是否可实现。这包括对现有技术的理解和应用，以及是否有必要的技术支持或研发能力来实现创新。技术可行性分析可以基于技术成熟度、技术资源的可用性及技术风险进行。

（2）经济可行性：分析创新在经济上是否划算，需要考虑创新成本、潜在收益、市场规模、竞争态势等因素。经济可行性分析可以通过成本效益分析、投资回报率计算等方式进行。

（3）社会可行性：评估创新是否符合社会规范和伦理标准，并考虑其对环境和社区的影响。社会可行性分析包括法律合规性评估、环境影响评估、社区意见征询等。

（4）操作可行性：评估创新在实际操作中是否可行，这涉及创新实施流程、人员配置、时间管理、资源配置等方面的考量。操作可行性分析可以通过流程分析、人员能力评估、时间规划和资源配置等方式进行。

（5）风险可控性：分析创新可能带来的风险是否可控，需要对创新过程中可能出现的风险进行识别和评估，并制定相应的风险应对策略。风险可控性分析可通过风险矩阵、敏感性分析等工具进行。

(五) 坚持传承性原则

在日常生活中，传承性原则的含义可能更为广泛。它可能涉及文化遗产的传承，技艺的继承，甚至是家族传统的延续等。在学术研究中，传承性原则是指在进行新的研究时，应基于前人的研究成果进行，而不是从无到有的全新开始。这意味着研究者需要了解并尊重已有的学术传统和研究脉络。因此，传承性原则包括理论的继承和方法的传递。

理论的继承意味着新的研究应在前人理论的基础上进行深化和发展。方法的传递则是指新的研究应该借鉴和采用前人已经验证过的有效方法。

在创新过程中坚持文化传承的重要性，对于维护文化连续性、实现传统与现代的互补、提升作品的深度与内涵、促进文化的国际交流与传播，以及培育学生的创新思维和跨文化交流能力具有显著意义。该理念不仅对于文化的传承与创新至关重要，而且对个人和社会的发展同样具有积极作用。

(六) 坚持可持续性原则

可持续性原则在社会语境中的含义是指在满足当代人类需求的同时，确保不损害未来世代满足自身需求的能力。该原则要求经济、生态和社会三个方面，均保持一种平衡且持续的发展态势。

在创新过程中，应坚持可持续发展原则，实现经济、社会和环境三者的协调发展。这不仅有助于构建绿色、低碳、循环的经济发展模式，还能为未来可持续发展奠定坚实的基础。

本章介绍了创新理论、创新方法及创新原则。创新理论方面，我们深入探讨了其内涵、分类及创新的类型；创新方法方面，介绍了几种常见的创新方法，包括头脑风暴法、TRIZ 创新法、5W2H 创新法和 PDCA 创新法；创新原则方面，探讨了其含义和遵循的具体原则。

思考与讨论

1. 在创新理论中，不同类型的创新有何区别？在实践中如何选择合适的创新类型？

2. 对于创新方法中的头脑风暴法和 TRIZ 创新法，它们分别有何特点？在何种场景下使用更为合适？

3. PDCA 创新法被广泛运用于企业管理实践中，它是如何帮助企业实现持续创新的？企业可能面临的挑战是什么？

4. 创新原则是指导创新活动的基本原则，你认为哪些原则是最关键的？为什么？

第三章　创业企业家与创业团队

学习目标

▲知识目标：

(1) 理解创业企业家、创业团队的含义；

(2) 掌握创业企业家的特质，创业团队建设的原则等相关知识。

▲能力目标：

(1) 掌握创业企业家的素质的培养策略与方法；

(2) 掌握创业团队的构成要素；

(3) 培养创业实践能力。

第一节　创业企业家

创业是一项充满激情的事业，同时也是一项极具挑战性的任务，它体现了智慧、勇气和信心的综合运用。在创业过程中，创业者作为主体发挥着至关重要的作用，而关于创业者的定义也存在多样性。当创业者在商业领域取得显著成就，并成为行业内的知名人士时，他们便晋升为创业企业家。创业企业家代表了创业者发展的终极目标。本章节将详细阐述创业企业家的含义、分类、特征、基本素质及培养策略。

一、创业企业家的含义

创业者一词是由法国经济学家理查德·坎蒂隆（Richard Cantillon）于1755年首次引入经济学的[1]；法国经济学家萨伊（Say）在1800年将创业者定义为那些将经济资源从生产率较低的区域转移到生产率较高的区域的人，并认为创业者是经济活动过程中的代理人[2]。经济学家熊彼特则认为，创业者应为创新者，即具有发现和引入新的更好的能赚钱的产品、服务和过程的能力。管理学大师彼得·德鲁克（Peter Drucker）指出："并不是所有新开办的小型企业都是创业型企业或具有创新精神，创业者首先要有创新精神。"[3] 在欧洲与美国的学术界与商业领域，创业者的概念被界定为那些负责组织、管理商业活动或企业运营，并承担相应风险的个体。

结合我国的实际情况，本书认为创业者具有两个基本含义。一是广义

---

[1] 理查德·坎蒂隆.商业性质概论[M].余永定,译.北京:商务印书馆,2011.

[2] 萨伊.政治经济学概论:财富的生产、分配和消费[M].陈福生,译.北京:商务印书馆,2017.

[3] 彼得·德鲁克.创新与企业家精神[M].蔡文燕,译.北京:机械工业出版社,2021.

的创业者,是指企业创始人,通常理解为即将创办或刚创办新企业的人、开办小型企业的人和所有独立开创自己事业的人;二是狭义的创业者,是指那些要标新立异、打破已有秩序和按新要求重新组织的人。

本书将创业企业家定义为,那些富有创新精神,开创新企业,并对企业的经营理念、经营范围、战略目标和实施策略等一系列重大问题具有决定性作用,引领企业发展的人。

二、创业的类型

根据不同的分类标准和研究视角,创业可划分为多种类型。深入分析这些不同类型的创业特征,有助于识别创业机会、制定创业策略,以及提高创业成功的可能性。

(一) 按创业初始条件分类

芝加哥大学教授阿玛尔·毕海德(Amar Bhide)于 2000 年在其专著《新企业的起源与演进》中提到,不论是新企业还是旧企业都有原创性的企业创业活动。[1] 他从不确定性和投资两个维度构建了一个投资、不确定性与利润的动态模型。在该模型中,毕海德教授将原创性创业分为五种类型,分别是边缘型创业、冒险型创业、风险投资融合型创业、大公司内部创业和革命型创业。

(二) 按价值创造分类

霍华德·史蒂文森(Howard Stevenson)于 1983 年在其奠基性论文《创业视角》(*A Perspective on Entrepreneurship*)中提到,创业分为四种基本类型:复制型创业、模仿型创业、安家型创业和冒险型创业。

---

[1] 阿玛尔·毕海德. 新企业的起源与演进[M]. 魏如山,译. 北京:中国人民大学出版社,2017.

1. 复制型创业

这种创业模式是在现有经营模式的基础上简单复制。例如，某人原先担任某家电公司的部门主管，后来自行离职，创建了一家与原家电公司相似的新家电公司，且新组建公司的经营风格与离职前的公司相似。在现实中，这种复制型企业的案例众多，且由于前期生产经营经验的积累，新组建公司成功的可能性更高。但是，这类创业模式，创新贡献较低，并不是创业管理研究的主流方向。

2. 模仿型创业

尽管模仿型创业往往能为顾客带来全新的价值创造，但其创新程度也相对有限，这类创业活动对创业者个人命运的转变仍具有显著影响。例如，某煤矿公司的经理辞职后，模仿他人组建了一家网络公司。相对来说，这种创业具有较大的不确定性，学习过程较长，经营失败的风险也相对较高。然而，对于那些具备创新精神的创业者来说，只要他们能够得到专业且系统的培训，同时注重把握市场进入时机，创业成功的可能性同样较大。

3. 安家型创业

这种类型的创业对创业者个人命运的改变并不大，创业者所从事的仍旧是原先熟悉的工作。然而，他确实在不断地为市场创造新的价值，为消费者带来实惠。例如，企业内部的研发团队在成功推出一项新产品后，会继续在同一家公司开发新产品。安家型创业强调的是最大程度实现个人的创业精神，而不是对现有组织结构进行重新设计和调整。

4. 冒险型创业

冒险型创业模式是指从事一项全新产品的经营，个人职业前途的不确定性较大，并且由于其尝试创造新价值的本质，失败的可能性也很大。尽管如此，因为这种创业模式预期报酬较高，对于那些怀揣创新精神的创业者来说，极具吸引力。然而要在该领域创业成功，创业者必须有较强的个人能力、适当的创业时机、合理的创业方案和科学的创业管理，只有具备这几个条件，成功的可能性才会显著提升。

（三）按创业效果分类

戴维森（Davidsson）根据创业效果，从组织层面和社会层面两个维度对创业类型进行分类。[1]

1. 失败创业

组织层面和社会层面的产出都是负的，没有带来有益的价值。

2. 催化剂式创业

组织层面产出为负，而社会层面产出为正的创业行为。例如，某公司生产的视频压缩光盘，尽管遭遇了失败，但催化出了一个新兴产业，产生了一定的社会效益。

3. 重新分配式创业

组织层面产出为正，而社会层面产出为负的创业行为。例如，某些行业中的个别企业存在低水平重复建设的情况。

4. 成功创业

组织层面和社会层面的产出都为正的创业行为。

（四）按创业动机分类

按照创业动机对创业进行分类，可划分为以下几类。

1. 机会型创业

机会型创业是指利用社会、市场或环境变化，以及机会条件的出现，抓住机遇进行创业。例如，随着人们需求的转变，出现了新的市场机遇；或因政策调整，某一行业得到大力发展，产生新的投资机会等。机会型创业会促进新兴产业的发展，而不是加剧市场竞争，但是必须对市场规模进行评估，以避免资源的无效配置。

2. 就业型创业

就业型创业的目的在于解决就业问题，它被视为一种谋生手段。人们

---

[1] 张玉利,薛红志,陈寒松 ,等. 创业管理:第 6 版[M]. 北京:机械工业出版社,2024.

可能出于自愿或无奈，选择走上创业之路。这类创业大多属于模仿型、跟随型及利己型等，其规模相对较小，且经营项目多集中在服务业等领域。这类企业并没有创造新的市场需求，而是寻找现有市场中的创业机会，因此这类企业往往难以做大做强。

3. 社会价值型创业

社会价值型创业是以解决特定社会问题为核心目标，如环境保护、教育公平、社区服务等，通过创新商业模式实现经济价值与社会价值双重回报的创业模式。

4. 技术转化型创业

技术转化型创业是指创业者掌握某专业领域的技术或专利发明，通过具有技术竞争优势，使创业转化为经济效益和社会效益。其核心特征表现为依赖高研发投入形成原创性技术成果，如人工智能、新材料、生物科技等技术密集型产业。该类创业需应对技术生命周期、可复制替代性、专利保护有效性等特有风险因素，同时面临研发周期长、资金需求大等系统性风险。

5. 就业促进型创业

就业促进型创业是指通过政府、教育等各种创业条件的帮助，激发创业者的创业动机而进行的创业。为促进退役军人、学生等群体的就业与创业，地方政府应构建一支由企业家、创业成功者、学术界专家及政府职员组成的创业服务专家团队。该团队应致力于逐步构建起专业的创业服务指导队伍，包括专职人员与兼职人员。同时，应搭建创业者之间交流互助的有效平台，构建一个政府支持并进行监管、企业与个人共同参与开发、市场机制运作的创业项目评估与推介体系。此外，建立一个全面的创业项目资源库，对于促进创业成功具有重要意义。

6. 代际传承型创业

代际传承型创业通常是指家族企业中继承人的创业活动。为了确保家族企业的持续性、扩展、升级与发展，部分家族企业后代成员借助家族企业的技术、人脉网络、资源及经验等有利条件，开展创业活动，此举显著提升了创业成功的可能性。

三、创业企业家的素质

(一) 不怕失败的进取精神

在创业过程中,失败被视作成功的必经之路,因此创业者须具备勇于面对失败的决心。对于创业企业家来说,必须直面失败,只有在失败中不断总结经验和教训,锐意前行,下一次才有可能成功,使新产品、新技术、新服务走向社会,才能够使新创企业度过艰难的创业过程而迅速成长,走向创业成功之路。

只有那些勇于开拓创新的企业家,才有潜力蜕变为实践者。他们之所以能够脱颖而出,源于其勇于尝试、不畏失败、积极进取的精神,以及敢于探索前人未涉足的道路,实践前人未尝试的事业。相对而言,那些犹豫不决、仅限于口头表达而缺乏实际行动,对任何挑战都心存畏惧,缺乏面对困难的勇气,以及墨守成规的个体,尽管他们可能获得营业执照,跻身创业者的行列,但往往很快会被市场淘汰,沦为创业失败者。

(二) 敏锐的商业眼光

具备敏锐的商业眼光意味着能够深刻理解时代趋势,预测市场需求的演变,并展现出前瞻性思维。通过这种敏锐的商业洞察力,创业者能够更有效地识别商业机遇,准确把握市场需求,选择恰当的产品或服务以满足市场,从而获得市场份额,有效规避市场风险,并促进企业的持续发展。综上所述,敏锐的洞察力是创业者取得成功的关键因素之一。广泛的知识储备和开阔的视野能够使创业过程避免不必要的曲折。创业思路的形成通常源自多个方面,包括但不限于职业经历、政策导向、环境变化及他人的观点等。因此,创业者必须广泛阅读、深入思考,以拓宽视野,为创业活动作好充分准备。

(三) 富有工作激情

创业者所面临的挑战在于开拓一个崭新的领域，这不仅要求他们拥有创新的构思，还必须具备务实的工作态度和作风，以充分展现其工作能力。

然而，成功并非简单地通过增加工作时间来实现，研究表明当每周工作 50 个小时左右时，工作效率是最佳的。

(四) 强烈的创新意识

创新有利于发现市场机会，使企业在市场竞争中处于优势地位，并能有效应对市场环境的变化。创新精神的产生，需依赖于敏锐的观察力与深刻的总结能力、独立的思考能力、持续的学习与交流，以及接受和听取他人的意见。从市场环境的变化中发现市场机会，从他人建议中发现解决问题的方法。创新需勇于尝试、不怕犯错；提倡不迷信书本与权威，鼓励大胆质疑；创新也须结合实际，否则就可能变成不切实际的空想，必须以全面、辩证的观点审视创新精神。

创新的层面众多，既包括观念创新，即有新想法、新思路；还包括管理创新、产品创新、生产创新、营销创新、模式创新、思维创新、应用创新、组合创新、方法措施创新等。熊彼特认为，"创新"不是一个技术概念，而是一个经济概念：它明确区别于技术发明，而是将现有的技术革新引入经济组织，形成新的经济能力。

(五) 团队合作精神

团队合作精神是大局意识、协作精神和服务精神的集中体现，其核心是协同合作，保持组织高效率运转，提升经济效益。企业家要掌握与他人合作的技巧，以及如何领导团队。他们知道如何挖掘团队的潜力，激励团队成员为共同的目标努力。明确的组织目标、有效的激励措施、培育积极的企业文化、民主的决策机制，以及勇于责任担当、乐于奉献的精神等，都是团队协作精神的关键因素。

(六) 优秀的管理沟通能力

沟通作为管理学领域中的一项关键技能，对于信息的有效传递、产品与品牌的宣传、解决意见分歧、构建团队协作以实现组织目标及提升工作效率均具有至关重要的作用。实现有效沟通，要求沟通者具备清晰的逻辑思维与条理性，以确保信息接收者的注意力集中；同时，沟通者需注重策略与方法，熟练运用多样化的沟通媒介和技巧。在沟通实践中，应聚焦于主要问题、核心要点、关键因素及根本原因；此外，沟通协调能力、矛盾化解技巧、换位思考、倾听不同观点、理解他人需求、保持公正无私，以及在既定规则内满足各方需求等能力也是不可或缺的。

(七) 良好的心理素质

具备较强心理素质的人通常展现出自信、坚持不懈、耐心、信念坚定、坚强、果断等特质。他们能够保持心态平稳，面对困难时保持冷静和乐观的态度，不被困境左右。良好的心理素质不仅能够帮助创业者更好地面对挑战，还能提高他们的工作效率和解决问题的能力，从而在创业过程中取得更好的成果。

(八) 强烈的社会责任感

社会责任感是每位创业企业家必须具备的优秀品质。它要求创业者关注社会、环境、企业组织、员工等各方利益，妥善平衡企业的经济利益、社会利益和个人利益，并积极参与社会公益事业，有良好的商业道德和诚信。具有良好社会责任感的创业者，能够从社会整体的角度出发考虑企业的经营和发展，从而赢得社会的认同、客户的支持及员工的信赖，这将有利于促进创业成功。

第二节 创业团队

一、创业团队的概念

创业团队是指由两个或更多成员组成,他们之间存在一定的利益关系,技能互补,并共同承担创建新企业的责任的团队。这样的团队为实现共同的创业目标,达成高品质成果而努力工作。

二、创业团队的特征

创业团队与群体之间存在本质区别,其成员间的贡献具有互补性,与群体成员间工作可互换性形成鲜明对比。相较于个体创业,团队创业在多个维度展现出显著优势,并对创业成功发挥着至关重要的作用。创业团队的特征可概括为:一是共享一致的创业目标;二是具备集体的创新能力;三是实现明确的分工与协作;四是成员共同拥有企业建设与收益的权利,并相应地承担企业责任与风险;五是创业团队在企业中扮演高层管理的角色。

三、创业团队的作用

(一)资源聚集

在创业过程中,需要各种资源(如资金、技术、人脉等),然而个人资源通常是有限的,而创业团队的每个成员都能通过自身的条件,带来不同的资源。通过优化整合这些资源,团队能够汇聚更多、更优质的资源,从而提高创业成功的可能性。

(二) 知识和经验分享

创业团队通常由来自不同专业背景和经历的人组成，每位成员都具有不同的知识和经验。团队成员之间的知识和经验分享，为整个团队提供宝贵的学习和借鉴机会，从而提高团队的创造力和创新能力。

(三) 分工合作

在创业过程中，需要完成的任务众多，每个任务都需要不同的专业知识和技能。创业团队可以根据团队成员的特长和背景，合理分工，使每个成员都能够最大限度地发挥自己的能力和作用，形成团队的凝聚力和战斗力，提高工作效率。

(四) 协同创新

创业团队成员之间可以通过不同的思维和观点的碰撞，产生新的创意和创新的灵感。团队成员可以进行头脑风暴，共同寻找机会解决问题，从而推动整个团队的协同创新。

(五) 分担风险

在创业过程中，可能面临各种各样的挑战，如市场竞争、资金压力、团队管理等。创业团队可以共同面对这些挑战，共同解决问题，增强团队的适应性和抗压能力。

(六) 提供支持与反馈

创业团队成员之间可以相互支持和给予反馈，帮助彼此避免错误和发展成长。团队成员可以通过分享自己的见解和观点，提供有价值的建议和意见，帮助其他成员改进和完善自己的想法和行动。

(七) 培育良好的企业文化

创业团队是一个小型的组织，团队成员之间的相互了解和合作会逐渐形成团队的企业文化。建立积极向上、创新进取的企业文化是团队的重要任务，这有助于吸引和留住优秀的人才，为企业的长期发展奠定基础。

创业团队的作用不仅是解决眼前的问题，更重要的是为企业的长期发展打下坚实的基础。

四、创业团队的构成要素

（一）目标

创业团队必须有一个明确、具体且既定的共同目标。这是团队共同努力的方向、动力和源泉。通过共同目标，团队能够把工作上相互联系、相互依存的成员组成一个整体，从而以更加有效的合作方式实现个人、部门和组织的目标。没有目标的团队就没有存在的价值；在创业企业的管理中，目标体现为企业的愿景和战略。

为什么要建立团队？希望通过团队达到什么目的？创业阶段在公关、技术、组织、管理、市场、规划等方面应达到哪些标准？此外，我们还须设立远景目标、中期目标及近期目标等。

（二）定位

定位是指团队通过何种方式同现有的组织结构相结合，从而创造出新的组织形式。

首先，确定由谁选择和决定团队成员；其次，明确团队要对谁负责；再次，如何采取有效措施激励团队及其成员；最后，制定一套规范，规定团队任务，确定团队同组织结构结合的方式。要打破固有的思维模式，促使来自不同背景的成员真正成为一个更具合作性的团队。

(三) 职权

职权是指团队担负的职责和享有的权限,即团队的工作范围和在某个范围内决策的自主程度也是团队目标和定位的延伸。职权的确定主要取决于团队类型、目标、定位,以及组织的规模、结构及业务类型等因素。在创业团队的组织中,领导者的权利大小与其团队所处的发展阶段及创业实体所进入的行业紧密相关。一般来说,随着创业团队的成熟,领导者所掌握的权利可以相应减少,更多的是通过授权和发挥团队成员的主动性来解决各种问题;而在创业团队的初期发展阶段,领导权相对比较集中。对于高科技实体而言,多数实行民主的管理方式。因此,建立一套规范化制度,如明确的职位说明书来确定团队成员的职责和权限分工,显得非常重要。

(四) 计划

如何把职责和权限具体分配给团队成员,通过制订计划指导团队成员做哪些工作及怎样做。目标最终的实现,需要一系列具体的行动方案,而制订计划是实施行动方案的前提。计划是实现企业目标和团队成员个人目标的具体工作程序,按计划进行可以保证创业团队的进度顺利推进。只有在计划指导下,创业团队才能一步一步地接近目标,并最终实现目标。计划要具有目的性、可行性、时效性和效益性等。

(五) 人员

人员是创业团队的具体组成,也是团队的核心力量。在创业团队中,人力资源是所有创业资源中最重要、最活跃和最能够创造价值的资源。通过明确的分工与合作,创业团队共同实现目标。因此,创业团队应充分调动团队中成员的积极性和各方面的能力,以最大化地实现人力资源的价值。

在团队人员的选择方面,须考虑其能力、学识、技能、心理素质和经验等各方面因素;团队的组合应该优势互补;这些要素要尽可能地符合团队的目标、定位、职权和计划的要求。

五、创业团队的类型

根据创业团队的组织结构，可以分为星状创业团队、网状创业团队和虚拟星状创业团队。

(一) 星状创业团队

星状创业团队是指在创业初期，由团队中的某一个成员发起，他根据自己的创业意愿，组织志同道合的成员组建团队。这位成员在团队中具有核心领导力，其他加入的成员则主要承担辅助和支持的职责，这样的组织形式就是星状创业团队。星状创业团队的优势和不足分别是：

优势：组织结构紧密，权利相对集中，核心领导权威性强，向心力强，主导人物在组织中对其他团队成员影响大；决策程序相对简单，组织效率较高。

不足：因为权利的相对集中，可能导致决策风险加大，当团队核心领导者不能正确处理好各方面的冲突时，容易出现一些成员离开团队的情况，这对创业成功产生不利影响。

(二) 网状创业团队

与星状创业团队不同，网状创业团队没有明确的核心人物，团队成员依据各自的特点，自发地安排组织角色和职责定位。在创业之前，团队成员通常已经形成了紧密的联系，并共同怀有创业意向，随后便组建了创业团队。在这一过程中，每位成员均承担着合作者或伙伴的角色。网状创业团队具有以下特点。

第一，团队没有明显核心领导，组织结构较松散；一般采取集体决策，通过沟通和讨论达成一致意见，决策效率相对较低。

第二，易于形成多重领导结构。在团队成员间发生冲突时，尽管存在相互协调的可能性，但当矛盾达到无法调和的程度时，团队面临解散的风险。

（三）虚拟星状创业团队

该团队的组织结构可视为前述两种模式的折中方案。在此类团队中，存在一位核心成员，其地位是通过团队成员间的协商过程得以确立的。该核心成员主要扮演团队的代表角色，而非具有主导性的地位。其兼具前述两种模式的优势。

拓展阅读

优秀创业团队的十大特征[1]

创始人在构建高效团队的过程中应如何操作？投资者在评价创业团队效能时应采取何种评估策略？以下十个基本特征，作为构建和评估创业团队的理论框架。

1. 创始人的领导力

在创业过程中，团队的成败往往取决于其创始成员、领导者及核心团队成员的素质。创始人的领导才能，特别是影响团队成员、投资者、供应商等关键利益相关者的能力，是至关重要的。通常，创业团队的核心成员应具备非凡的抱负和远见，坚定的信念与意志力，以及独特的认知和洞察力。

领导力乃一门综合艺术。其内容不仅涵盖各类具体的管理技能与管理方法，也包括前瞻性规划、沟通协调能力、真诚与平衡等多重要素。

2. 团队凝聚力

在创业团队中，团队成员需具备对自我优势与劣势的清晰认知，并对其他成员的能力与不足有深刻理解。此过程有助于预防因成员间相互了解不足而产生的矛盾与纠纷，进而有效提升团队的向心力与凝聚力。

团队的凝聚力是团队攻坚克难、高效可持续运行的基础，其来源也是

---

[1] 优秀创业团队的十大特征[EB/OL].（2022-07-20）[2024-05-10]. https://zhuanlan.zhihu.com/p/543887003.

多样的：有时源于领导人的个人魅力和影响力；有时源于对团队文化、价值观、发展愿景、工作意义的认可；有时源于和谐、包容、互相支持的工作环境；有时源于有效的物质激励制度（股权或非股权激励）等。

3. 团队学习力

创业是一个快速试错（科学试错而非盲目试错）、迭代升级的过程，要求创业者站在行业的最前沿思考问题，需要面对不确定性，开拓未知领域，创造新的产品和市场，这都需要强大的学习能力作为基础和保障。

通过实施制度化的策略以确保创业团队持续进行学习活动，能够有效地激发团队成员的学习积极性，增强团队成员的自主学习意识，并提升其学习能力，进而维持团队的活力并增强创业竞争力。

4. 落地执行力

创业成功需实现理论与实践的统一。虽然深入的战略性思考具有至关重要的作用，若方向选择失误，则可能导致事倍功半。然而，在实际创业过程中，普遍存在的一个问题是过度规划而行动不足，执行力的缺乏也成为导致创业失败的关键因素之一。

在创业初期，企业需应对多方面的事务，这要求团队成员投入更多的时间与精力。因此，团队成员的执行力显得尤为关键。一旦团队作出决策，所有成员必须立即执行，并且应全力以赴以确保工作的最高质量完成，不得因个人因素而影响执行。唯有当团队成员的执行力得到充分展现，团队的整体工作效率才能提升。快速而强大的执行力是战略实施和实现创业目标的核心要素。

5. 心力和韧性

强大的心力是创业家不可或缺的品质，其不仅在逆境与挑战中彰显创业精神，包括了抗压性、抗挫折性及反弹力，还包括积极应对和解决问题的能力，同时在顺境中也表现为坚守正道、戒除骄躁的素养。

韧性，即在压力情境下复原和成长的能力。一家企业拥有的组织韧性越强，越有助于其快速从危机中复原并获得持续增长；反之，一个企业的组织韧性脆弱，就会导致其在危机中越陷越深，最终被危机所吞噬，创业失败。

6. 创新驱动力

创新作为实现可持续发展的战略选择，已成为评价创业活动的核心指标。在科技创新与模式创新的领域内，颠覆性的重大创新相对较少，而微创新、渐进式创新及模仿行为则更为普遍。然而，企业若要实现长期可持续发展，最终仍需依赖创新的驱动力。

7. 组织结构完整性

组织结构的完整性是创业项目顺利运作的基石，其关键在于所有必需的组织单元均配备有相应的专业人才，且无重大缺陷。在不同行业和项目中，关键组织单元及其所需人才的类型各异。若关键单元的人才配置出现缺失，将严重限制项目的推进速度及成功的可能性。

8. 团队成员互补性

通常认为高度同质化的团队不利于创业公司发展，团队成员之间需要优势互补。团队的互补性不仅体现为专业背景互补，还体现为性格特点等方面的互补，如激进者与沉稳者的互补。

9. 团队与项目的匹配度

团队与项目的匹配度涉及团队背景、专业领域、经验积累及资源配备是否与项目发展的需求相契合。若团队特质与项目需求不相匹配，即便团队成员个人能力卓越、资源丰富，也难以确保其能顺利融入团队。因此，适配性是团队构建与项目推进中的关键因素。

从团队与项目的适配性上说，大致需要考虑以下几点。

（1）这个创业项目适合什么人来做？创业项目与创始人、创业团队的经验和能力相匹配吗？

（2）要做好这个项目，需要具备什么样的资源和条件，我们是否具备这些资源和条件？

（3）团队所具备的核心竞争力、专业优势及基础条件是什么？过往做过什么？现状如何？未来的方向与计划是什么？创业的兴趣聚焦于哪些领域？

10. 团队组合协同性

团队成员间的高效协作与避免内耗是卓越团队的关键特征。即便个体能力再为卓越，若无法实现高效组织协同，则其效用等同于零，甚至可能产生负面效应。团队的整体能力并非成员个人能力的简单累加，一个由杰出个体构成的团队也可能一事无成。只有通过高效率的组织协同，才能实现团队效能的倍增。

第三节　创业企业家培养和创业团队建设

一、创业企业家的基本素质

（一）心理素质

所谓心理素质是指创业者的心理条件，包括认知过程、情绪情感过程、意志过程、注意力、自我意识、性格、气质、能力、动机、价值观和世界观等心理构成要素。

1. 创业意识

创业意识是创业者必备的一种心理准备活动，包括创业需求、创业动机、创业思维、创业意志等多个心理层面。每位希望创业的人都须培养并强化创业意识。有创业意识的人，会积极发现商业机会，创造条件，克服创业中遇到的挑战和挫折，即便遭遇失败也不会妥协。

创业意识不是一时冲动或凭空冒出来的，而是经历了从形成到发展的一系列强化过程。创业动机是创业活动的诱因和动力，是创业活动的即将开始的标志；创业兴趣使创业意识进一步升华；创业理想则意味着创业意识已基本形成；创业信念和创业意志是创业者从事创业活动的精神支柱。一个创业者需要有敏锐的观察能力，敏感的市场反应能力和创新能力，这样才能发现创业机会并把握商机。

2. 敢于冒险的心理素质

从事商业经济活动，在市场经济的浪潮中，我们既可能获得收益，也必须面对风险；既有机会，也有威胁；既可能成功，也可能失败。害怕失败、不敢创业，可能失去很多的创业机会。正如常言道，收益越高，风险越大。然而，敢于冒险不等于冒进、盲目蛮干。影响创业成功或失败的因素有很多，只有选择好创业目标，判断有据、方法得当、敢于实践、敢于承担风险、直面失败、克服困难、总结经验、不断拼搏，才能体验到创业成功的喜悦。善于发现市场机会，全面而正确地分析影响创业的环境因素，正确评估成功或失败的因素，具备评估风险的能力和应对风险的有效方法与策略。

3. 合作的心理素质

一是要与团队成员合作，每位成员都是团队不可或缺的一员，在企业创业中发挥着重要的作用，通过大家的努力和贡献创造价值，也应该分享利润。

二是与竞争者合作，在创业道路上，创业者必须摒弃"同行是冤家"的狭隘观念，学会合作，避免恶性竞争，合作共赢，共同发展，也是企业的生存之道。

三是与供应商、客户、公众和中间商的合作。在创业过程中，需要与客户和顾客打交道，与公众媒体沟通，与外界销售商协作，与企业内部员工进行有效交流。

合作应善于交流与沟通。通过语言、文字、广告、互联网、利益分配与再分配等多种形式，有效地进行交流与沟通。这有助于化解矛盾、排除障碍、达成共识、增加信任度、降低工作难度、提高办事效率，增加创业成功的可能性。

4. 坚持不懈的心理素质

创业者并不能保证创业总是一帆风顺、一定成功。环境的变化和众多不确定性因素对创业影响很大，其中充满风险、挑战和失败的可能性。因此，创业者必须具有百折不挠的精神、坚持不懈的毅力和意志，才能克服困难，锐意进取，最终创业成功。

创业者的进取心、毅力、坚韧不拔的意志、沉着冷静的态度、战胜逆境的信心和坚持不懈的恒心，是创业难能可贵的心理品质。创业之路是艰难的，难免会遇到这样或那样的苦恼、挫折、压力，甚至失败，它是一个长期而持续的奋斗过程。创业者必须具备承受挫折、迎接挑战的心理素质，百折不挠，不轻易改变初衷。一旦迈上了创业的道路，确定了创业项目和目标，就要朝着既定的目标走下去。

5. 正确的利益观和欲望观

人的欲望是无限的。正确处理个人、企业、员工、客户及社会的利益，抑制自己的私欲，这也是创业者应具备的优秀心理素质。在创业过程中，创业者要自觉接受法律的约束，确保创业和经营的合法性，依法行事；也要自觉接受社会公德和职业道德的约束，文明经商、诚信经营，实现互助与互利。当个人利益与法律及社会公德发生冲突时，创业者要克制个人欲望，约束自己的行为。

6. 自我调节的心理素质

市场环境千变万化，竞争激烈，创业之路充满风险与失败的可能，伴随着复杂的人际关系和交往矛盾，以及身心的双重调整。应对创业中的困难和挫折，不仅需要坚韧不拔的意志和强大的抗压能力，更需要具有自我调节的心理素质。

善于进行自我调节，处理各种压力。能用积极的态度对待工作和生活的压力，冷静地分析和控制压力，找出压力的原因，从而缓解压力，甚至消除压力。保持良好的心态，勇敢地面对压力，力争将不利转化为有利，将被动转变为主动，将压力转化为动力。具有较强的适应性，还应做到"胜不骄，败不馁"。掌握减压的方法，如通过适当运动、放松疗法、与人沟通等方式来缓解压力。

7. 竞争意识

市场经济就是竞争经济。在创业的浪潮中，经济竞争是无法避免的。所有的经济活动都具有竞争性，只是竞争的激烈程度不一样。相似程度越高,竞争就越激烈。要在竞争中取得胜利,就需要发现企业优势,培育并凸显企业优势,使其成为竞争对手无法获取和超越的优势。

(二) 身体素质

身体素质是指身体健康、体力充沛、精力旺盛及思维敏捷。对于现代小企业的创业者而言,创业与经营是一项既艰苦又复杂的任务,他们需要承受工作繁忙、长时间的劳动及巨大的压力。如果身体不好,必然力不从心、难以承受创业的重任。

良好的身体素质,需要养成良好的生活习惯,加强体育锻炼,保证身体所需的营养元素,并保持良好的心理状态。

(三) 知识素养

创业者的知识素养对创业有着举足轻重的影响。这一素养涵盖了多个层面:首先,是专业知识,它是人们在学习和工作中所需的特定知识,包括理念、规则、原理和方法等,是某一领域的智慧结晶,更是人们在学习和职场中立足和发展的基石。由于不同行业和领域对专业知识的要求不同,创业者必须不断学习和实践,以完善自己的专业知识体系。其次,是经营管理知识。创业离不开市场经济,因此需要掌握市场营销、财务管理、国际贸易实务等方面的知识。再次,创业者是一个企业的决策人和领导者,还需要了解管理学,包括领导学、人际沟通和交往等方面的知识。最后,创业者还应具备相关法律知识和其他生活知识。

(四) 能力素质

能力素质是影响创业成功与失败的重要因素。创业者应具备的能力包括创新能力、分析与决策能力、问题解决能力、预见未来的能力、应变能力、人才选拔能力、组织协调与沟通能力、社交能力、激励团队的能力,以及运用现代科技进行办公的能力等。

当然，术业有专攻，并不是要求每一个创业者都必须完全具备这些素质才能去创业。提高能力素质的途径和办法：就是要做一个终身学习者和自我改造者。

(五) 商业道德素质

商业道德是指公认的道德规范在具体商业情景和商业活动中的应用。商业道德的基本内容包括为人民服务、对人民负责；文明经商、礼貌待客；遵纪守法、货真价实；买卖公平、诚实无欺，不售卖假冒伪劣产品、不打虚假广告；有社会责任感，不损害国家、社会和人民的利益。

二、创业企业家素质的培养

(一) 创业意识培养

创业意识培养是指抓住机会、善于利用机会，但同时又能够时时刻刻警惕危机出现，避免被危机毁灭的素质。创业意识培养的具体方法如下所述。

第一，分析周围的成功人士是如何把握机会和利用资源的，以及阅读名人传记和听取成功人士的讲座都能起到培养创业意识的作用。

第二，留意变化。有意识地记录每日所见的现象，注意差别，从而推断趋势并发现机会。

第三，发现那些其他人没有注意到的细节、偶然因素和现象。

第四，通过谈话、讨论及观看影视作品等方式培养创业意识。

(二) 创业行动与风险意识的培养

如果不敢冒险，不敢创新，不敢为人先，就难以获得风险带来的机遇。胆识是创业者的基本素质。然而，过度扩张和冒险过大可能导致失败。相对而言，保守者往往更容易度过危机，在危机中安然无恙，甚至能够发现新的发展机遇。

要勇于创业。首先要善于发现商业机会。通过分析环境变化、市场研究、政策走向、专家学者的发言、技术进步及材料创新等方面发现商机。在此基础上，结合自己的资源和条件，勇于创业。

积极应对创业风险。分析资金、资源、技术、政策和国内外环境变化可能带来的风险。

第一，时间上的结合。通过对内外环境变化的分析，预测风险可能发生的时间点，做好风险的预防工作。

第二，意识上的结合。居安思危，以持续的谨慎为原则，敢于打拼，同时始终注意可能到来的危险。

第三，方法上的结合。高风险与低风险相结合；短期收益与长期收益相结合；求利与求名相结合；实物投入与非实物投入相结合。

(三) 增加创业体验，提高创业能力素质

从实践来看，通过亲身体验获得的知识最容易记忆和提取。同样，通过自身行动获得的创业体验越丰富，越深刻，创业能力的提升可能性就越大。一般可以通过四种方式来加强学生的创业体验学习。一是依托创业园地或实习基地，给学生提供条件，使其主持或参与经营管理活动；二是制订创业计划，号召学生参与；三是鼓励和帮助学生参加劳务服务；四是组织和支持各种社团活动，鼓励学生参加社团活动；五是参加各种创业大赛，锻炼和提高学生的创业能力。

(四) 学习相关知识

学习企业管理相关理论和方法是培养创业者素质的重要途径。创业者可以通过学习现代企业运作和管理的基本原理和实践，了解如何建立有效的企业制度、管理团队和提高运营效率；还可以参加专业的培训班、学位课程或者通过阅读相关书籍来学习企业管理知识、法律法规。

(五) 诚信培养

创业意味着立足于契约社会，而契约的核心在于承诺。坚守承诺，实

现诚信，需注意以下几点。第一，不要轻易承诺。要结合实际，充分论证合同条款，分清违约责任主体、责任大小、责任赔偿等内容。避免感情用事、冲动决策、作无谓承诺或过度承诺。第二，诚信履约。一旦承诺，就要兑现，以免失去信誉。第三，用认真履约来证明个人诚信，从而减少未来再次签约的费用。签约不应只是一场热闹，在关键时刻，再问一下自己：是否能够履约？在作出承诺之前，建议将回答延后1分钟，最好使用"让我想想"话语，以示郑重承诺，并给自己留出足够的时间来考虑是否能够履约；如果不能履约，应考虑有什么补偿的办法。

三、创业团队建设

(一) 创业团队建设的原则

1. 目标性原则

目标必须明确且具体，让每一个团体成员清楚地认识到共同的奋斗方向、具体做什么，以及达到什么要求。此外，目标应当既合理又具有可行性，同时要有一定的难度，以激发团队的斗志和行动力。

2. 互补性原则

团队成员之间的合作旨在弥补创业目标与个人能力之间的差距。每个人的时间是有限的，而能力各有专长。通过互补优势，发挥组织成员的各方面潜力，为创业活动注入动力。

要使创业团队能够发挥其成员之间的互补优势，创建团队时，不仅要考虑成员之间的关系，还要考虑他们在知识、能力、技术、心理等多方面的互补性。这包括功能性专长、知识技能、管理风格、决策风格、经验、能力、团体心理结构，以及未来的价值分配模式等各方面的互补，从而实现团队的均衡发展。只有当团队成员在知识、经验、能力等方面相互补充，形成协同效应，才有可能通过相互协作促进创业成功。

3. 精简高效原则

精简高效原则是指遵循企业活动的客观规律，科学设置各职能机构和合理确定人员编制，保证各项工作正常开展，以达到精简、统一、高效、节约目的的原则。为了减少创业期的运作成本，提高投资效益，最大限度地分享创业成果，创业团队人员构成应在保证企业高效运作的前提下尽量精简。

4. 动态开放原则

创业是一个充满不确定性的过程，团队成员可能因为能力、观念等多种原因，有人离开，也有人加入。同时，随着企业的发展，创业团队也是一个不断学习、发展壮大的过程。因此，在组建创业团队时，应保持团队的动态性和开放性，以便真正与团队完美匹配的人员能被吸纳到创业团队中来，保持组织的运转和促进组织发展。

5. 职权匹配原则

创业团队的职权划分是根据执行创业计划的需要，确定每个团队成员所要担负的职责及所享有的权限。团队成员之间因为分工不同、职能部门不同及知识技能不同，职权的划分必须明确，避免职权的重叠和交叉，也要避免因职责无人承担造成工作上的疏漏，保证团队成员有能力、有权利、有条件地履行自己的工作职责，保证企业的高效运转。

6. 管理规范原则

创业团队制度体系体现了创业团队对成员的控制和激励能力，主要包括团队的各种约束制度和各种激励制度的完善和严格按规章制度执行。在制度完善方面，创业团队根据工作需要，制定各种管理规章制度，主要包括组织制度、纪律制度、财务制度、保密制度、工作流程制度、日程管理制度、薪资制度、奖惩制度、绩效考核制度和激励措施等。制定团队成员的行为规范，保证团队有序工作，充分调动团队成员的积极性，最大限度发挥团队成员的作用。

(二) 创业团队建设的措施

1. 明确创业目标

目标是工作的方向和标准，也是工作的动力。无论是组织还是个人，其工作都应有明确的目标,没有目标的工作是毫无意义的。对于刚刚组建的创业团队,首先应明确创业团队的目标。团队需要根据创建企业的经营范围、愿景及战略实施的要求,把企业目标分解为创业团队目标,设定若干可行的、阶段性的子目标。创业团队要明确自己的业务范围和工作内容,即具体要做什么,工作成果要达到的标准或程度,这些就是工作目标和团队奋斗的方向。

总的来说,创业团队的目标是完成创业阶段市场调研、项目选择、产品技术研发、生产、市场营销策划及组织管理等各项工作。在团队中,每位成员也要明确自己的工作目标,促进企业从无到有、从起步到成熟的转变。

2. 制订创业计划

在确定了创业团队的总目标和阶段性的子目标后,为了实现这些目标,需要制订一份详细、周密且可行的创业计划。创业计划是在对创业目标进行具体分解的基础上,制订实现这些目标的行动方案。创业计划是未来的执行方案,因此制订创业计划要充分考虑企业内外环境因素的变化,并充分利用好企业资源。计划要有目标性、可行性、经济效益性、时效性,并且要有应对风险的预案。

3. 招募合适的人员

招募合适的人员也是创业团队组建关键的一步。创业团队成员的招募应主要考虑三个方面。一是适度规模与企业发展的匹配性,一般认为,创业团队的规模应控制在2~12人;二是成员能力、资历等与工作岗位的匹配性;三是人员优势的互补性,如知识、能力、技术和心理的互补性。既不浪费资源,又能保证工作的完成,互补性不仅有助于强化团队成员之间的合作,还能确保整个团队的战斗力,从而更好地发挥团队的协同作用。通常情况下,一个创业团队至少需要具备管理、技术和营销三个方面的人才。只有当这三个方面的人才之间建立良好的沟通与协作关系时,创业团队才可能实现稳定且高效的发展。

首先,坦诚地评估自己的能力,了解自己的优点和不足,以及其对构建团队的影响。

通常情况下,企业需要具备以下角色和技能。

(1) 企业领袖——推动业务发展、交流愿景和激励团队;

(2) 技术创新者——根据市场和业务需要来开发产品;

(3) 市场和销售——关注客户、提升业务和扩大销售;

(4) 财务——管理预算和现金流,帮助企业筹措资金;

(5) 运营——使组织及其管理流程达到效率最大化。

接下来,就需要邀请一至两位能力互补的伙伴加入。以下建议有助于找到这类人才。

(1) 弄清你的企业需要哪些技能、经验和人脉;

(2) 开始在你的交际圈里"散布消息";

(3) 考虑现在及以前的同事或朋友中,能够与哪些人合作;

(4) 参加相关的商业社交活动,着手建立你的交际网;

(5) 加入社区社交网络、企业家和小企业团体;

(6) 与"社会枢纽"中的重要人士交谈,如行业协会、商务顾问和孵化器经理人。

核心团队潜在人选可从以下几个方面考察:能力、经验和人脉的契合度;激情、动机及与企业愿景和文化的契合度;对企业进行投资的可能性;完成工作的能力等。为此,进行详细的调查至关重要,需要花时间来考察他们,审阅他们的简历和背景资料,并在网上充分地搜寻信息。经过这样的过程,你才能确定这个人是否敬业且可信。

何时邀请他入伙最合适?这需要考虑新管理团队成员的构成和企业的财务状况。一种方法是先邀请一位成员全职加入,当企业发展到一定阶段时,再考虑邀请第二位成员入伙。切记不要过早地吸纳过多成员。

4. 职责分工

为了保证团队成员顺利执行创业计划、开展各项工作,必须预先在团队内部进行职责的划分。职责划分是执行创业计划的需要,具体内容是确定每个团队成员所要担负的任务。团队成员的职权划分必须明确，既要避免职权的重叠，也要避免因无人承担工作造成工作上的疏漏。此外，创业者在创业过程中，面临的创业环境是动态复杂的，会不断出现新问题，应根据需要进行调整。

职责分工要明确，如明确工作内容和任务是什么、该职位对人员有什么要求，明确职位的工作性质、任务、责任、权限、工作内容和方法、工作环境和条件，以及本职务任职资格条件，如基本要求、教育状况、工作经验、能力和其他要求等；再根据团队成员的资源、工作经历和个人素质，把适合的人安排在合适的工作岗位上。

5. 培育良好的企业文化

为了塑造和维护企业的共同价值观，领导者必须首先成为这种价值观的典范，并通过自身的行动向全体员工传递这种价值观。领导者不但要注重塑造积极的企业文化，宣传、倡导企业文化，还必须以身作则，成为企业文化的表率和示范，在每一项工作中都体现企业的核心价值观；注重企业精神和价值观的"人企合一"理念；坚持以人为本，全面提高员工素质；完善企业制度，规范管理流程；注重"学习型"企业文化的建设。随着世界经济的一体化和经济格局的多元化，企业文化也呈现出多元化趋势。因此，在培育"学习型"的企业文化时，我们不应受限于民族文化或意识形态，而应开放包容，积极吸收全球的企业文化。

第四章　创业环境

学习目标

▲知识目标：

（1）明确创业环境的含义和特点；

（2）掌握创业环境的主要组成要素；

（3）深入理解各种环境因素对企业创业活动的影响；

（4）掌握矩阵图分析法和SWOT分析法的运用。

▲能力目标：

（1）具有对创业宏观环境和微观环境进行分析的能力；

（2）提高学生分析问题的能力；

（3）培养学生团队协作的能力；

（4）能够利用矩阵图分析法和SWOT分析法对创业环境进行分析与评价。

案例分析

促进创业投资高质量发展的若干政策措施

国务院办公厅关于印发《促进创业投资高质量发展的若干政策措施》的通知（国办发〔2024〕31号）指出：发展创业投资是促进科技、产业、金融良性循环的重要举措。为贯彻落实党中央、国务院决策部署，促进创业投资高质量发展，现提出以下政策措施。

一、总体要求

促进创业投资高质量发展，要以习近平新时代中国特色社会主义思想为指导，全面贯彻落实党的二十大精神，完整、准确、全面贯彻新发展理念，着力推动高质量发展，围绕创业投资"募投管退"全链条，进一步完善政策环境和管理制度，积极支持创业投资做大做强，充分发挥创业投资支持科技创新的重要作用，按照市场化法治化原则引导创业投资稳定和加大对重点领域投入，强化企业创新主体地位，促进科技型企业成长，为培育发展新质生产力、实现高水平科技自立自强、塑造发展新动能新优势提供有力支撑。

二、培育多元化创业投资主体

（一）加快培育高质量创业投资机构。鼓励行业骨干企业、科研机构、创新创业平台机构等参与创业投资，重点培育一批优秀创业投资机构，支持中小型创业投资机构提升发展水平。引导创业投资机构规范运作，提升股权投资、产业引导、战略咨询等综合服务能力。创业投资机构按规定开展私募投资基金业务的，应当依法依规履行登记备案手续。未经登记备案的主体，应当用自有资金投资。

（二）支持专业性创业投资机构发展。加大高新技术细分领域专业性创业投资机构培育力度，引导带动发展一批专精特新"小巨人"企业，促进提升中小企业竞争力。聚焦新领域新赛道，对投资原创性引领性科技创新的创业投资机构，加大政策支持力度，引导创业投资充分发挥投早、投小、投硬科技的作用。

（三）发挥政府出资的创业投资基金作用。充分发挥国家新兴产业创业投资引导基金、国家中小企业发展基金、国家科技成果转化引导基金等作用，进一步做优做强，提高市场化运作效率，通过"母基金+参股+直投"方式支持战略性新兴产业和未来产业。优化政府出资的创业投资基金管理，改革完善基金考核、容错免责机制，健全绩效评价制度。系统研究解决政府出资的创业投资基金集中到期退出问题。

（四）落实和完善国资创业投资管理制度。支持有条件的国有企业发挥自身优势，利用创业投资基金加大对行业科技领军企业、科技成果转化和产业链上下游中小企业的投资力度。健全符合创业投资行业特点和发展规律的国资创业投资管理体制和尽职合规责任豁免机制，探索对国资创业投资机构按照整个基金生命周期进行考核。

三、多渠道拓宽创业投资资金来源

（五）鼓励长期资金投向创业投资。支持保险机构按照市场化原则做好对创业投资基金的投资，保险资金投资创业投资基金穿透后底层资产为战略性新兴产业未上市公司股权的，底层资产风险因子适用保险公司偿付能力监管规则相关要求。鼓励符合条件的创业投资机构发行公司债券和债务融资工具，增强创业投资机构筹集长期稳定资金的能力。

（六）支持资产管理机构加大对创业投资的投入。支持资产管理机构开发与创业投资相适应的长期投资产品。在依法合规、严格控制风险的前提下，支持私募资产管理产品投资创业投资基金。鼓励资产管理机构针对科技型企业在不同成长阶段的经营特征和金融需求，提供并完善股权投资、债券投资、股票投资和资产服务信托等综合化金融服务。

（七）扩大金融资产投资公司直接股权投资试点范围。支持金融资产投资公司在总结上海试点开展直接股权投资经验基础上，稳步扩大试点地区范围，充分发挥金融资产投资公司在创业投资、股权投资、企业重组等方面的专业优势，加大对科技创新的支持力度。

（八）丰富创业投资基金产品类型。鼓励推出更多股债混合型创业投资基金产品，更好匹配长期资金配置特点和风险偏好，通过优先股、可转债、认股权等多种方式投资科技创新领域。积极发展创业投资母基金和契约型创业投资基金。

四、加强创业投资政府引导和差异化监管

（九）建立创业投资与创新创业项目对接机制。实施"科技产业金融一体化专项"，开展科技计划成果路演、专精特新中小企业"一月一链"等活动，组织遴选符合条件的科技型企业、专精特新中小企业，以及带动就业较多的企业和项目，加强与创业投资机构对接。

（十）实施专利产业化促进中小企业成长计划。优选一批高成长性企业，鼓励创业投资机构围绕企业专利产业化开展领投和针对性服务，加强规范化培育和投后管理。

（十一）持续落实落细创业投资企业税收优惠政策。落实鼓励创业投资企业和天使投资个人投资种子期、初创期科技型等企业的税收支持政策，加大政策宣传辅导力度，持续优化纳税服务。

（十二）实施符合创业投资基金特点的差异化监管。细化《私募投资基金监督管理条例》监管要求，对创业投资基金在登记备案、资金募集、投资运作、风险监测、现场检查等方面实施与其他私募基金差异化的监管政策，支持创业投资基金规范发展。

（十三）有序扩大创业投资对外开放。修订完善《外商投资创业投资企业管理规定》，便利外国投资者在境内从事创业投资。支持国际专业投资机构和团队在境内设立人民币基金，发挥其投资经验和综合服务优势。引导和规范我国创业投资机构有序开展境外投资。深入推进跨境融资便利化试点，进一步优化外商直接投资（FDI）项下外汇管理，便利创业投资机构等经营主体办理外汇业务。研究规范合格境外有限合伙人（QFLP）试点机制和制度框架，进一步扩大试点范围，引导境外创业投资机构规范开展跨境投资。

第四章 创业环境

五、健全创业投资退出机制

（十四）拓宽创业投资退出渠道。充分发挥沪深交易所主板、科创板、创业板和全国中小企业股份转让系统（北交所）、区域性股权市场及其"专精特新"专板功能，拓宽并购重组退出渠道。对突破关键核心技术的科技型企业，建立上市融资、债券发行、并购重组绿色通道，提高全国中小企业股份转让系统（北交所）发行审核质效。落实好境外上市备案管理制度，畅通外币创业投资基金退出渠道。

（十五）优化创业投资基金退出政策。加快解决银行保险资产管理产品投资企业的股权退出问题。支持发展并购基金和创业投资二级市场基金，优化私募基金份额转让业务流程和定价机制，推动区域性股权市场与创业投资基金协同发展。推进实物分配股票试点。

六、优化创业投资市场环境

（十六）优化创业投资行业发展环境。建立创业投资新出台重大政策会商机制，各部门在出台涉创业投资行业、创业投资机构等重大政策前，应按规定开展宏观政策取向一致性评估，防止出台影响创业投资特别是民间投资积极性的政策措施。持续提升创业投资企业和创业投资管理企业登记管理规范化水平。建立健全创业投资行业统计分析体系，加强部门间信息共享。

（十七）营造支持科技创新的良好金融生态。在依法合规、风险可控前提下，支持银行与创业投资机构加强合作，开展"贷款+外部直投"等业务。研究完善并购贷款适用范围、期限、出资比例等政策规定，扩大科技创新领域并购贷款投放。支持符合条件的上市公司通过发行股票或可转债募集资金并购科技型企业。

各地区、各部门要把促进创业投资高质量发展作为大力发展科技金融、加快实现高水平科技自立自强、推动高质量发展的重要举措，压实主体责任，精心组织实施。国家发展改革委要会同相关部门完善工作机制，加强统筹协调，形成工作合力，共同推动促进创业投资高质量发展的各项措施落实落细。

第一节　创业环境概述

一、创业环境的含义

创业环境是所有影响企业创立和发展的内外部因素的总和。一般分为宏观环境和微观环境。了解创业环境，有利于发现创业机会，遵循创业规范，规划创业发展、应对创业风险，提高创业的经济效益和成功率。因此，企业创业，首先要了解创业环境、适应创业环境、利用创业环境，为企业创立和今后发展打下良好的基础。

创业环境是指以创业活动为中心，对创业者的思想形成、创业行为活动等产生影响和发生作用的各种因素与条件的总和。例如，科技环境、融资环境、人才环境、政策法规环境、市场环境和文化环境、人口因素、自然环境因素和行业因素等，还包括创业者个体或团队的经济状况、人脉网络和心理状况等因素。本章主要从创业宏观环境和创业微观环境两个方面进行分析。宏观环境主要包括政治环境、经济环境、人口环境、社会文化环境、科技环境和地理环境；微观环境包括：行业环境、原材料供应商、营销中介、客户、竞争者、社会公众、基础设施建设、企业内部因素、创业者个体因素及创业者群体因素等。

二、创业环境的特点

（一）客观性

创业环境的客观性体现在创业活动总是在特定的社会经济和其他外部环境条件下展开。这些环境条件是客观存在的，不以人的意志为转移，它们具有不可控性和动态性等特点。因此，创业者要认识环境、适应环境、利用环境和改造环境，避开环境带来的威胁和限制，以便更有效地利用环境资源，把握机会，实现创业目标。

（二）差异性

创业环境的差异性表现在各个方面。首先，不同国家、地区和民族的创业环境本身就存在差异性；其次，不同的创业活动受到的创业环境影响各不相同，即使是同一种环境因素的变化，对创业活动的影响也不相同。例如，不同的国家、地区，以及不同的法律法规、经济发展水平、社会文化背景、人口结构、地理环境等都会展现出广泛的差异性，这些差异对创业活动的影响是多方面的。因此，创业者在制定创业决策时，必须根据创业目标、内容、规模、时间、地点等因素，全面评估它们的影响程度。

（三）关联性

创业环境是一个有机系统，具有整体性、层次性、开放性与相关性。系统内部各要素相互作用、相互依存和相互制约，形成一个有机整体，对创业活动发挥着整体作用。这是由于社会经济现象的出现，往往不是由某个单一因素决定的，而是受一系列相关因素影响。例如，经济基础决定上层建筑，上层建筑又对经济基础产生反作用。科学技术是第一生产力，而其发展依赖于人才培养，而人才培养又需要教育和经济的投入。同时，创业活动也需要法律制度来规范。因此，创业者要以全面、系统和联系的视角看待创业环境，既要考虑宏观环境和微观因素的不同影响，又要区分主要因素和次要因素的作用。

（四）动态性

创业环境是创业活动的基本条件，是动态变化的。当前，中国的创业环境，相较于十多年前，已经发生了很大改变，因此创业者必须适应环境变化，不断调整和优化自己的创业活动，以免错过市场机遇。同时，科技进步、经济发展、国民受教育程度的提高及需求的不断变化,都为创业活动提供了前所未有的机遇。然而,经济全球化也带来了更大的竞争与挑战。鉴于创业环境的不断变化,创业者需要以动态和发展的眼光理解创业环境,从而利用环境条件实现创业目标。

(五) 复杂性

创业环境的复杂性体现在其多元性、关联性、动态性和不确定性等多个方面。这种多元性体现在创业的众多因素上,包括政治、经济、文化、科技、人口、自然、市场、行业及营销等方面。这些因素交织在一起,形成一个错综复杂的网络,其中一些因素是可控的,而另一些则不然。它们之间相互影响,相互制约。因此,我们必须深刻理解创业环境的复杂性,全面分析这些环境因素,特别关注那些不可控和不稳定的因素,进行分析和预测,以规避潜在风险。同时,我们应利用自身优势,把握机会,正确选择目标市场,从而提高创业成功的可能性。

三、创业环境与创业的关系

一方面,创业离不开创业环境,创业环境是客观存在的,是创业活动的基础。创业者必须适应并依赖创业环境,因为环境在一定条件下决定着创业的成败。尽管创业环境具有不确定性和风险性,但通过对历史、现状的分析和预测,我们可以在一定时间和范围内作出预判,为创业活动打下坚实基础。因此,创业者进行环境分析时,应力求全面,并关注各环境因素之间的相互关联。同时,创业者需要识别主要矛盾,集中精力解决那些影响创业的环境因素。另一方面,创业环境并非一成不变,它也可以通过创业活动本身得到改变。创业者应善于利用环境,使之为创业活动服务(图4-1)。

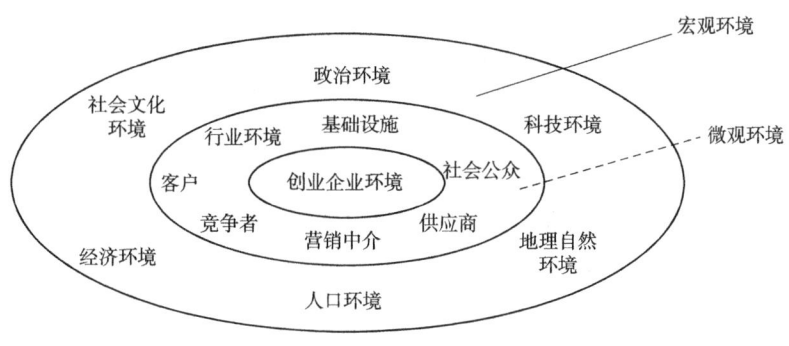

图 4-1 创业环境与创业的关系

第二节 宏观环境

宏观环境也称总体环境或一般环境，其对微观环境中的每类要素均具有潜在影响，对创业活动的战略规划起着关键作用。无论是创业愿景、创业经营领域还是经营策略，都受到宏观环境因素的影响。

一、政治环境

政治环境是指那些影响企业创业活动的外部政治环境因素，主要包括以下几个方面。

1. 国家政治体制

国家政治体制，即政权组织形式，涉及一个国家如何构建其政权机构的问题。例如，不同国家在政治与行政体制、政府部门的组织架构及公民政治权利等方面存在差异。这些差异反映在政府的管理职能、行政效率、公民权益及经济、文化、贸易、人口、能源、物价、财政和货币政策等多个方面，进而对企业的经营范围、目标市场选择、产品开发、定价策略、销售渠道、促销活动等经营活动产生影响。

2. 政治稳定性

政治稳定性主要涉及政治体制与政策的稳定性、连续性及持久性，这一点在我国表现得尤为突出，成为我国显著的优势所在。政治稳定性构成了企业发展的基础性条件。在政治稳定的环境下，企业能够集中精力于创新与成长，避免因政治动荡引发的不确定性和潜在风险。因此，政治稳定性对企业运营、市场准入、贸易活动、投资决策及利润获取等多个维度均具有深刻的影响。

3. 国际关系

国际关系稳定与否，对经济发展影响深远，尤其对企业（包括跨国公司）的经营发展，以及创业项目的选择等事项，都会产生显著影响。

4. 法律法规

创业法律法规环境包括国家层面和地方层面制定的，旨在规范创业活动的法律和法规。为了规范创业经营行为，我国先后颁布并实施了包括《中华人民共和国环境保护法》《中华人民共和国公司法》（简称《公司法》）、《中华人民共和国消费者权益保护法》《中华人民共和国广告法》和《中华人民共和国反不正当竞争法》在内等一系列与创业活动相关的法律。此外，《中华人民共和国宪法》《中华人民共和国刑法》《中华人民共和国民事诉讼法》和《中华人民共和国劳动法》等也对企业的经营内容、经营范围、经营行为产生重要影响。可以预见，在未来的经济活动中，这些相关经济活动的法律法规将持续得到完善。

二、经济环境

经济环境是影响企业营销活动的主要外部因素，包括收入水平、储蓄状况、消费结构等多个维度。特别是收入水平和消费结构，它们对创业和经营活动的影响较大。经济环境体现了消费者的购买力，包括消费者购买什么、购买多少、能够投入多少资金，以及购买的目的是满足基本需求还是追求更高的生活品质。这些因素主要影响创业投资方向、创业驱动力、目标市场选择、市场规模、产品定价、销售收入、经济效益和对市场未来发展的预期等方面。

(一) 收入水平

市场需求是指消费者在具备支付能力的情况下产生的需求。仅有消费欲望是不能驱动市场的；只有当消费欲望和购买力结合，才能产生购买行为。个人购买力主要受收入水平影响，不同地区、不同职业的收入差异，对创业决策有着重要的影响。一般而言，收入较高的地区，其消费需求与市场需求更旺盛，并且对产品品质、环保标准等有较高要求。以下是衡量收入水平的具体指标。

1. 人均国内生产总值

人均国内生产总值是指以价值形式呈现的人均国内生产成果。它用于衡量一个国家或地区的所有常住人口，在特定时期（如一年）内，所创造全部商品和服务的最终价值总和（计算时，需扣除同期内中间消耗的非固定资产商品和服务价值，以体现生产活动的"新增价值"）。国内生产总值反映了市场总体容量与规模；而人均国内生产总值从宏观层面影响并决定消费结构和消费水平，是判断经济发展水平与居民平均产出贡献的关键指标。

2. 个人收入

个人收入是指城乡居民从各种渠道获得的总收入。各地区居民总收入是衡量当地消费市场潜力的重要指标；人均收入直接反映居民购买力水平。近年来，我国城乡居民人均收入增长较快，购买力持续增强，这使国内市场展现出巨大的发展空间。

3. 个人可支配收入

消费者总收入并非全部用于消费，个人可支配收入是个人收入扣除税收及其他经常性转移支出后的余额，即实际可用于个人消费或储蓄的金额。它更精准地体现了居民"能花多少钱"，是影响消费决策的核心收入指标。

4. 可任意支配收入

个人可支配收入中，相当一部分需用于满足个人或家庭基本生活需求（如衣、食、住、行等必要支出）。扣除这些基本生活必需支出后，剩余部分才是真正可自由支配的收入。这部分收入是消费需求变化最活跃的影响因素——可自由支配收入越高，居民消费层次、消费潜力往往越大，也会为企业市场推广创造更强动力。

（二）储蓄状况

消费需求除受收入水平影响外，还受个人储蓄状况和信贷条件影响。在收入一定的条件下，储蓄越多，当前购买力越小，但潜在购买力会变大；反之，储蓄减少，会增加即期消费支出，提升当前购买力，同时降低潜在购买力，这给农产品市场等带来了更多消费机遇。一个国家或地区居民的储蓄状况受收入水平、通货膨胀率和物价上涨等多种因素影响。一般而言，随着居民收入增加，储蓄额和储蓄率会相应上升，但这种上升幅度会受到物价上涨幅度、通货膨胀率和利率水平等因素影响。尽管我国人均收入并不高，但受传统储蓄观念影响，储蓄率相对较高。

（三）消费结构

收入水平对消费者的消费结构影响显著。消费结构是指消费支出占总支出的比重，以及各类支出间的比例关系。德国统计学家恩斯特·恩格尔提出的恩格尔系数，被广泛用来衡量国家、地区乃至家庭的经济状况。恩格尔系数是指食品支出占总支出的比重。一般来说，恩格尔系数越高，说明食品支出占比越大，经济状况越贫困；反之，恩格尔系数越小，意味着经济越富裕。随着我国经济持续发展，居民恩格尔系数呈现下降趋势，消费者更加关注商品安全和健康问题。因此，绿色食品、有机食品越来越受到青睐；同时安全、卫生、便捷、高效的产品，也日益受到消费者的欢迎。

三、人口环境

人口环境是指创业目标市场的人口特征。人口环境对创业市场的规模、购买力和经济收益等方面产生影响。人口因素指标体系主要体现在以下几个方面。

(一) 人口总量

人口总量（即总人口）是指一个国家或地区的人口总和。人口是市场形成的基础，一个国家或地区的人口数量是衡量市场容量的重要指标，一般来说，市场容量越大，创业成功的可能性就越大。衡量人口总量，可从绝对数量和增长速度两个方面进行。人口数量多，意味着商品需求增加，而人口增长迅速则预示着市场需求增长速度也会加快，这将对创业商品市场的供需格局产生长远影响。从当前世界人口的增长趋势来看，发展中国家的人口增长速度较快，但这些国家的收入水平较低，因此商品市场需求潜力巨大，但需求层次较低；相对的，欧美等发达国家人口增长缓慢，但收入水平较高，这些国家的商品消费升级需求更迫切。

(二) 人口结构

人口结构包括年龄结构、性别结构、家庭结构、地区结构及人口流动情况。不同年龄层、性别、地区的消费特征和人口流动，共同影响人们的消费需求、兴趣偏好和消费结构。因此，在创业时，目标市场的选择及产品定位、定价策略的制定、销售渠道的搭建和促销方式的设计，都必须考虑目标客户群体的人口结构特征。

(三) 人口受教育程度

人才是创新创业的主要影响因素。创业所需人才的数量、质量、结构和规格等，都依赖人才培养体系。一个国家或地区的基础教育、专业教育、职业教育发展水平，会影响创业人才的类别、层次、成本，以及可获取的数量和质量，制约着创业方向的选择和发展进程。

四、社会文化环境

社会文化涵盖诸多方面，包括一个国家或地区的民族特征、价值观念、生活方式、风俗习惯、伦理道德、教育水平、语言和文学等。不同国家和地区、不同民族的社会文化特征各异，它们对创业营销活动的影响是多层次、全方位且具有渗透性的。社会文化通过潜移默化的方式对消费者的消费行为产生影响。因此，在创业过程中，必须考虑目标客户的社会文化特点，尊重各地区的民族文化习性，制订创业规划，明确创业方向和策略，以最大限度地满足客户群体的不同需求。

（一）消费习俗

消费习俗是指人们在日常生活中逐渐形成并固定下来的消费模式和习惯。它体现在消费者在特定时期对某些特定商品的需求上。随着科技进步、文明和经济的发展及政治制度变迁，消费习惯也会发生一定改变。因此，上述差异，反映了不同国家或地区的消费习惯呈现较大差异。

（二）消费理念

消费理念反映了价值观在消费者行为中的体现。其作为消费者对消费本质及目的的综合认知与根本立场，对消费内容、消费行为及消费模式发挥着决定性影响，从而解答了消费者关于"消费什么"及"如何消费"等核心问题。随着社会经济时代的演进，人们的消费理念展现出显著的差异性。

五、科技环境

科学技术是第一生产力，对经济发展有着深远影响。它不仅影响企业创业水平，更是企业创业的技术保证。现代科学技术，如人工智能、3D打印、云计算、全球定位系统、无线广域网、大数据、软件定义网络、区块链、机器视觉和生物识别等，为企业创业拓宽路径、创造条件。

六、地理环境

地理环境包括地理位置、气候条件、资源分布、海岸带及其资源开发状况等多个方面。对于企业而言，地理环境是一个重要的考量因素，它影响企业获取创业资源的能力和生产成本等重要经济指标，并对交通运输和企业建设也有重要影响。自然环境处于不断发展和变化之中，当前我们面临着自然资源的日益匮乏和环境污染问题日益严重，企业经营活动不可避免地受到地理环境的制约。尤其是生态环境污染问题，已经受到人们的广泛关注，各国政府对环境保护的重视程度日益增加。

第三节 微观环境

创业微观环境直接影响创业活动的成败。创业者在考虑宏观环境因素的基础上，还需要考虑创业企业自身的资源条件、行业因素等一系列微观环境因素。

一、创业企业的资源条件

创业企业的资源条件包括人力、物力和技术等硬件要素；创业目标、组织结构、规章制度、办事流程、内部人际关系及组织文化等软件要素，它对创业方向选择、目标设定、决策过程及最终成败等都具有重要影响。内部员工被誉为企业的"第二上帝"，因此企业须培养员工的归属感、形成良好的企业文化、完善各项规章制度，以满足员工成长需求。同时，创业者要有坚韧的创业精神、持续的创新能力、出色的领导才能和团队合作意识等。

二、行业环境

在创业决策过程中，行业因素的考量至关重要，其涉及所选行业的特征分析。依据我国国民经济行业分类标准，行业范畴广泛，涵盖了农业、林业、畜牧业、渔业、采矿业、制造业、电力、热力、燃气及水生产和供应业、建筑业、批发和零售业、交通运输、仓储和邮政业、住宿和餐饮业、信息传输、软件和信息技术服务业、金融业、房地产业、租赁和商务服务业、科学研究和技术服务业、水利、环境和公共设施管理业、居民服务、修理和其他服务业、教育、卫生和社会工作、文化、体育和娱乐业、公共管理、社会保障和社会组织等众多领域。各行业具有其独特的属性，对社会经济及其他行业的发展产生不同程度的影响。通过对行业特征的深入分析，并结合对内外部环境的综合评估，创业者能够选择适宜的行业，并依据行业特性开展有针对性的创业活动。具体而言，行业分析应包括以下几个方面。

（1）行业现状及其对未来社会经济及其他行业发展的潜在影响；

（2）行业特性分析涉及行业在国民经济中的分工角色、所运用的资源与技术类型，如劳动密集型、资金密集型和技术密集型行业；同时，需对行业规模结构、数量结构和市场结构进行细致分析；

（3）在探讨行业发展过程中，必须重视对自然环境的保护，以防止空气、森林、水源及地貌等关键自然要素遭受污染。这些环境要素的污染状况可能对行业发展形成潜在的制约因素；

（4）行业进入或退出壁垒的探讨，行业壁垒是指在特定条件下，限制其他企业进入或退出该行业或交易市场的各种因素。行业壁垒的存在有助于保护现有企业利益和维护市场秩序，其包括技术壁垒、资金壁垒和市场壁垒等。

三、供应商

供应商所提供的资源包括原料、设备、能源和劳务等。在创业活动中,寻找和选择供应商时,应考虑供货的稳定性、及时性、价格竞争力及质量水平。特别应注意的是:第一,选择那些能够提供品质优良、价格合理的资源,保证及时交付,并拥有良好信誉的供应商。同时,与主要供应商建立长期稳定的合作关系,以保证原材料供应的稳定性。第二,企业应致力于供应商的多样化,以避免因供应商关系发生变化而使企业陷入困境。

四、中间商

企业所生产的商品需通过与消费者的交易过程方能实现价值转化,产生经济利润。营销活动作为实现该交易过程的关键手段,而中间商则扮演着交易媒介与桥梁的角色。中间商是辅助企业进行产品推广、销售及分配至最终消费者的商业实体。根据其职能与作用,中间商可划分为代理型中间商与买卖型中间商两大类别。代理型中间商主要负责介绍潜在客户或参与协商交易合同,而不涉及商品所有权的转移;而买卖型中间商,也称经销型中间商,包括批发商、零售商以及其他再售商,他们通过购买商品取得所有权,并将其转售给消费者。企业在制定营销策略时,需综合考量市场容量、市场熟悉度、预期利润、营销目标、竞争强度、产品生命周期及企业资源等多重因素,以决定采用直销模式或是通过中间商渠道将商品送达消费者。因此,企业应审慎选择具备实力、信誉良好的中间商合作伙伴,并及时对中间商反馈的市场信息作出响应,以充分发挥中间商在市场拓展中的作用,进而有效扩大市场份额。

五、消费者

消费者是创业产品的最终购买者。他们需要什么、需要多少、需要什么质量和规格的产品,以及什么时候需要和通过什么途径获取,这些都是创业者需要考虑的问题;消费者数量、购买意愿、购买力是企业创业的源泉,满足消费者的需求是所有创业活动的出发点和目标。消费者市场包括国内外消费者市场、生产者市场、中间商市场、政府及事业单位市场等。无论目标是哪一类别用户或市场,创业都要求了解客户的期望价值和需求价值;知道企业提供的产品是什么,它有哪些独特价值和优势,企业怎样与客户互动,需要什么样的人才类型和素质,以及通过怎样的价格向顾客出售产品或服务等。同时,企业还要注意随时将自己的客户按大、中、小级别区分,进行有效的分类管理,建立详细的客户档案,以便实施差异化对待,加以严格的管理和有效的沟通。

六、竞争者

在市场经济体制中,竞争无处不在,有行业之间的竞争、产品之间的竞争、也有品牌之间的竞争;有现实中的竞争者也有潜在和替代品的竞争者;企业之间的相似性越高,竞争就越激烈。竞争是一把"双刃剑",它既是提升效率的动力,也是潜在的威胁。为了在竞争中占据主动,首先,企业需要明确自己的竞争对手;其次,企业应了解竞争对手的经营策略,做到"知己知彼,百战不殆"。具体可从以下几个方面入手。

一是企业需迅速形成一定规模。规模经济是指在一定时期内,随着企业生产产品数量的增加,单位产品的平均成本随之下降。这一现象使企业在竞争中拥有成本优势。一旦企业达到规模效应,对于新进入者或规模较小的竞争者来说,其面临的成本压力和风险将显著增加。

二是企业需迅速控制关键资源。如果企业能够控制生产所必需的某种优势资源,如资金、专利或专有技术、原材料供应、分销渠道、专业人员、经验或资源的使用方法或工艺等,即可保障自身免受潜在竞争者的干扰。

三是企业需建立品牌优势。如果企业具有较高的知名度和美誉度,以及顾客忠诚度,即表明其已形成品牌优势。

七、公众

在市场营销领域，公众群体被定义为能够对物流企业的营销目标实现产生实际或潜在影响的社会群体。该群体主要包括金融界公众，如银行、投资公司、证券公司、保险公司等；媒体界公众，如电视、报纸、杂志等；政府公众，如政府的职能部门及各级政府机关；企业内部公众，如企业董事会、经理层、员工等；社会一般公众，主要指消费者；社团公众，如社会绿色和平组织、环保部门等社会团体；社区公众，即企业所在地的居民。金融界公众对企业的融资和发展具有重大影响；政府公众通过制定相关政策和监管措施，对企业的发展产生影响；媒体界公众通过报道活动，提升企业的品牌知名度。由此可见，公众群体在企业创业过程中扮演着至关重要的角色。

第四节 环境分析方法

一、SWOT 分析

（一）SWOT 分析的含义

SWOT 分析是由旧金山大学的管理学教授海因茨·韦里克于 20 世纪 80 年代初提出。该方法涉及将与研究对象紧密相关的诸多主要内部优势、劣势及外部机会和威胁等要素进行调查并列举，随后按照矩阵形式进行排列。通过系统分析的思维，对这些要素进行匹配与综合分析，从而得出一系列相应的结论。应用此方法，研究者能够识别出对企业有利且应予以强化的因素，以及对企业不利且需规避的因素，揭示存在的问题，探索解决方案，并明确企业未来的发展战略。

SWOT 分析被广泛认为是深入研究和评估企业内部和外部环境的一种强大工具和有效方法，详见图 4-2。

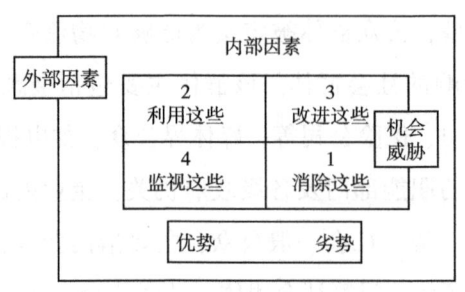

图 4-2　企业内外部因素

S—优势（Strength）　　W—劣势（Weakness）

O—机会（Opportunity）　T—威胁（Threat）

(二) 创业环境优势与劣势的识别

1. 优势与劣势

优势是企业在实施战略、达成计划及实现目标过程中，可利用的能力、资源及技能的集合；而劣势则是指企业在能力与资源方面的缺陷或不足。二者均与市场竞争紧密相关，可能对企业的战略执行与目标实现构成阻碍。企业的优势也可通过竞争力指数予以量化。企业竞争力指数由众多指标构成，包括市场份额、产品或服务的独创性、服务质量、顾客忠诚度、企业知名度、行业成本与利润水平、制造能力、技术优势、人力资源优势、研发能力、专利持有量、营销与网络优势、组织结构及适应性等方面。

2. 多途径考察企业的优势和劣势

（1）内部视角：借助企业管理层及领域专家的深厚经验与知识储备，开展对企业竞争优势与劣势的深入调研。同时，企业历史档案及现行资料的分析，也能揭示企业竞争优势与劣势的演变趋势。

（2）外部视角：企业通过对比竞争对手的优劣，评估自身资源与能力。

对于同行业潜在竞争者，企业需进行长期而细致的监控。通过此方式，对手的优劣将得以清晰展现。企业通过观察对手资源与能力的动态变化，能够更准确地识别自身的优劣状况。

（3）专家意见：企业应寻求外部行业专家的咨询，他们能从外部和客观的视角，对企业竞争优势与劣势进行精准定位。

3. 机会识别

机会是指对创业和企业发展有利的外部因素或条件的总和。具体包括以下几个方面。

（1）技术变革。技术的变革往往导致企业反应的分化，部分企业反应迟缓，而另一些企业则能迅速作出反应。技术变革是机遇出现的关键因素之一。

（2）新材料与新设施的引入。新材料的引入可能催生产品革新并拓展市场机遇。

（3）客户对现有产品或服务的不满。当企业意识到某一客户群体对现有产品或服务的不满时，这通常预示着市场机遇的来临。

（4）市场发展情况。在市场发展的初期阶段，那些能够及时以自身产品满足市场需求的企业将获得机遇。

（5）老产品的创新用途。当老产品被赋予新的用途时，市场将随之发展。

（6）高技术人才的获取，尤其是行业内的专家。获取行业内的高技术人才，实际上等同于获取了巨大的市场机遇。

（7）企业选址的适宜性。选址的优劣直接关系到企业的经营成果，并预示着企业面对未来环境变化时，能够把握住多少新的市场机遇。

（8）新的组织模式。通过缩减公司组织规模或对组织及流程进行重组，企业能够获得新的市场发展机遇。

（9）新的分销渠道。分销渠道的变化往往带来新的市场机遇。

（10）政策和法规的变动。

（11）行业的平均收入与利润水平。

（12）行业的进入与退出壁垒。入市与退出壁垒反映了进入或退出特定行业的难易程度。

（13）行业的繁荣程度。随着行业繁荣程度的提升，市场机遇往往会减少，因为行业越发达，越接近顶峰，竞争就越激烈。相反，那些与世界发达国家平均成本存在显著差距的行业，通常拥有更多的市场机遇。这些机遇在很大程度上反映了某个行业或产业的吸引力。

4. 威胁识别

威胁是指对创业和企业发展不利的外部因素或条件的总和。具体包括以下几个方面。

（1）市场萎缩。在当前经济环境中，市场萎缩现象日益显著，这一趋势无论是否被企业预期，均会对企业造成深远的影响，并可能带来高昂的成本代价。

（2）政策与规章变动。政府政策的调整及相关规则和规章的变动，对企业生存构成潜在威胁。企业无论规模大小，均需遵循环保、安全卫生、税务、工商管理及行业标准等多方面的约束条件。

（3）国际市场变化趋势。国际市场衰退等变化趋势，如经济周期的波动等，对企业的经营环境产生显著影响。

（4）替代品威胁。替代品的出现增加了企业面临的不确定性，企业往往难以准确判断潜在的威胁来源。

（5）汇率波动。汇率波动作为全球经济力量的体现，对所有规模的企业均会产生影响，尤其是汇率变动对国际贸易的影响不容小觑。例如，美元汇率的上升可能导致美国企业面临来自其他国家廉价商品的激烈竞争。

（6）原材料短缺。特别是对于企业至关重要的能源资源短缺，将直接影响企业的生产成本和供应链稳定性。

（7）专利保护丧失。专利保护的丧失将为潜在竞争者提供进入市场的便利，他们可以利用已公开的专利技术，从而加剧市场竞争。

（8）组织懈怠与自满。在企业财务状况良好时，容易产生骄傲自满的心态和行为，或表现出组织懈怠的征兆，这实际上为竞争对手提供了可乘之机,导致企业面临更多的风险和威胁。

5. 分析与结论

SWOT 分析是基于企业识别的竞争优势与外部行业机会或威胁的关联性进行分类;同样地,将所有竞争劣势根据其与机会或威胁的相互作用进行分组。具体方法如下:构建一个四象限表格,每个象限占据四分之一的空间,将企业的优势、劣势及外部的机会与威胁进行匹配,并分别置于相应的象限中。

SWOT 分析揭示了企业内部优势与劣势及外部机会与威胁之间的平衡关系,具体应用如下。

(1) 在特定领域,企业可能面临竞争对手的威胁和不利的发展趋势。在这些领域或变化趋势中,若企业不仅缺乏竞争优势,反而存在劣势,则首要任务是消除这些劣势。

(2) 当市场中出现罕见的机会,并且这一机会出现在公司的优势领域时,企业应迅速作出反应,立即采取行动,果断把握这一机遇。

(3) 在某些领域可能存在潜在的机会,然而如果这些领域并非企业的优势所在,企业应抓住机遇,转变这些领域的劣势。

(4) 监控企业当前的优势领域,以便在潜在威胁出现时保持警觉,避免措手不及。值得注意的是,在分析企业、行业和市场形势时,变化是唯一不变的因素。因此,运用 SWOT 分析法,我们不能期望一次性完成分析。随着企业外部环境的持续变化,我们必须不断更新这一分析表格,以寻找新的平衡点。

(5) 优势——机会(SO)增长型战略是一种旨在发展企业内部优势并利用外部机会的战略,被视为一种理想的战略模式。当企业拥有特定方面的优势,并且外部环境为这些优势的发挥提供了有利机会时,企业可以采取这种战略。例如,良好的产品市场前景、供应商规模的扩大和竞争对手面临的财务危机等外部条件,若与企业市场份额的提升等内在优势相结合,可为企业收购竞争对手、扩大生产规模提供有利条件。

(6) 劣势——机会(WO)扭转型战略是利用外部机会来弥补企业的内

部劣势，使企业从劣势向优势转变。尽管存在外部机会，但如果企业内部存在某些劣势而阻碍了机会的利用，企业应采取措施来克服这些劣势。

（7）劣势——威胁（WT）防御型战略是一种旨在减少内部劣势，并回避外部环境挑战的防御性战略。当企业遭遇内部问题和外部环境挑战时，往往会面临生存危机，此时需要进行业务调整，设法避开威胁并消除劣势。

（8）优势——威胁（ST）多元化经营战略是指企业利用自身优势以规避或减轻外部威胁的影响。例如，竞争对手利用新技术大幅度降低成本，给企业带来巨大的成本压力；同时面临材料供应紧张，可能导致价格上涨；消费者对产品质量的要求大幅提升；企业还需要承担高额的环保成本等多重挑战时，如果企业拥有充足的现金流、熟练的技术工人和强大的产品开发能力，便可以利用这些优势开发新工艺，简化生产流程，提高原材料的利用率，从而降低材料消耗和生产成本。另外，开发新技术产品也是企业可选择的战略之一。新技术、新材料和新工艺的开发与应用是降低成本最具潜力的措施，同时也能提升产品质量，有效避免外部威胁的影响。

二、波士顿矩阵分析法

利用波士顿矩阵可以分析特定行业或企业当前的业务状况及其市场地位。波士顿矩阵的纵轴表示市场增长率，即业务的销售量或销售额的年增长率，用百分比表示。市场增长率超过10%为高速增长，矩阵的横轴表示相对市场占有率，反映该业务相对于市场最大竞争者的市场份额，是衡量企业在相关市场中竞争实力的指标。相对市场占有率用0.1（表示企业的销售量是最大竞争对手的0.1倍）至10倍（表示企业的销售量是最大竞争对手的10倍）来表示，并以相对市场份额的1.0倍作为界线。图4-3中的8个圆圈代表企业拥有的8个业务单位，它们的位置表示这项业务在市场成长性和相对市场份额方面的高低，而圆圈的面积大小则表示业务额的多少。

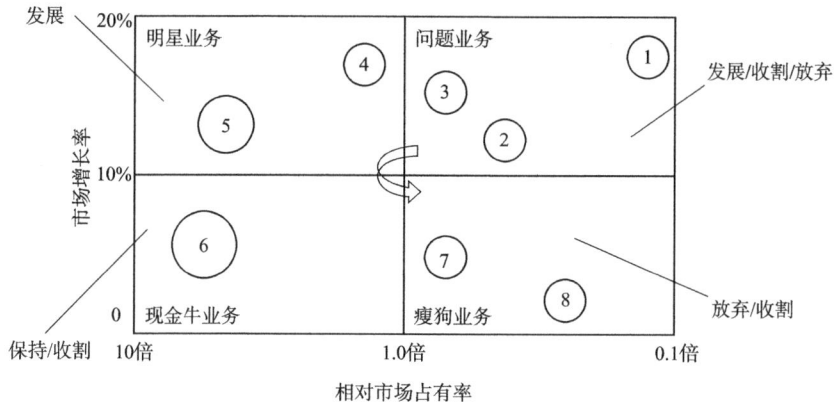

图4-3 市场增长率分析/相对市场占有率

1. 问题业务

问题业务是指市场增长率高但相对市场份额（相对市场占有率）较低的业务领域，它们可能是企业的新兴业务。对于这类业务，企业必须决定是否继续投资加速发展市场。只有那些与企业长远战略目标一致，并且能够与企业优势资源相结合的业务，才能转化为明星业务或现金牛业务。对于这类业务，企业应分析其利弊，谨慎地进行投资，同时也要避免错失机会，轻易地放弃。

2. 明星业务

明星业务是指那些市场增长率和相对市场份额均较高的业务。这类业务将成为企业未来的现金牛，是企业未来的发展方向。因此，企业对这类业务应追加投资，扩大规模并增强竞争力，从而击败竞争对手。明星业务是企业应大力发展的领域。

3. 现金牛业务

现金牛业务是指那些市场增长率较低但相对市场份额较高的业务。这类业务是成熟市场的领导者，为企业提供稳定的现金流，企业无须投入大量资金就可以享受规模经济和高利润。它们也常被称为成熟业务或奶牛业务，维持其发展对企业至关重要。

4. 瘦狗业务

瘦狗业务是指那些市场增长率和相对市场份额均较低的业务。这类业务一般是利润微薄甚至亏损,对于这类业务,企业应迅速而决绝地进行清理。根据企业的实际情况,可以采取维持现状、缩减规模、收割剩余价值、转移资源或退出市场等方式。

第五章　创业文化

学习目标

▲知识目标：

(1) 理解创业文化对学生思想成长的影响，创业文化是培养学生具备创业意识的基本原理和要求；

(2) 了解创业文化与思政教育的融合，以及创业文化的本质特征；

(3) 掌握创业文化培育与构建的意义，树立正确的人生观和价值观；

(4) 了解新时代高校大学生如何担当民族复兴大任的相关知识。

▲能力目标：

(1) 将创业文化植入学生思想成长过程中，识别并培养学生具备创业意识；

(2) 具备将创业文化与思政教育有机融合的能力，并能够识别创业文化的本质特征；

(3) 参与创业文化的培育与构建，引导学生树立正确的世界观、人生观和价值观；

(4) 具备指导新时代高校大学生担当民族复兴大任的能力，引导他们在实践中成长和发展。

第一节　创业文化概述

一、创业文化的含义及其发展

(一) 创业文化的含义

创业文化是指与社会创业有关的意识形态、文化氛围,其中包括人们在追求财富、创造价值和促进生产力发展过程中形成的思想观念、价值体系和心理意识。这种文化影响着人们的思维方式和行为方式。

创业文化是一项深远的社会文化工程,它不仅是一种文化现象,而且与经济社会发展紧密相连的,涉及社会发展、国民经济、文化发展等多个层面。它具有明确的认知性,反映了知、情、意相统一的民族文化精髓,有着极其重要的意义。其基本内涵一般包含探索、冒险和革新,它倡导技术创新和管理创新,表现了人们积极进取的精神,直面挑战并容许错误,彰显了团队奉献精神。它将知识经济时代的科学技术精髓与企业发展精髓相结合,通过科学知识和革新的力量,推动社会进步。

(二) 创业文化的发展

创业文化植根于商业生态系统之中,它不仅反映了当前的经济增长,还推动了社区的进步。可以说,创业文化的提出是顺应社会发展和时代进步的历史产物,它体现了对社会历史发展核心议题的碰撞和融合。

社会意识的发展具有历史的继承性,并能对经济和政治产生积极的反作用。进步的思维模式和价值观念能够为社会发展带来积极的推动力,而陈腐的思维模式则会给社会发展带来不利影响。为了深入了解社会历史的发展,我们不仅要深入研究创业文化,还要探索其理论基础,以便更好地理解其历史产物。此外，洞察社会存在与社会意识之间的相互作用，从"相濡以沫"的精神中获取价值观和文化精髓，以此来推动创业和经济的繁荣发展。

著名企业管理理论家杨先举教授在谈到企业文化的构造时，从结构层面作了三个层次的分析，即内层文化（核心层）、幔层文化（中间层）与表层文化（表层与物质层）。这三者之间形成紧密的联系，使企业文化的思想能够更好地应用于实践。此外，杨先举教授还提出，创业文化不仅包括价值观，还包括组织制度和象征性的品牌，它们之间存在着密切的关联，并且相互协调、共同促进企业的发展。标志性的品牌文化不仅是价值观的外显，还与企业的内部结构密切相关。它不仅影响着企业的整体运营，还影响着企业的发展方向。因此，企业应该从根本上把握这两者之间的关系，以便更加全面地履行其职责。

（三）创业文化的发展阶段

1. 生存创业阶段

个人通过不断探索和实践来实现自身价值，获取更多的经济收益，改善生存条件，产生了生存创业理念，正是这一理念的最佳体现。它将勤奋和机会有效地结合起来，鼓励勇气、冒险精神和个人主义。这种文化在资本的原始积累阶段已形成，其经济表现形式是通过尽可能多地积累资本来实现收益最大化。

2. 理性创业阶段

激发个体勇于探索、开拓、创新的精神，以达到个人成就的最大化，从而促进经济和社会的可持续发展。理性创业文化的核心价值观是尊重科学、鼓励成功和追求事业的持续发展。这种文化的特点是理性主义和自主精神的结合，其经济表现形式则是以提升技术水平、获取专利等为前提，目的是获取更多的收益。

3. 文化创业阶段

在当今信息社会，发展经济必须以人为本，满足人们的需求，促进人的全面发展。随着时代的变迁,现代创业活动也在不断演变,从传统的资本驱动、知识驱动转变为文化驱动(图5-1)。以美国的经济发展为例,19世纪是资本积累的阶段,20世纪以科技发明为主导,进入信息社会,其经济越来越以文化产品销售、品牌打造和塑造生活方式为主,这一趋势已日益明显。

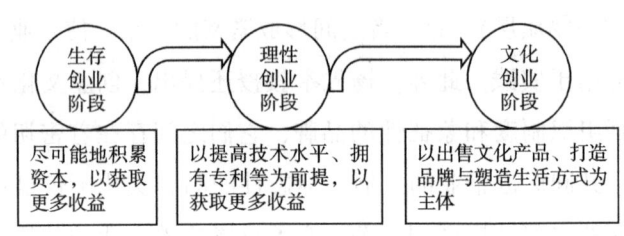

图 5-1　创业文化的发展阶段

二、创业文化的四大理念

(一) 核心理念

积极培育创业精神——创业文化建设的核心。创业文化涉及创业理念、相关制度与组织机构等领域,不仅包括创业政策法规等制度规范,还包括对创业和财富的基本认知、价值观念和职业道德等精神层面的内容(图5-2)。其中,作为社会意识形态的创业精神,无疑是创业文化的核心。它是构建创业制度的基础,能够激发人们专注于工作,促进勤奋与努力,成为创业与立业的原动力。

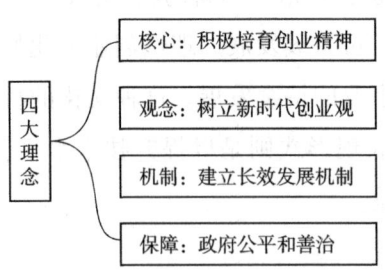

图 5-2　创业文化的四大理念

创业者应将职业要求内化为信念、道德和心理的力量，这不仅能够使他们在任何环境下都能保持旺盛的斗志、乐观的情绪、坚定的信念、顽强的意志，同时也能使他们自觉遵守法律法规、市场规则和公序良俗。

创业精神的形成与地域文化、地理环境、文化传统和经济制度等因素密切相关。地域文化经过长期积淀，往往使人们的心理形成定式，成为主导思维和行为方式的关键力量。因此，不同国家和地区的文化差异会影响人们的创业意识和创业精神。

在我国传统文化的范畴内，儒家思想对民众的创业理念及其实践活动产生了深刻的影响。当强调"修身以安民"和"仁义礼智"等核心价值观念时，人们会认识到"君子重义轻利""君子以义为先""无商不奸"等传统观念，这些观念深刻地塑造了人们的思维模式。

针对多元化的传统文化现象，我们应采取科学的分析方法，从中提炼出积极的元素，传承并倡导地域文化中的精粹。同时，必须摒弃那些抑制创业精神的陈腐观念，结合新时代的创业理念，以培养人们的创业精神。创业不仅是一种生计方式，更应成为一种能够体现人生价值、享受生活乐趣的事业。

(二) 创业观念

树立新时代创业观——创业文化建设的方向。先进企业文化必须与时俱进，与时代变化和发展趋势相适应。在产品经济时代，创业者通过艰苦奋斗的精神开创事业。但在当今市场经济的环境下，传统行业正面临微利挑战和日益激烈的市场竞争。在此背景下，创业需要新的创业观念。新时代的创业文化不仅应包含艰苦奋斗、诚实守信、勇于冒险、不怕失败等传统美德，还应融入高科技、大市场、活资本等现代理念。创业者应尊重劳动、知识、人才、创造，不仅要在传统产业领域活跃，还应积极拓展新的经济领域。同时，创业者不仅要积极投身国内市场，还应勇敢地走向国际市场，参与全球竞争。

(三) 长效机制

建立长效发展机制——创业文化建设的要务。创业文化建设并非一蹴而就，它不应只依赖于领导者个人的影响力或政府的临时性措施。应当努力创新体制和机制，将创业文化的建设制度化和规范化，形成一个长效的创业文化建设机制。

同时，构建创业文化需建立一套完善的创业教育体系，并转变人们的传统观念。

(四) 社会保障

政府应公平和善治——创业文化建设的保障。政府在企业文化建设中既是引导者也是服务者，通过"政策设计、制度规范、资源支持、监督评估"的全链条管理，推动企业形成兼具社会价值与经济效益的文化生态，将社会主义核心价值观融入企业文化，将社会主义核心价值观融入企业文化建设框架。结合地方产业特色，挖掘文化内涵，把社会主义核心价值观与自身发展战略相结合，提炼并体现社会主义核心价值观的企业使命、愿景，并积极履行社会责任。构建一个良好、健康、有序、公平、公正的企业环境。

政府的公正性与善治对于构建优良的创业环境具有决定性意义。此机制能够显著降低创业者追求非法利益的倾向，确保每位创业者均能享有均等的机会。为达成此目标，政府必须积极调整其职能，从以往的重商、亲商等策略，转变为更加关注民众需求，致力于改革那些阻碍民众创业的体制与作风。同时，政府还应致力于营造一个公平竞争的市场环境，以维护全民创业的积极性。

第二节　创业文化的内涵

一、创业文化的本质特征

(一) 开拓创新的时代性

如果缺乏与时俱进、开拓创新的文化底蕴和精神氛围，仅固守传统的产业模式和创业思维，则难以在全球化的新创业浪潮中占据有利地位。

(二) 注重现实的务实性

在市场经济体系中，务实是其核心特质，面对这个充满不确定性的时代，我们应以客观和公正的态度审视问题和挑战，并不断探索新的解决方案，以满足日益增长的需求。这不仅对于改善民众生活质量具有重要意义，而且有助于推动企业和个体的持续发展。这种文化追求不仅是对价值的探索，更强调理论与实践的紧密结合，以及文化与经济的有效融合，以形成一种新的推动社会发展的动力。

(三) 全面综合的系统性

创业文化不是单纯的文化意识、经济意识或政治意识，而是一种全面的、综合的社会发展意识和人本意识。"全面"意味着它考虑了政治、经济、文化与社会各个方面的因素，强调整体性；而"综合"是指在文化观念、制度安排和行为模式等多方面进行全局性的考量。创业文化是一种涉及众多要素的综合框架和统一体系。

(四) 引导潮流的前瞻性

真正的创业必须具有前瞻性思维，要有发展的眼光，能够洞察当前社会的发展趋势,并以此为基础。创业者不断汲取过去的经验教训,并结合对未来趋势的预测,进行深思熟虑的前瞻性规划。

二、创业文化的功能与价值

(一) 创业文化的功能

1. 导向功能

创业文化是时代精神与创新观念融合的结果,它在与大学生思想政治理论课的实践教学互动过程中,发挥着"方向标"的导向作用,通过对其中所蕴含的价值观念与时代内涵的发掘与诠释,促进大学生在实践中"立己达人、兼济天下"。

2. 激励功能

在高校教育的实践中,创业文化凸显了培养人才的时代特色。校园内的创业文化蕴含着丰富的思想政治教育价值,成为展现高校思想政治理论课实践教学时代性的推动力。

3. 凝聚功能

创业文化的融入为高校思想政治理论课的实践教学提供了融时代性、实践性和创造性于一体的教学模式的"黏合剂",为引导学生学会运用马克思主义的立场、观点和方法分析解决各种社会现实问题提供了有效的载体和实践途径。

(二) 创业文化的价值

创业文化的价值在理论学习与社会实践互动中得以体现,它通过物质文化、精神文化和行为文化等多种形态展现出来。

1. 物质文化和精神文化的营养来源

物质文化和精神文化的丰富性是创业文化素养的核心,提供了思想上的物质营养和精神滋养,是学生将教室内的理论课知识应用于实践教学课堂外的追求。尤其是高校思想政治理论课，其社会性和实践性非常突出，从教学楼的设计、景观规划、LOGO的创意到孵化基地的建设，每一个环节都蕴含着创业文化的价值观念。这让学生在探索中获得成长，激发了他们无限的创新活力，并为他们提供了更多探索的机会。大学之所以为大学，不仅因为它的物质存在，更因为它是一种精神指引。

2. 创业文化彰显时代特色

通过构建健全的创业文化，我们可以更好地展现当代社会的独特性。这包括制定合法的企业管理规范，积极参与企业发展的社会环境，以及提供企业家精神的支持、企业家素质的培训、企业家精神的激励和提升。通过对创新的探索，将创新的文化元素融入日常活动，我们能够更好地理解和传播社会责任感，从而更好地展示思维方式、价值观念和心灵素养。

第三节　创业文化培育和构建

创业文化是在创业实践过程中形成的，为创业者所认同、遵循、弘扬和继承的价值理念。创业文化是一种新的创业理念，是一种新的创业精神，也是一种新的创业行为方式。培育和构建创业文化，对于推动经济社会发展具有重要的意义。

一、创业文化培育

新时代背景下，助力创新型国家建设、深化高校创新创业教育改革及实现大学生全面发展，都迫切需要培育大学生创业精神。

（一）创业文化培育和构建的思想引导

创业文化是在创业实践中形成的创业主体价值观念、行为规范和形象，并由此积淀形成的创业精神和创业传统。这种文化形态是创业者在创业实践中形成的一种文化形态，具有鲜明的时代特征。它是对传统价值观、思维方式、道德观念和行为方式的批判性继承，形成一种既符合社会发展要求又顺应市场经济规律的文化形态。

在当今这个历史上前所未有的时代，我们更迫切地需要倡导创业精神，培养具有创业精神的人才，并弘扬创业文化。高校的创业文化植根于经济发展的热土之中，它在培养学生的综合能力、推动高校职能的转变、提升校园文化品质及为创新型国家建设输送经济动能等方面具有重要作用。本研究将探讨高校如何培育和构建创业文化，以促进学生的创新创业能力发展。

(二) 创业文化培育和构建的特点

1. 创业文化培育和构建要具有强烈时代性的创业思想和理念

创业文化体现在创业者的创业实践中，通过不断汲取和借鉴他人成功经验，所形成的具有鲜明时代特色的创业思想、理念和精神。这种文化是创业者在创业实践中，对未来发展趋势、发展方向和发展目标进行思考而逐渐形成的先进的文化形态，它鲜明地反映了时代的特征。

2. 创业文化培育和构建是创业者在创业实践中形成的价值观念和行为规范

创业文化是创业者在创业实践中通过一系列途径和方法，经过反复思考、研究和探索，形成的一套创新的思想体系，它包含了创业者在实践中形成的创业价值观念和行为准则。创业文化主要包括以下三个方面：一是创业价值观念，主要包括创业者对社会财富创造和分配的认识，以及对社会发展规律的认识；二是创业行为规范，主要包括创业者在实践中形成的行为准则和规范体系；三是创业主体形象，主要包括创业者所展现的时代精神和个人特质，以及他们的人格魅力。

3. 创业文化培育和构建是对传统文化的扬弃

创业文化与社会文化紧密联系。社会文化是特定历史时期人们创造的精神财富，具有相对的稳定性、延续性和继承性。因此，创业文化也必须根植于一定的社会文化背景，并受其制约。要从根本上理解创业文化的本质和特征，必须认识到任何一个民族和国家的创业文化都必然有其鲜明的民族特色和时代特征。

4. 创业文化培育和构建是创业者在创新实践中积淀而成的文化形态

创业文化是一种在创新实践中逐渐形成的文化形态。它根植于特定历史背景，由创业者的共同创业理念、行为规范和创业主体形象组成，并随着时间的推移而逐渐沉淀。这一文化反映了创业者群体在创新活动中所孕育的独特价值观、行为规范和企业形象等，这些元素进一步沉淀为具有鲜明时代特色的创业文化。

二、创业文化培育和构建面临的问题

（一）创业者对创业政策认识不足

创业者需要有对社会的洞察力和对时事热点的敏锐性，了解社会发展的动向，洞察消费者的需求，以及对政策导向的精准把控。这些因素共同指引创业者确定方向并采取相应的行动策略。遗憾的是，一些创业者对所从事行业的国家鼓励政策与措施并不了解，也不清楚自己所从事的行业对国家经济发展的作用。这种认识和行为上的偏差，导致我国创业者在创业过程中出现了一些误区和错误。

（二）创业价值观存在误区

创业价值观是指创业主体在创业过程中对意义、目的、手段和价值等因素的选择和评价。然而，一些创业者对创业的认识存在误区，主要表现在：部分人将创业视为个人奋斗的历程，坚信只要足够努力就能成功，却并不注重企业经营的科学性、可行性和效率；另一些人则认为创业者天生就应成功，这种想法是片面的，他们把创业成功完全归结于个人素质，而忽略了其所处的社会环境和客观条件的影响；还有一些人认为创业是高风险、高回报、高要求的职业。

(三) 缺乏科学合理的利益分配机制

在创业过程中，创业者需要投入大量的人力、物力和财力，这就需要进行必要的投资。对于投资者而言，追求高回报是他们的主要目标。因此，在创业过程中，创业者与投资者之间往往会存在不公平竞争现象。这种不公平竞争现象不仅损害了投资者的利益，也严重影响了我国经济发展的效率和质量。近年来，随着我国市场经济体制的不断完善、国家政策的调整和市场环境的改善，我国企业逐步走向了国际化。企业国际化既是市场经济发展的必然产物，也是经济全球化趋势下我国企业参与国际竞争的必然选择。因此，国家对这一战略决策进行了相应的调整和优化。但是，由于我国创业环境尚待进一步完善，创业文化尚未完全成熟，我国企业国际化的进程比较缓慢。因此，在新的经济形势下，要促进我国经济快速和健康发展，必须解决创业过程中不公平竞争的问题。为此，必须完善利益分配机制，营造良好的创业环境，以及健全相关法律法规，以规范创业者和投资者之间的利益关系。只有这样，才能促进我国经济发展质量和效率的不断提高。

三、创业文化培育和构建的途径

(一) 树立正确的创业价值观

创业是一项实践活动，它要求创业者树立与社会发展相契合的正确价值观。正确的创业价值观是指符合社会发展规律，满足社会发展的基本要求，并且能够体现创业者的利益诉求，同时能够满足其创业活动的需要的价值观。我国社会正处在由计划经济向市场经济转型的时期，一方面，市场参与者数量日益增多，市场经济机制日趋完善；另一方面，社会矛盾不断加剧。在这种大背景下，创业观显得十分重要。从某种意义上说，一个人的创业价值观决定了其创业行为的性质、方向和价值取向。它还能促使创业者自觉地遵守和维护法律与道德规范。因此，我们必须通过积极推广创业精神和创业文化，来引导创业者树立正确的创业价值观。

弘扬企业家精神至关重要。企业家精神是指企业家在经营管理企业的过程中所表现出的创造性人格特质和个性风貌。在我国，这种精神主要表现为创新、创造、奉献及团队合作等。具体而言，创新是从旧事物中发现新事物，并把它应用到生产经营活动中；创造是把现有资源加以改变和利用；奉献不仅体现在满足人们的物质需求，更在于精神层面的充实；团队精神是指企业部门及员工之间的协调与合作。企业家是企业经营管理的主导力量。

如果没有企业家精神，就不可能成为真正的创业者。因此，要鼓励和保护创业者。首先，强化法律意识，进行法律风险评估，加强文化宣传引导，建立员工法律问题反馈机制，鼓励员工在遇到法律问题时及时咨询和反馈，对于违法或阻碍企业发展的不良行为，应通过法律手段保护创业者的合法权益。其次，需要建立健全有利于激励创业、鼓励创新的制度和政策体系，营造一个鼓励创业者积极进取的良好环境。最后，应鼓励企业实行股份制、股份合作制等多种形式的改造和兼并、联合，形成多种所有制共同发展，增强企业竞争力；鼓励企业在市场竞争中不断创新，开发出适应市场需求的产品；鼓励企业走"专、精、特、新"的发展道路；鼓励企业对传统产业进行改造升级和结构调整；鼓励企业通过兼并重组等方式提高产业集中度。

(二) 整合资源建立良好的创业文化

培养创业文化是高校教育的重要任务之一，对于提高学生的综合素质、推动社会经济的发展具有重要意义。为了实现这一目标，我们需要从多个方面入手，建立一个完善的创新创业教育体系、搭建创新创业实践平台，并加强创业文化的培育。此外，积极整合资源，为创业者的创新与创业活动提供有力的支持。同时我们要坚持以人为本的原则，因为人是企业生存和发展的核心。为了激发人们的创业热情和创造能力，我们必须从人的本质出发，尊重、关心并激励他们，把个人利益与企业利益统一起来，培养有爱心和责任心的青年人才。

（三）大力弘扬以改革创新为核心的时代精神

要坚持解放思想、实事求是的思想路线，激发人们的创业热情，提升人们的创业素质，推进创业实践，倡导以创新创业为己任的价值观念。创新创业是当今时代发展和社会进步的要求，是我们党领导人民在新的历史条件下进行伟大革命和建设的重大理论创新。它对于建设中国特色社会主义、推动经济社会发展、加快我国社会主义现代化进程具有重大意义。我国创业者要有创新与创业的价值观念，这是由我们党领导人民在革命、建设和改革中取得的胜利和成就决定的。我们需要培育和建设具有中国特色、符合时代特色、体现民族精神的价值观念，将创新与创业作为自己的使命。从而树立创新与创业的精神。

创业精神是推动创业的重要因素，它可以在创业者身上内化于心、外化于行，使他们真正理解"不做则已，做则必成"的内涵。创业精神具有时代性、多样性、灵活性和创造性等特点。创业者在创业实践中，将自己的创业精神融入整个企业，体现出独特的个性，成为推动企业发展的重要因素。创业精神是具有本民族特色的创业理念和思想，是民族精神在创业领域的集中体现。通过改革创新，建立新型的创业机制，从而推动企业实现全面创新和发展。创新不仅是经济社会发展的永恒主题，也是文化发展进步的动力。创新意识体现了创业者对事物不断探索、进取、超越自己和追求卓越的精神。在新时期，要加快经济发展方式转变，促进产业结构优化升级，必须大力增强企业创新能力。这就要求企业必须坚持自主创新、持续创新，努力实现从引进、模仿到自主创新和集成创新的转变，加快建立以企业为主体、市场为导向和产学研相结合的技术创新体系。

（四）要有风险识别能力，增强法律意识

创业过程中，创业者处理风险和不确定性时所具有的态度、观点、思路和方法，统称为风险管理。它既包括对各种风险发生概率和损失大小的预测，还包括对风险后果的预测和判断。只有具备了这种风险管理意识，创业者才能够在创业过程中正确地把握发展方向，使企业及时化解风险、减少损失。因此，创业者在创业过程中必须有较强的风险意识。

市场识别能力是指创业者对市场发展规律及其运作方式的认识和把握能力，这是创业者应具备的重要素质之一。作为一种新型的经济活动，创业通过市场机制来配置资源、整合资源和创造价值，这要求创业者必须具有敏锐的市场意识。

法律意识是指创业者在从事创业活动时应具备的法律知识和法律素质。企业必须依法经营、依法管理、依法维护自身合法权益；企业要树立依法维权意识，并且要树立依法保护环境、参与公平竞争、维护消费者权益、保护知识产权的意识。同时，企业还应了解我国相关法律法规，熟悉国际公约和商业惯例；树立诚实守信经营的理念；在法律框架内开展生产经营活动；并始终遵守商业道德。

四、创业文化培育与构建的意义

培育和构建创业文化对适应经济发展需求、推动大学生就业、促进创新与进步具有重要意义。高校创业文化的培育过程，有助于学生树立先进的创业理念，塑造全方位综合发展的青年人才，提高学生的个人素质，并为社会培养优秀的大学毕业生，为他们未来走上创业之路打下坚实的基础。同时，加强高校创业文化培育对于丰富校园文化生活、提升校园文化品质、实现高校职能的华丽转型同样具有重要的意义。

(一) 提高学生创新创业能力

随着社会经济的发展,就业市场对高校毕业生的要求愈来愈高,对他们的综合能力也给予了更多的关注。高校创业文化注重对大学生综合能力的培养。学生综合能力包括学习能力、创新能力、沟通能力等多个方面。其中,创新能力是高校创业文化培育的核心。创新能力是指创业个体在面对新鲜事物时,能够提出创新的解决方法、构建新的理论体系、形成新的思维方式的能力。它是创业个体综合素质、知识水平、思维逻辑严密性的核心能力。因此,加强创业文化教育和构建,提高学生的创新思维和创业技能,是为他们未来职业道路的发展打下坚实的基础。

(二) 推动社会经济发展

随着全球经济的快速发展,对创新创业人才的需求越来越大。高等院校作为培养未来人才的重要基地,培育创新文化是适应经济发展需求的重要举措。加强创业文化的培育和建设,将为社会输送大量具备创新创业精神的人才,激发大学生的创业热情,提高他们的创业能力,从而有助于解决大学生就业难题。同时,为经济发展注入新的活力,推动社会经济的持续发展。

(三) 丰富校园文化内涵

高等教育机构的创业文化始终将实现学生的全面发展作为核心目标,并贯穿于培育过程。它重视对青年学生创业能力的综合培养,这与高校的人才培育职能一脉相承。培育创新文化不仅能够树立学生的创业价值观,而且将创业精神渗透到校园建设的各个方面,塑造了校园的创业精神,促进了校园隐性凝聚力的形成,这对校园文化品质的提升至关重要。

第四节 新时代大学生创业文化的培养

一、新时代大学生应具有的使命与责任

习近平同志在党的十九大报告中指出："青年兴则国家兴，青年强则国家强。青年一代有理想、有本领、有担当，国家就有前途，民族就有希望。中国梦是历史的、现实的，也是未来的；是我们这一代的，更是青年一代的。"❶ 理想信念是精神之基、力量之源，习近平总书记对青年树立远大理想提出殷切期望。这些期望不仅饱含着习近平总书记对当代青年的重视和关爱，更是对他们的激励和鞭策，也意味着新时代青年需要肩负起时代赋予的崇高使命。

思考：作为大学生，我们应肩负起怎样的使命与责任？

党的二十大报告强调"青年强，则国家强"，指出"当代中国青年生逢其时，施展才干的舞台无比广阔，实现梦想的前景无比光明"，对广大青年提出了"立志做有理想、敢担当、能吃苦、肯奋斗的新时代好青年"❷ 的重要要求，充分体现了党对青年一代的亲切关怀和殷切期待，为青年一代健康成长指明了努力方向。

作为新时代好青年，应志存高远、忠于祖国，努力做新时代具有远大理想和坚定信念的爱国者。作为新时代好青年，应敢于担当、勇于奋斗，努力做新时代具有责任意识和创新精神的建设者。作为新时代好青年，应

---

❶ 让国家强起来是当代青年的时代使命[EB/OL]. (2017-11-29)[2025-05-15]. http://politics.people.com.cn/n1/2017/1129/c415608-29675403.html.

❷ 青年强 则国家强[EB/OL]. (2024-05-05)[2025-05-15]. https://news.cnr.cn/dj/sz/20240505/t20240505_526693590.shtmll.

勤奋学习、锤炼内心，努力做新时代具有过硬本领和高尚品格的接班人。

新的时期，既有新的机遇，又有新的挑战。俗话说："乘风破浪，扬帆远航。"我们要抓住这个机会，发扬年轻人的胆识和魄力，紧紧地跟在党的身边，主动地处理各种矛盾，勇敢地担负起保卫新时代的责任。我们要珍惜这个新时代的源泉，就像珍惜自己的生命，坚定维护党的领导，坚定维护我国社会主义制度，坚定维护人民群众利益，坚定维护国家主权、安全、发展利益。主动投入新时代的变革潮流中，勇于破除所有的顽疾，展现出青年的担当，要迎难而上，在处理一切可能遇到的困难与挑战时挺身而出，展现出青年的力量。

二、创业文化对新时代大学生的重要意义

习近平总书记强调："青年是国家和民族的希望，创新是社会进步的灵魂，创业是推动经济社会发展、改善民生的重要途径。青年学生富有想象力和创造力，是创新创业的有生力量。"在当今时代，创新创业越来越成为一种趋势和生存方式，大学生作为国家和社会的未来发展力量，需要具备创新创业的能力和素养，而创新创业教育就成为大学生培养中的重要组成部分。

(一) 培养创新创业意识

创新创业教育可以帮助大学生从思想上树立创新创业意识，引导大学生学习如何在创新创业中寻找机会、勇于冒险和创新、发现并满足市场需求等。同时，创新创业教育也可以帮助大学生摆脱传统的思维模式和教学方式，培养创新创业的思维和能力，以应对未来社会和经济发展的需求与挑战。

(二) 提升就业竞争力

随着社会经济的快速发展，市场需求和就业形势也在不断变化，培养

创新创业能力成为大学生求职中的一项重要技能。创新创业教育可以帮助大学生积累实践经验和创新实力，提升个人的就业竞争力。同时，创新创业也提供了更多就业机会和创业发展的平台，使大学生能够更加自主地选择未来职业和发展方向。

（三）促进社会和经济发展

创新创业已成为国家和地方经济发展的重要支撑和推动力量。大学生的创新创业能力不仅可以对社会经济的发展和创新产生积极影响，而且可以促进自身的发展和就业。当大学生创新创业的规模逐渐扩大时，将会形成经济和社会发展的正循环。

（四）塑造国家文化竞争力

创新是国家文化竞争力的重要组成部分。通过创新创业教育，大学生将会在思想和文化上形成创新的观念和素养，从而成为国家文化创新和传播的重要力量。

总之，创业文化在大学生培养中的意义和作用不言而喻。作为大学生，应该积极地参与创新创业教育中，学习并掌握相关知识和技能，从而在人生道路上更加成功。

三、新时代大学生创业文化应该如何培养

随着社会的进步，创业文化已经深入人心，它不仅体现了当今社会的理念和价值观念、伦理准则、创造精神、技术进步、行动习惯，而且更加符合时代的要求。因此，高校应当努力将创业精神融入教育体系，培养学生树立创业精神，增强他们的创业技能，激发他们的自主创业潜能，从而全面提升学生的创业素养。

(一) 变"说教式创业文化"为以学生为主体的"践行式创业文化"

建立一种和谐共存的创业文化，必须正确理解创业与文化之间的联系。创业不仅是一种行动，也是一种价值体系，只有将它们有机地结合起来，形成一种能够指导创业者进行创新实践的文化，才能让大学生更好地发挥自己的潜力，并肩负起社会的责任。

当前，高校应该努力摆脱"重教轻学"的束缚，让学生成为创新思维的核心，激励他们参与创新思维的课堂实践中，变"说教式创业文化"为以学生为主体的"践行式创业文化"，让"课堂"的思想得到更广泛的普及，培养大学生的自主思维、创新能力和实践技巧，将团队合作精神融入课堂，努力营造一种充满活力的学习环境，做到"一切为了学生、为了学生一切、为了一切学生"，全心全意地投入培养优秀人才的过程中，努力培养具有良好素养的人才，以创业实际行动落实立德树人的根本任务。

(二) 尊重学生成长规律，有效挖掘创业文化育人的价值底蕴

《教育部关于大力推进高等学校创新创业教育和大学生自主创业工作的意见》中明确指出，要把创业教育纳入专业教育和文化素质教育教学计划和学分体系，课程设置要与专业课程体系有机融合。高校要合理规划课程体系，把创业文化融入课程教育中，优化完善课程内容，构建全新的实践教学体系，采取课程与专业相结合、课堂内外相衔接、网上网下相补充等教育方法，实现两者的互动促进和协同增效，让学生在潜移默化中接受创业文化。高校须结合新时代学生发展特点和心理需求，尊重学生成长规律，有效挖掘创业文化育人的价值底蕴，激发学生的原创思想，改变固有思维模式，增强学生创业能力，鼓励在校大学生发挥专业特长进行创新创业，在教育与实践中为国家现代化建设培养造就更多的知识型、技能型、道德型和创新型人才。

(三)丰富多彩、形式各样的学生社团活动是增强学生创业能力的重要载体

"授人以鱼,不如授人以渔。"学生创业文化的培养并非一日之功,高校应建立以学生为核心的教育理念,充分整合学校、社会等各方资源,积极满足学生的创业需求,加强宗旨意识,提升学生福祉,将促进学生创业就业放在首位,充分考虑每个学生的特点,贯彻服务学生发展的原则,从而实现双赢的创业文化。

为了满足学生的创业梦想,教师应该积极构筑有利的环境,通过开设各种课程、实践项目及参加各种社会性活动,帮助他们掌握并增强自主创业的技巧,从而更好地实现他们的梦想。创业教育是一个重大的课题,旨在让创业者更好地参与到创业中来。因此,建立一个创业实践平台,作为创业者的第一步,是非常重要的。此外,还可以建立一些创业支持机构,如创业协会,帮助他们提升创业能力。同时,还可以举办创业培训,激励他们将创业理念融入日常生活中,并将其作为"连锁反应"和"示范效应"的榜样。

丰富多彩、形态各异的社会活动是培养学生自身创新能力的主要平台。高校应积极发挥学生的组织活动性,拓宽学生参加社会活动的覆盖面,培养学生筹办各种社会活动的才能,创新发展学生创业活动平台,积极营造"人人都是企业家"的良性创业文化环境,让学生在积极参与和组织各种社会活动中提高创业文化素养。高校还可以通过自主创业教学、举办自主创业竞赛、申请自主创业计划和进行自主创业实践活动,激发学生的积极性和主动性,激活学生的创新能力,培养学生的主人翁精神和社区责任心,进而培养大学生对创业的浓厚兴趣;还可以通过开设"创客计划发布会""创业成果展示会""创客实践交流会",进一步提高学生的创客本领,增强学生的创客自信,促进大学生自主创业。

四、新时代高校大学生如何担当民族复兴大任

习近平总书记在庆祝中国共产党成立100周年大会上深情寄语新时代的中国青年:"新时代的中国青年要以实现中华民族伟大复兴为己任,增强做中国人的志气、骨气、底气,不负时代,不负韶华,不负党和人民的殷切期望!"❶

(一) 坚定理想信念,增强志气

"志不立,天下无可成之事。"立志是一切行动的前提。年轻一代应当以马克思主义为指引,学习党的创新理论,增强"四个意识"、坚定"四个自信"、做到"两个维护",坚定不移地做新时代敢为者、担当者,勇敢地挑战困难,在实践中改革创新,把握机遇,勇于担当,以实际行动践行理想信念。在这个充满挑战的新时代,中国的每一位青少年应将我们的信念和价值观永远铭记在心,并且在每一个阶段都保持这种信念,以便更好地实现自己的梦想。

(二) 锤炼品德修为,增强骨气

骨气是刚强不屈的人格操守,是做人的根本和力量源泉,是孜孜以求的执着,是负重奋进的脊梁。"富贵不能淫,贫贱不能移,威武不能屈。"中国人的骨气体现在他们坚持正义、勇于担当、敢于创新的优良传统中,他们要把忠诚、责任、奉献、勤勉、谦虚、节俭等美好品行融入他们的生活中,把中国特色社会主义的理想落到行动中,把中华优秀传统文化延续下来,做到"明大德、守公德、严私德"。不断增强政治定力,始终对党忠诚,永葆政治本色,时刻保持良好工作作风,筑牢拒腐防变的思想道德防

---

❶ 青年要以伟大复兴为己任[EB/OL].(2021-08-13)[2025-05-15].http://theory.people.com.cn/GB/n1/2021/0813/c40531-32191607.htmll.

线，做到耐得住寂寞、抵得住诱惑、守得住清贫、经得起摔打，锻造出昂扬刚正的骨气。

(三) 练就过硬本领，有底气

底气源于实力，实力显于本领，本领强，底气才能足。在"两个一百年"奋斗目标交汇的重要历史时刻，面对实现中华民族伟大复兴战略全局和世界百年未有之大变局，新时代的中国青年要将个人成长融入党和国家事业发展大局中，增学识见闻、守自信通达，多读书、勤实践。抓住人生"拔节孕穗期"，时时学、处处学，努力掌握科学文化知识和专业技能，使自己的认知视野、思想观念和知识水平紧跟时代发展，在"苟日新，日日新，又日新"的知识追求中练就过硬本领，增强"为天地立心，为生民立命，为往圣继绝学，为万世开太平"的底气，成为具有强烈社会责任感的国家栋梁，以真才实干为党和国家事业奋斗终身。

本章讨论了创业文化的培育和构建，以及新时代大学生创业文化的培养。创业文化的培育需要具有强烈的时代性创业思想和理念，同时面临着创业者对政策认识不足、创业价值观存在误区和利益分配机制不合理等问题。其途径包括树立正确的创业价值观、整合资源建立良好的创业文化、弘扬改革创新精神和增强法律意识。对新时代大学生而言，创业文化的培养有助于提高创新创业能力、推动社会经济发展和丰富校园文化内涵。

> 思考与讨论

1. 如何解决创业者对创业政策认识不足的问题？应该采取哪些措施来提高他们对政策的理解和应用？

2. 在培养创业文化过程中，如何正确引导创业者树立正确的创业价值观，避免存在误区？

3. 对于大学生创业文化的培养，学校应该如何设计丰富多彩、形式多样的学生社团活动来增强他们的创业能力？

4. 在新时代，大学生如何才能更好地担当民族复兴的使命？除坚定理想信念和提升就业竞争力外，还有哪些方面需要注意？

第六章　创业机会

学习目标

▲**知识目标:**

(1) 掌握创业机会的含义;

(2) 理解创业机会识别的过程;

(3) 掌握不同创业机会的识别方法;

(4) 掌握评估创业机会的方法和技巧。

▲**能力目标:**

(1) 能够准确解释创业机会的含义、特点和类别;

(2) 能够描述创业机会识别的过程,并分析其中的关键因素;

(3) 能够选择合适的评估方法,并运用其进行创业机会的评估和分析。

大学生创业家周强的创新之路[1]

上海对外贸易学院（现为上海对外经贸大学）学生周强在大三时，创办了一家注册资金达 100 万元的公司，当时他的实体店开在松江大学城园区内。

周强创立了一个名叫"大学城在线"（www.sj163.cn）的网站，该网站包括学习、求职、娱乐和电子商城等板块，包括考试资料和学习资料的下载；兼职和实习工作岗位信息披露；笔记本电脑等电子产品的低价团购；为学生代买火车票等各项服务。

周强将网站运行的宗旨定为服务学生，所以他在提供上述服务时，除收取少量成本费用外，几乎是对同学免费开放的。因此，越来越多松江大学城的学生开始登录他的网站。

当时，有记者采访周强，他告诉记者："我想的是建设一个上海大学生的门户网站。""我的第一身份还是学生，不会选择辍学。特别是我现在学的是法学和行政管理，这对我将来公司的管理工作也是非常有帮助的。"他说父母也鼓励他创业，并拿出了第一笔注册资金。周强表示，目前公司是要吸引更多的学生访问网站，接受网站的服务，积攒人气。当网站有了一批稳定而又忠诚的学生客户群时，其市场潜力对广大的商家而言是极具吸引力的，那时广告的投放和资金赞助就是公司主要的盈利点。

在该校国际经济贸易学院党委副书记楼巍看来，鼓励学生自主创业，是外贸学院一贯的教学理念。他透露，学校结合自身特点，已在校门口建立了"公司楼"，学生只要有好的创业理念，都可以来创业基地孵化，而学校也会提供资金支持。同时，学校正在酝酿一系列的计划，除了自主创业，

---

[1] 新浪网—教育频道（https://edu.sina.com.cn/j/2005-09-13/1002126641.html）。

学校也会将一些为学生服务的实体店交由学生承包,通过市场化的运作,让学生在创业中学习、实践和培养自己的职业素养。

本案例反映出高校学生抓住创业机会,自主创业的趋势日益明显。周强作为一名大学生,凭借其对大学生需求的洞察,成功创立了面向大学生的综合服务网站"大学城在线"。在保证学业的前提下,他勇于创业,获得了家人和学校的支持,实现了创业梦想。

思考与讨论

1. 分析周强创立的"大学城在线"网站的创新之处,以及这种创新对学生和商家的影响是什么?

2. 对比传统的大学生服务模式和"大学城在线"网站提供的服务,分析后者的优势和潜在挑战。

3. 对于其他大学生创业者,你会提出什么建议,来提高他们创业的成功率?

第一节 创业机会概述

一、创业机会的含义

创业机会也称商业机会或市场机会,在市场经济条件下,是指存在于市场交易过程中的潜在需求,它们能够为创业者提供销售(服务)的对象,并有可能带来盈利。这些机会反映了市场中客观存在的需求缺口。优质的创业机会是指那些对创业者有持久吸引力的机会。创业者可以依托这些机会,为客户提供有价值的产品或服务,同时实现自身的商业目标。这类机会能够持续为创业者带来收益。

什么是创业机会?美国纽约大学教授柯兹纳给出的定义是,创业机会不同于简单的有利可图的商业机会,而是指那些尚未明确识别的市场需求或未被充分利用的资源和能力。对创业实践的观察显示,创业机会并非静态的,而是随着外部环境的变化而呈动态变化的特征。创业机会是环境变化的函数。创业者要敏锐捕捉环境变化趋势,在抓住新机会的同时也要防范原有机会的消失。[1] 创业机会的核心在于发现乃至创造新的手段与目的关系,以实现创业收益。这类机会对"产品、服务、原材料或组织方式"具有颠覆性的革新和提升效率的潜力,并具备创造超额经济利润或价值的可能。总体来说,创业机会具有高度的不确定性,需要创业者去发现、创造和利用,以实现商业目标。其价值在于能够建立新的手段与目的关系,并对现有模式产生颠覆性的影响。

二、创业机会的特点

杰夫里·蒂蒙斯教授在《21世纪创业》一书中阐明,好的商业机会具有四个特点:第一,它能吸引顾客;第二,它能在你的商业环境中行得通;第三,它必须在机会之窗存在期间被实施(机会之窗是指商业想法推广到市场上所花费的时间,若竞争者已经有了同样的想法,并把产品推向市场,那么机会之窗就关闭了);第四,创立业务必须有资源(人、财、物、信息和时间)和技能。[2]

这里把创业机会的特点划分为五个方面:普遍性、偶然性、易逝性、隐蔽性与时代性。

(一) 普遍性

凡是有市场、有经营的地方,客观上都存在创业机会。这些机会普遍

---

[1] 蔡义茹,蔡莉,陈姿颖,等.创业机会与创业情境:一个整合研究框架[J].外国经济与管理,2022,44(4):18-33.

[2] 杰弗里·蒂蒙斯.创业学:21世纪的创业精神:第8版(英文版)[M].北京:人民邮电出版社,2014.

存在于各种经营过程中。实际上，我们身边处处存在创业机会，很多看似平常的生活现象，在有心人眼里可能就是创业机会。正如法国著名雕塑家奥古斯特·罗丹所说："生活中从不缺少美，而是缺少发现美的眼睛。"

(二) 偶然性

对企业来说，发现和捕捉创业机会带有很大的不确定性，任何创业机会的产生都带有"意外"成分。在大多数情况下，创业机会是偶然产生的，尽管它们存在于人们身边，但并非人人都能轻易地捕捉。人们越是刻意寻找创业机会，往往越难以发现；相反，在人们毫无准备时，创业机会却常在不经意间出现。因此，发现和把握创业机会需要机遇与努力的结合。

(三) 易逝性

创业机会存在于一定的时间范围内，随着外部条件的变化，这些机会也会随之消失。"机不可失，时不再来"这句话恰如其分地表达了创业机会稍纵即逝的特性。

以互联网金融行业为例，2013—2015年，P2P网贷、第三方支付、消费金融等细分领域崛起，涌现出大量创业公司。阿里巴巴网络平台、淘宝网及快手应用程序等成功案例，促进了"行动创业"理念的深入人心，使越来越多的创业个体认识到，即便是转瞬即逝的灵感，也有可能成为实现梦想的起点。上述案例揭示了创业机会的瞬时性特征，强调了创业者必须迅速把握创业机会的重要性，否则将面临创业机会丧失的风险。

(四) 隐蔽性

创业机会的隐蔽性赋予了其独特的神秘感与价值。机会作为一种无形的存在，尽管人们能够感知其存在，却无法直观地观察到其存在。它通常潜藏于社会现象的深层，其本质往往被表象所遮蔽，因此，探寻其踪迹成为一项极具挑战性的任务。正是由于机会的这种隐蔽特性，它在人们心中显得尤为神秘和珍贵。

古希腊物理学家阿基米德曾说过:"给我一个立足点和一根足够长的杠杆,我可以撬动整个地球。"这句话不仅阐释了杠杆原理,同样也适用于创业。潜在的创业机会可能转化为一种创业资本,展现出"剑走偏锋"的独特效果。诚然,独特的创意在创业初期常遭遇质疑与讥讽。那些无法经受考验的构想,犹如昙花一现般迅速消逝。相对而言,那些坚持将构想转化为实际行动的人,往往能够把握先机,实现成功。总体而言,探索那些隐蔽的创业机会,需要具备洞察力与勇气,这也是创业魅力之所在。

(五) 时代性

机遇与时代紧密相连,具有鲜明的时代特征。所谓机遇的时代性是指机遇所蕴含的时代特征、民族特色及社会属性。它构成了时代机遇的沃土。在繁荣昌盛的时代背景下,该土壤能够孕育出丰富的机遇,为个体的成功奠定基础;然而,在逆境时期,它则类似于贫瘠的碱性土壤,缺乏生机,成功的机会与可能性均显著减少。

三、创业机会的类型

我们所处的时代是一个机遇与挑战并存的时期。对于每一位创业个体而言,机遇的分配是相对平等的,不存在绝对的机会匮乏。然而,关键在于机遇出现之际,部分人士能够准确识别并果断把握,借此开创个人事业的新篇章;而另一些人则可能反应迟钝,错失良机,最终导致事业上的失败。因此,对机遇的识别与把握能力已成为区分成功与失败的关键因素。

在通过观察与提问识别问题并确定潜在创业机会后,接下来需进一步明确该创业机会的类型。常见的创业类型包括生存型创业(necessity-push entrepreneurship)和机遇型创业(opportunity-pull entrepreneurship)。

生存型创业是指因为找不到工作或者工作发展不顺利而不得不进行创

业。这种创业也被称为自我就业型创业。相对地,机遇型创业是指创业者在市场中发现了一个创业机会,并为了抓住这个机会而选择创业。

根据创业机会的不同来源,我们可以将创业机会分为以下四种类型,以更清楚地说明创业机会的本质。

(一) 解决问题型创业机会

解决问题型创业机会源自现实世界中未被解决的问题。在日常生活中遭遇的诸多不便或挑战,均有可能演变为创业的契机。例如,有创业者在遛狗过程中,其宠物险些遭遇交通事故,从而捕捉到商机,推出了宠物反光衣产品;再如,有观察者注意到儿童在使用成人吸管时面临困难,因此着手研发了特制的弯曲吸管。此类创业者若能精确识别问题核心,并设计出创新的解决方案,其成功概率将显著提高。

(二) 复制模仿型创业机会

许多生存型创业属于复制模仿型创业,创业者可能借鉴了他人的成功模式并进行复制。这类创业机会较易识别,如开设餐厅、网店、补习班等。即便在高科技领域,复制模仿型创业也并不鲜见,如计算机、汽车、手机等行业。由于复制模仿型创业的门槛较低,竞争自然变得激烈,所以企业后期往往会进行改进和创新。

无论是商业模式的复制模仿还是技术的移植,其本质都是为了满足用户的需求,解决新市场用户正在面临的问题或潜在问题。因此,深入了解本地市场需求和问题,掌握先进技术并熟悉成功模式,是识别这类创业机会的重要因素之一。

(三) 增值型创业机会

增值型创业机会是指通过提供一种全新的或者大幅度改进的产品,来满足已知的用户需求。这种创新产品相较于传统产品，能够提供更高的价值或更优的性价比，因此称为增值型创业机会。

增值型创业主要依靠新产品的开发。以教学领域为例，白板取代了传统的黑板，而多媒体教学模式的PPT投影仪又逐渐替代了白板。随后，慕课（MOOC，即大型开放式网络课程）这种新兴形式，有潜力进一步替代现有的PPT加投影仪模式。

虽然租车行业是一个有着较长历史的传统行业，但也面临许多现实挑战。例如，在交通高峰期或偏远地区，人们很难找到出租车。手机打车应用程序的出现解决了这一难题，并满足了消费者需求。这些应用程序不仅提供了便捷、迅速的租赁服务，还整合了在线支付功能，从而在很大程度上提升了租车客户的便利性。因此，增值型创业不仅要求具备坚实的专业技术知识和创新能力，还必须具备敏锐的市场洞察力，以便于发现并满足市场需求。

（四）风险型创业机会

风险型创业机会通常根植于特定技术或社会趋势，它们催生了前所未有的产品、市场或行业。鉴于市场与产品的高度不确定性及创新性，这类创业活动天然地伴随着较高的风险水平和失败概率，因此被学术界定义为风险型创业。

以半导体技术的出现为例，它为人们带来了众多机会，也催生了许多意料之外的产品，如手机、个人计算机和卫星通信系统等。在这些产品被研发出来之前，它们本身及其潜在客户都是不存在的，因此新产品问世时伴随的风险非常高。这需要我们去创造机会，而不仅是被动地发现机会。

第二节 创业机会的识别

一、创业机会的来源

在日常交流中,不少有意愿创业但尚未实施的人士会表达以下看法:"其他人的机遇好,而我的运气不佳,缺乏可乘之机。"或"若能提前几年启动,现阶段任何尝试似乎都较为困难。"然而,这些观点忽略了一个重要事实——生活环境中潜在的商业机会往往无处不在,限制创业成功的不在于是否"缺乏机遇",而在于是否具备"洞察力"。实际上,潜在的创业机会主要源于以下五个方面。

(一) 问题

创业的本质是满足市场参与者的需求。需求尚未被充分满足即代表存在待解决的问题。寻找商业机会的重要途径之一是善于发现和洞察自身及他人在需求层面存在的不便或难题。优秀的创业者具有敏锐的洞察力,能够及时识别出自身和他人在日常生活和工作中的各类需求,并将这些需求转化为创业契机。他们深谙"问题即机会"的真谛,能够根据需求特点提出相应的商业模式或产品来满足市场参与者的需求,从而实现商业价值的创造。

(二) 变化

创业机会的产生往往与市场环境的不断变化挂钩。著名管理学家彼得·德鲁克将创业者定义为:"寻找变化,并积极反应,把它当作机会充分利用起来的人。"实际上,市场环境之所以不断变化,其内在原因主要体现在:一是产业结构的调整演变;二是消费结构向高端领域升级;三是城市化进程的加速;四是人们思想观念的变迁;五是政府政策的优化与调整;

六是人口结构的优化升级；七是居民收入水平的整体提升；八是全球化趋势的深入影响。市场环境的多方面变化正是创业机会产生的重要源泉，寻找这些变化背后的商业机会正是创业者应有的洞察力。

（三）创造发明

创造发明提供更优质的产品、技术、服务与模式，从而更好地满足客户需求，同时也孕育出新的商机。以智能手机为例，随着其应用的广泛，相关行业如手机维修、App开发、手机培训、内容制作、云服务等相应兴起，成为潜在的创业点。即便不主导创新，通过销售和推广新兴产品，如担任分销商或代理商等角色，也能从中获利。技术革新不断推陈出新，带来的产业升级与商业模式变革，为寻求商机的企业家提供丰富的选择空间。只要抓住新兴趋势，发掘客户潜在需求，就有可能开拓出独特的市场机会。

（四）竞争

如果能够识别竞争对手的短板及不足之处，同样将成为开拓商机的机会点。可以对比周边同业，寻找其产品或服务在速度、可靠性和成本等方面的不足之处，并据此提出具有相对优势的商业模式。例如，通过提高效率降低成本，实现更短的交付周期，或提供更全面周到的售后服务等，有利于吸引更多客户。对手的不足代表的是商业机会，只要能够洞察竞争环境，发掘差异点，就有可能凭借自身优势在同业中占据一席之地，实现商业目标。

（五）新知识、新技术

在知识经济时代，信息量巨大且不断增长，技术也在高速迭代更新，为商机带来丰富土壤。新知识和新技术的产生不断释放出新的创业机遇。以电力为例，随着人们的健康意识提高和技术手段的日新月异，在电力领域涌现出众多商业机遇。仅日常生活中的电力问题，如电费管理、电器维修保养、智能电器应用等就开拓出不少创业模式。知识经济时代，科技进步不断推动产业升级，为具有创新精神的企业家提供了丰富的机遇及选择空间。只要能够洞察未来趋势，发掘客户痛点，创业路就在脚下。

二、创业机会识别的影响因素

（一）先前经验

个人在特定领域的经验和知识对发现和把握商机非常重要。具体来说，只有直接参与产业实践，才能真正看清机会所在。创业者在特定行业的工作经历，有助于其更好地识别商业机会。一旦创建企业，创业者就开始了一段旅程，随着经验的累积，商机机会将变得越来越清晰。

（二）认知因素

机会识别可能源于先天条件，也可能是一种认知过程。研究认为，部分创业者具有某种"第六感"，能够发现其他人忽略的商机机会。大多数创业者也持有这种观点，认为自己比其他人对商机信息的"警觉性"更强。然而，"警觉性"在很大程度上是一种可培养的技能。那些在特定领域积累丰富知识的人，往往比其他人对该领域内潜在商机的认知能力更强。

（三）社会关系网络

社会关系网络能够传递商机信息等有价值的资源，个人社会关系网络的深度和广度会影响机会识别能力。创业作为一种特定的经济活动，不可避免地会与社会网络中的其他参与者发生各种联系与互动。只有将自己置于社会关系网络中，创业者才能完成整个价值链活动。研究表明，社会关系网络是个体识别商机的主要渠道。与他人建立广泛深入的社会关系，能为创业者提供更丰富的商机信息。一个人的社会关系网络越发达，就越有可能及时掌握到机会信息，这对于成功创业至关重要。

(四) 创造性

创造性是指产生新颖且有用思想的能力。在一定程度上，机会识别也可以视作一个创造性的过程，它需要创业者进行不断的创造性思考。相比思维能力较为灵活创新的创业者，他们往往具有更强的机会发现能力。个人层面的创造过程可以分为五个阶段，即准备、孵化、洞察、评价和阐述。

(五) 社会环境

国家宏观经济政策和企业内部微观环境是创业机会和创业成败的重要因素。"大众创业、万众创新"的时代潮流兴起，国家在鼓励创业者进行创新创业方面，制定了一系列配套政策和措施，为创业者提供更多更优质的商机。这些政策措施的出台，有利于激发创业者的潜力，为他们在创业初期提供更宽泛的政策支持。

三、创业机会识别的过程

(一) 创业机会识别的总体框架

图 6-1 概括了创业者与环境互动的机会识别过程的框架。机会识别是创业者与外部环境（机会来源）互动的过程。在这个过程中，创业者通过多种渠道和方式获取环境变化信息，如产品、服务、原材料和组织模式等方面的差距或不足之处，进而发掘如何改进或创造出手段与目的之间的匹配关系，最终识别出可能带来新产品、新服务、新原料或新组织形式的商机点。

(二) 创业机会识别的阶段

对创业者而言，可以将机会识别过程分解为以下五个阶段。

第六章 创业机会

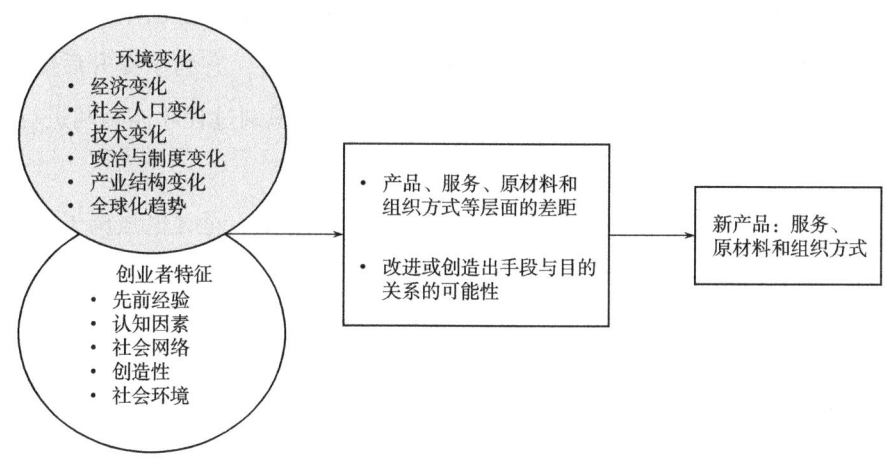

图6-1 创业者与环境互动的机会识别过程

1. 准备阶段

这一阶段主要考察创业者在机会识别时带入的背景资源，包括工作经验和专业知识积累。研究发现，个人先前的工作经历对50%~90%的初创企业的商机构思产生重要影响。

2. 孵化阶段

这一阶段是个人深入思考和反复研究问题的过程。有时是有意识的，有时则是在其他工作中无意识进行的。

3. 洞察阶段

这一阶段是问题解决思路或商机构想形成的关键时期。它有时被称为"灵感"体验，是个人识别出机会的时刻。

4. 评估阶段

这一阶段是仔细审视商机构想并进行可行性分析的重要阶段。许多人容易忽略这一环节，直接实施构想而未进行全面评估。

5. 阐述阶段

在这一阶段，商机构想被进一步细化和完善，形成具体的商业模式或产品原型，是实现商业价值的重要阶段。

如果在孵化、洞察或评估阶段，个人感觉尚未获得充分见解支持决策或构想。或者在阐述阶段，商业模式设计存在缺陷，需要重新审视，这时返回准备阶段，通过学习与实践积累更多知识与经验，有利于提升后续各阶段工作的质量。只有在每个阶段获得足够支撑，识别过程才能顺利进行，最终形成可行的商业机会。

因此，以上五个阶段不仅描述了机会识别的流程，同时也强调了个体在每个阶段都需要进行自我评估，保证信息与能力的匹配值，这对提高识别质量具有重要意义。

四、创业机会识别的方法

识别创业机会是需要经过练习的复杂过程，但并非无法掌握。创业者应该在日常生活中，有目的地加强观察能力和思考能力，提升发现商机的敏锐度。创业者可以通过以下四种方法识别创业机会。

（一）系统分析法

通过系统分析，企业家可以发现大量商机。创业者可以观察宏观环境（如政治、法律、技术和人口）和微观环境（如客户、竞争对手和供应商）的变化，从中发现商机。此外，通过市场调研来验证这些商机。这些是发现商机的一般规律。初创企业家首先应进行全面的市场调研，调研内容包括地域环境、行业格局、交通条件、人口分布、政策环境等各个方面，以评估商业模式的可行性。只有事先做好充分准备，才能找到最佳的商业点子，并将其转化为成功的商业模式。

（二）问题发现法

问题发现法是一种通过关注问题来发现商机的方法。寻找商机的关键在于善于发现问题，分析问题原因，并找到解决问题的方案。许多成功的企业都是从解决实际问题开始的。所谓问题，就是现实情况与理想状况之间的差距。例如，消费者需求尚未被满足，就是一个问题点。如果能针对此类需求提供产品或服务，就能抓住市场机会。创业者应关注那些常常令人感到"困扰"的问题。因为它们长期困扰众多对象，人们对解决这类问题的需求也最为迫切。如果企业家能研发出有效的解决方案，就等同于发现了商机。问题发现法能提升创业者对市场痛点的洞察力，有助于创业者发现隐藏在问题背后的商业机会。以问题为导向，从根本上解决用户疾苦，将是开拓新市场的有效途径。

（三）客户建议法

创业者可以通过咨询客户观点来发现商机。新的商机可能由客户首先意识到，因为客户最了解自己的实际需求。客户提出的各种非正式反馈，如"如果采取这样的方式是否会更好"等建议，都有助于发掘商机。多倾听客户观点和需求，是发现商业机会的重要途径之一。创业者应注重对目标客户群体的长期研究，以开发出更好满足市场需求的产品或服务。

（四）创造需求法

能够创造新需求的企业，往往也具备发现问题并提供解决方案的能力。这种企业在充满竞争的市场环境中，生存能力较强。这要求创业者具备广阔的市场前景预测能力和精准的市场调研能力，挖掘潜在商机，并有针对性地开展需求激发活动，引导消费者将潜在需求转化为实际需求，开拓新的商业模式空间。

机会识别是创业的先决条件，也是创业过程中的重要阶段。机会识别作为创业活动的起点，在一定程度上决定了整个创业过程能否顺利进行和最终结果。很多优质的商业机会并非偶然产生，而是对那些有准备的个人和团队的一个"回报"，或者需要建立完善的机会识别机制才能发现。在机会识别阶段，创业者需要明确机会来源于何处，如何进行识别和评估。

第三节 创业机会评估

创业者经过信息收集与机会分析,已经对机会有了一定了解并掌握了相关数据。然而,真正的创业应关注市场需求,需求是多样且多变的,不可否认的是,并非所有的商业机遇都适合进行投资。因此,创业者有必要对机会进行筛选和评估,以有效降低风险和减少失败的可能性。

一、创业机会评估的定义

创业机会评估是指创业者根据市场中出现的商业机会或构想,并结合自身情况,进行持续地识别和判断的过程。创业者在进行机会开发时,通常遵循"识别—评估—开发"的逻辑顺序,逐步将最初的创意变为可行的实施方案。在机会评估阶段,创业者会通过市场调研或已有资源的初步调查,反复评估机会的优势和劣势,以便调整最初构想或寻找更佳的商业机会。这一调查最初可能是独立且非正式进行的,但随着外部资源的整合,逐渐发展为与他人进行沟通。当外部资源开始介入机会开发过程时,评估也随之变得正规化。

二、创业机会评估的准则

评估创业机会实际上是为了了解目标市场是否存在、规模有多大,以及主要企业或企业家是否适合市场。创业评估通常有以下衡量标准。

(一)用市场来评估创业机会价值的标准

1. 市场定位

一个好的商业机会必须明确定义自身在市场上的定位,专注于满足客户需求并为客户创造附加价值。因此,在评估商业机会时,可以从以下几个方面进行判断：一是审视该机会是否明确定义了其在行业内的定位；二是分析是否进行了深入的客户需求分析；三是考察是否拥有顺畅且高效的客户接触渠道；四是评估产品或服务是否具备可持续发展的潜力。只有那些能够为顾客带来较高价值的商业机会，成功的可能性才会更大。

2. 市场结构

市场结构主要包括进入障碍、供应商及客户的议价能力、替代品竞争压力，以及内部竞争激烈程度等。通过对市场结构特征的分析，我们可以初步判断新企业的未来市场定位，以及可能面临的竞争对手的反击程度。

3. 市场规模

一般来说，市场规模越大，该行业的进入门槛越低，内部竞争也相对缓和。然而，如果一个已经非常成熟的市场，即便其规模庞大但增长缓慢，新企业为了维持利润，可能发现难以在这个市场中获得足够的回报。相比之下，那些市场规模不断增长的行业，往往蕴含更多的商机。随着市场需求的不断扩大，只要选择恰当的进入时机，新企业就有可能在水涨船高的市场环境中获得可观的利润空间。

4. 市场渗透性

对于具有巨大市场潜力的创业机会，市场渗透性（即实现市场机会的过程）的评估将是一个非常重要的影响因素。精明的创业者会在市场需求即将迎来大增长之际，提前做好准备。

5. 市场份额

企业预期的市场份额目标可以判断其未来市场竞争力。通常情况下，要想成为市场的领导者，企业至少需要获得20%的市场份额。但是，如果市场份额低于5%，则表明企业的市场竞争力较弱，这将影响其未来的上市价值。特别是在竞争激烈的高科技行业领域，企业必须具有一个可持续的投资成本结构，才能成为市场上的领先者。因为这类行业存在显著的规模经济效应，市场份额往往直接决定了企业的成本优势。

6. 产品的成本结构

产品的成本结构分析可以预估企业未来的利润前景。例如，通过材料和人工成本的比重、变动成本与固定成本的比例，以及规模经济的产量等指标，可以初步判断企业创造附加值的能力和潜在的利润空间。如果产品成本结构更为优化，如材料成本较低且固定成本占比较大，则代表企业在资源利用上更为高效，在规模扩大时拥有较大的成本降低潜力，从而具备更强的盈利能力。

（二）投资后效益评估的标准

1. 合理的税后净利润

一个吸引人的创业机会应该能够创造出至少15%的税后净利润。如果创业项目的预期税后净利润低于5%，则它可能并不是一个理想的投资机会。

2. 实现损益平衡所需的时间

如果一项商业机会能在两年内实现盈亏平衡，那么它的投资回报期将处于一个合理范围。然而，如果三年时间仍未能实现平衡，该机会则难以视为一个值得长期投资的项目。早期投资可视为一种针对长期盈利前景的投资，因此对较长的回报周期持更为宽容的态度。只有深入了解不同行业的特点，才能给出更加个性化的投资评判标准。实现盈亏平衡所需时间的合理性，需要根据不同商业机会的特点进行个案分析。

3. 投资回报率

考虑到创业可能面临各种风险，对于大多数创业机会而言，一个合理的投资回报率应在25%以上。通常情况下，15%以下的投资回报率是不值得考虑的商业机会。

4. 资本需求

如果商机资金需求较低，则更易受到投资者的青睐。过高的资本要求不仅可能导致每股收益稀释，还可能不利于创业成功。资源利用效率高的商机所需资金越少，相应的投资回报也越高。因此，在创业的初期，不宜筹措过多资金，最佳的方式是通过内部盈余来累积资本。较低的资本投入有利于提高每股收益和未来的上市价格。合理控制资本需求对企业的发展和投资回报都很重要。

5. 毛利率

毛利率高表明商机风险较低，更易实现盈亏平衡。相反，毛利率低则表明风险较大，面临决策失误或市场变化时易产生损失。理想的毛利率水平一般为40%以上。毛利率水平低于20%的商机风险较高，不宜考虑。该行业毛利率高，只要获得足够业务量，其盈利能力较强，遭遇严重亏损的风险相对较小。

6. 战略价值

战略价值与产业网络的规模、利益机制和竞争程度密切相关，而创业机会对产业价值链带来的价值效应同样与其商业战略和商业模式密切相关。

7. 资本市场活力

活跃的资本市场有利于新兴企业提升盈利能力和资本回收。在市场处于高点时，资本成本相对较低，融资难度较小。然而，在市场低谷期，投资的动机不足，因为优质的商机相对少见。对于投资者而言，在市场低迷时，机会成本较低，有时反而能获得更高的回报。一个活跃的资本环境更易带动新企业价值的增长。因此，在评估商业机会时，应考虑资本市场的动态变化趋势。一个活跃的市场意味着更好的外部支持，也更有利于提高投资回报。

8. 退出机制与策略

退出机制与策略在评价商业机会和投资回报方面至关重要。投资的终极目的是实现资本增值。企业价值通常通过市场交易来确定，而市场流动性则影响了企业退出机制的灵活程度。由于退出的门槛通常高于进入门槛，因此在吸引投资时，商家应考虑各投资方的退出需求，并为他们提供灵活且合理的退出机制与规划。

三、评价创业机会的方法

(一) 巴蒂选择因素法

巴蒂选择因素法是通过 10 个因素进行评估的方法。如果某一个创业机会符合至少 6 个或者更多的因素,那么它成功的可能性就较大,则可取;相反,若满足因素不足 6 个,则表明该创业机会成功的希望较小。具体如表 6-1 所示。

表 6-1　因素的设定

序号	因素
1	这个创业机会在现阶段是否只有创业者本人发现了
2	产品初始生产成本是否是创业者可以承受的
3	创业机会市场初始开发成本能否承受
4	新企业的产品是否具有高利润回报的潜力
5	是否可以预期产品投放市场和达到盈亏平衡点的时间
6	创业机会的潜在市场是否巨大; 创业者的产品是否是一个快速成长的产品系列中的第一种产品
7	创业者是否拥有一些现成的初始客户
8	创业者是否可预期产品的开发成本和开发周期
9	新企业是否处于一个成长中的行业
10	金融界是否能理解企业的产品和消费者对该产品的需求

资料来源:梅强.创业基础:第二版[M].北京:清华大学出版社,2016.

(二) 蒂蒙斯的创业机会评价框架

蒂蒙斯的创业机会评价框架涉及行业和市场、经济因素、收获条件、竞争优势、管理团队、致命缺陷、个人标准及理想与现实的战略差异 8 个方面共 52 项指标,具体如表 6-2 所示。

表 6-2 创业机会评价框架

评价项目	评价指标
行业和市场	1. 市场容易识别，带来持续收入
	2. 顾客接受产品或服务，愿意为此付费
	3. 产品的附加价值高
	4. 产品对市场的影响力强
	5. 将要开发的产品生命周期长
	6. 项目所在的产业是新兴产业，竞争不完善
	7. 市场规模大，销售额潜力达到 1 000 万~10 亿元
	8. 市场成长率在 30%~50%，甚至更高
	9. 现有厂商的生产能力几乎完全饱和
	10. 在五年内能占据市场的领导地位，市场占有率达到 20% 以上
	11. 拥有低成本的供货商，具有成本优势
经济因素	1. 达到盈亏平衡点所需要的时间在 1.5~2 年
	2. 盈亏平衡点不会逐渐提高
	3. 投资回报率在 25% 以上
	4. 项目对资金的要求不是很大，能够获得融资
	5. 销售额的年增长率高于 15%
	6. 有良好的现金流量，能占到销售额的 20%~30%
	7. 能获得持久的毛利，毛利率要达到 40% 以上
	8. 能获得持久的税后利润，税后利润率超过 10%
	9. 资产集中程度低
	10. 运营资金不多，需求量逐渐增加
	11. 研发对资金的需求不高
收获条件	1. 项目带来的附加价值具有较高的战略意义
	2. 存在现有的或可预料的退出方式
	3. 资本市场环境有利，可以实现资本流动

续表

评价项目	评价指标
竞争优势	1. 固定成本和可变成本低
	2. 对成本、价格和销售的控制较高
	3. 已经获得或可以获得对专利所有权的保护
	4. 竞争对手尚未觉醒，竞争较弱
	5. 拥有专利或具有某种独占性
	6. 拥有良好的网络关系，容易获取合同
	7. 拥有出色的关键人员和管理团队
管理团队	1. 创业者团队是一个优秀管理者的组合
	2. 行业和技术经验达到本行业内的最高水平
	3. 管理团队的正直廉洁程度达到最高水准
	4. 管理团队知道自己缺乏哪方面的知识
致命缺陷	不存在致命缺陷
个人标准	1. 个人目标与创业活动相符合
	2. 创业者可以做到在有限的风险下实现成功
	3. 创业者能接受薪水减少等损失
	4. 创业者渴望创业这种生活方式，而不只是为了赚大钱
	5. 创业者可以承受适当的风险
	6. 创业者在压力下状态依然良好
理想与现实的战略差异	1. 理想与现实情况相吻合
	2. 管理团队已经是最好的
	3. 在客户服务管理方面有很好的服务理念
	4. 所创办的事业顺应时代潮流
	5. 所采取的技术具有突破性，不存在许多替代品或竞争对手
	6. 具备灵活的适应能力，能快速地进行取舍
	7. 始终在寻找新的机会
	8. 定价与市场领先者几乎持平
	9. 能够获得销售渠道，或已经拥有现成的销售网络
	10. 允许失败

资料来源：梅强.创业基础：第二版[M].北京：清华大学出版社,2016.

在创业过程中,创业机会的识别和评估是至关重要的环节。创业机会不仅是市场需求的反映,更是创业者能够实现商业成功的基石。通过对创业机会的认知和挖掘,创业者可以找到适合自己的商业模式,从而实现自身价值和社会价值。

思考与讨论

1. 在创业机会识别过程中,创业者需要考虑哪些因素?这些因素如何影响创业机会的识别和评估?

2. 创业机会的识别和评估在不同阶段的创业过程中可能存在差异,你认为在初创阶段和成熟阶段的创业机会识别和评估有何不同之处?

3. 创业机会的评估是创业过程中的关键步骤之一,具体有哪些方法可以用来评估创业机会的可行性和潜力?如何选择合适的评估方法?

第七章 创业筹资

学习目标

▲知识目标:

(1) 理解企业筹资的动机;

(2) 掌握创业筹资管理的内容;

(3) 了解创业筹资的方式和分类;

(4) 理解创业筹资管理的原则。

▲能力目标:

(1) 能够科学预测资金的需求量;

(2) 能够计算债务资本和权益资本的资本成本等;

(3) 能分析在不同的阶段企业采用怎样的筹资渠道和筹资方式;

(4) 具备选择正确的资本结构的能力。

第一节　创业筹资概述

一、创业筹资的概念及动机

创业筹资是指企业在创立时为了满足生产经营、投资活动、资本结构管理等需要，运用一定的筹资方式和筹资渠道，取得所需资金的一种财务行为。

创业筹资的基本动机是为了满足企业经营和发展的需要，为企业的设立、经营、扩张等活动提供必要保障。

二、创业筹资管理的内容

（一）科学预测资金的需求量

资金是企业设立、生存和发展的根本保障，是企业顺利开展生产经营活动的基础。企业想要维系自身的生产经营能力，必须持有一定数量的资金。而在企业设立之初，要按照企业规划的生产规模、生产方式等确定长期资金和流动资金的需求量。资金的需求量应遵循适量和适时的原则。

（二）合理选择筹资渠道和筹资方式

不同的筹资渠道和筹资方式，对于刚设立的企业来说成本和收益不同，带来的后果也不尽相同，即资金从哪里来，以什么方式取得，对企业的影响很大。

筹资渠道是指企业筹集资金的通道，包括直接筹资和间接筹资。直接筹资是指企业通过发行股票及直接从企业所有者那里取得资金的方式。间接筹资是指企业通过银行或非银行金融机构等第三方机构间接获取资金的方式。

企业的筹资方式分为外部筹资和内部筹资。外部筹资是指从企业外部筹措资金，包括银行贷款、债券筹资、公开发售股票等；内部筹资是指将企业部分利润留存在企业内部的方式。

(三) 降低资本成本、控制财务风险

从企业追求利润最大化的目标来看，要想实现以最小成本获得最大收益的目标，企业必须控制资本成本。资本成本是指企业为筹集资金和使用资金所付出的代价，包括筹资费用和用资费用。不同的筹资方式取得资金的资本成本不同，一般来说权益资金的资本成本高于债务资金的资本成本。

三 创业筹资的原则

(一) 资金需求量合理适量原则

在筹措资金过程中，合理评估企业对资金的需求量有利于提高筹资效率。在企业设立之初，对流动资金和固定资金等资金的需求量进行准确预估，以确保筹措的资金与实际需求相符，防止筹资不足对生产经营产生不利影响，同时避免因资金筹措过多导致筹资成本过高，筹资效益下降。

(二) 选择正确的投资方向，确定筹资目标原则

在企业设立时，投资规模大小直接关系到筹资的数额。选择正确的投资方向既会对企业的生产经营成果（盈利水平和发展结果）、成本控制等产生巨大影响，又因为投资回报与筹资成本之间的平衡关系，而可能对确定是否进行筹资及确定筹资金额具有决定性影响。因此，为确保筹资决策的合理性，必须对投资方向进行周密研究，确保资金的有效利用，避免因盲目筹资而造成投资效果不佳。

(三) 适时取得资金，保证资金投放原则

企业在设立之后，应合理规划筹资活动，与资金的具体投放时间保持

良好的连续关系，以实现筹资与用资在时间上的有效对接，一方面，避免因筹资活动滞后而错失投资良机；另一方面，防止因筹资过早导致资金闲置，成本增加。

（四）选择筹资来源，降低筹资成本原则

企业在设立时必须考虑到，虽然有多种筹资渠道与方式可供选择，但是各种筹资方式在筹资的难易程度、资本成本及财务风险等方面存在显著差异。所以，企业须全面评估并比较各类筹资渠道及方式，深入分析不同资金来源的结构特性，力求构建最优的筹资组合方案，以实现筹资成本最小化，提高企业财务运作效率与经济效益。

（五）保持举债能力，合理化资本结构原则

企业的资金主要由权益资金和债务资金共同构成，企业所承担的负债比重须与其权益资金的规模和偿债能力相匹配。为了实现资本结构的优化，企业在设立和发展时务必审慎行事，既要防范负债过度带来的财务风险和偿债困难，也须充分利用债务融资资本成本低、有杠杆效果等优势，以提升权益资金的盈利潜力，保证企业在维持财务稳定的同时，实现资产收益最大化。

（六）遵守法律法规，维护各方合法权益原则

每个企业的筹资行为都会对社会资金流向和流量产生影响，并对众多利益相关方的经济利益产生影响。企业在进行资金筹集时，须服从国家宏观经济政策指导，严格按照相关法律法规执行，秉持公开、公平、公正的原则。企业在筹资时应恪守承诺，依法履行责任，确保投资者、债权人及其他利益相关方的合法权益得到充分保护。

第二节　资金需求预测

一、因素分析法

因素分析法又称分析调整法，是以有关项目基期年度的平均资金需要量为基础，根据预测年度的经营任务和资金周转加速的要求，来预测资金需要量的一种方法。创业企业可以在市场中找到一个相似的项目作为参照，用相关企业数据对照自己企业的情况，先调整企业基期年度的平均资金需要量。

这种方法计算简便，容易掌握，但预测结果不太精确。它通常用于种类繁多、资金用量较小的项目。

计算公式为：

$$资金需要量 = (基期资金平均占用额 - 不合理资金占用额) \times [(1 \pm 预测期营业增减率) \times (1 \pm 预测期资金周转速度增长率)] \qquad (7-1)$$

二、营业百分比法

(一) 基本原理

营业百分比法是一种以预测营业额来确定企业外部资金需求的方法。该方法有一个假设，即企业的部分资产和负债与营业额之间存在稳定的百分比关系。

企业首先根据其营业规模确定所需流动资产水平，对于较大规模的营业企业，需要考虑长期资产的核算。该资金的来源可划分为三个主要部分：其一，与营业收入同比增长的流动负债；其二，预测期内的收益留存；其三，通过外部筹资渠道获得的资金。

(二) 基本步骤

1. 确定随营业额变动的资产项目和负债项目

随着企业营业收益的波动，与之相关的库存现金、应收账款、存货等经营性资产项目往往需要更多的资金投入。这些经营性资产的增长也会带动相关应付票据、应付账款等经营性短期负债的提升。例如，存货水平的上升可能伴随着应付账款的增加，这种"自然性负债"能为企业提供临时性资金来源。通常情况下，经营性资产与经营性负债之间的差额会保持一个相对稳定的比例，与企业的营业活动呈一定比例变动。但是，经营性负债不包括短期借款、短期融资券、长期负债等融资性质的负债项目。

2. 确定有关项目与营业额的稳定比例关系

企业可以通过分析自身历史数据及对照同行业情况，剔除非必要的资金占用，确立与营业额相匹配的经营性资产和经营性负债的稳定比例关系。这有利于企业确定更好的资本结构，优化资金配置。

3. 确定需要增加的筹资数量

可以把资金分为固定资金、变动资金和半变动资金。

固定资金是指在产销量变动时，资金需求保持不变的部分，如保持日常运营所必须的最低现金储备、原材料的保险储备、必要的成品储备，以及固定资产（如厂房、机器设备）所占用的资金。

变动资金是指随产销量的变动而同比例变动的那部分资金。一般包括原材料、外购组件等占用的资金，以及超过最低储备的现金、存货、应收账款等。

半变动资金是指虽然受产销量变化影响，但不成同比例变动的资金，如一些辅助材料占用的资金。这部分资金可采用一定方法进一步划分为不变资金和变动资金。这种方法主要适用于制造型企业。

需要增加的筹资数量是基于营业额增长预期导致资金需求扩大的部分，减去利润留存所能提供的资金，计算公式为：

外部融资需求量＝资产增加额－敏感负债增加额－留存收益增加额

(7-2)

第三节　股权筹资

一、吸收直接投资

吸收直接投资是指企业按照"共同投资、共同经营、共担风险、共享收益"的原则直接吸收国家、法人、个人和外商投入资金的一种筹资方式。是非股份制企业筹集权益资本的基本方式。吸收直接投资的实际出资额中法定注册资本部分，形成资本金；超过法定注册资本的部分，形成资本公积金。

(一) 吸收直接投资的种类

按照出资主体不同，将吸收直接投资分为吸收国家投资、吸收法人投资、吸收外商投资和吸收社会个人投资。

1. 吸收国家投资

国家投资是指有权代表国家投资的政府部门或机构，以国有资产投入公司，这种情况下形成的资本叫国有资本。根据《公司国有资本与公司财务暂行办法》第十四条规定："企业拟定以盈余公积、资本公积转增实收资本的，国有企业和国有独资公司由企业董事会或者经理办公会决定，并报主管财政机关备案；股份有限公司和有限责任公司由董事会决定，并经股东大会或者股东会审议通过。"该规定中的资金，均属于国有资本。国有资本具有产权归属国家、资金运用和处置受国家约束，以及在国有公司中采用比较广泛的特点。

2. 吸收法人投资

法人投资是指投资主体为法人单位,在这种情况下形成的资本叫作法人资本。一般发生在法人单位之间、以参与公司利润分配或控制为目的,以及出资方式灵活多样的特征。

3. 合资经营

合资经营又称股权式合营企业,是指两个或者两个以上的不同国家的投资者以"共同投资、共同经营、共担风险、共负盈亏、共享利益"的原则共同投资创办企业的一种直接投资方式。投资主体包括外国的公司、企业和其他经济组织或个人,以及国内的公司、企业或其他经济组织。一般情况下,合资经营企业在中国境内,按中国法律规定取得法人资格,为中国法人;合资经营企业为有限责任公司;在注册资本中,外方合营者的出资比例一般不低于25%;合资经营期一般项目为10~30年,最长可到50年,经国务院特批的可到50年以上;合资经营企业的注册资本与投资总额之间应依法保持适当比例关系。中外企业合作形式包括中外合资经营和中外合作经营两种。❶

4. 吸收社会个人投资

社会个人投资是指社会个人以个人合法财产投入公司,社会个人包括本公司职工。这种情况下形成的资本称为个人资本。一般具有参加投资的人员较多、每人投资的数额相对较少,以及以参与公司利润分配为目的等特点。

(二) 吸收直接投资的出资方式

1. 以货币形式出资

货币是最重要的出资方式。货币资金是企业获得各种资产,支付各种费用,满足企业创建开支和日常周转需要的基础。除了以货币形式出资的,其他出资形式都需作价。作价形式既可以由出资各方协商确定,也可以聘

---

❶ 根据《中华人民共和国中外合资经营企业法》及《中华人民共和国中外合资经营企业法实施条例》内容总结。

请专业资产评估机构进行评估。国有企业及国有控股企业接受其他企业的非货币资产出资，必须委托有资格的资产评估机构进行资产评估。

2. 以实物资产出资

实物资产出资是指以房屋、建筑物、设备等固定资产和材料、燃料、商品产品等流动资产进行的投资。实物出资中的实物都需作价。

3. 以土地使用权出资

土地使用权是指经营者对依法取得的土地在一定期限内有进行建筑、生产经营或其他活动的权利。在土地使用权存续期间，包括土地所有者在内的其他任何人和单位，不能任意收回土地和非法干预土地使用权人的经营活动。土地使用权出资的也需要作价。

4. 以无形资产出资

无形资产是指企业拥有或控制的、没有实物形态的可辨认非货币性资产，如专利权、商标权、著作权、土地使用权等。这种筹资方式也需作价，要把技术转化为资本、评估及确定技术的价值，而技术具有强烈的时效性，会因其不断老化、落后而导致实际价值不断减少甚至完全失去价值，所以吸收这类投资的风险较大。

5. 以特定债权出资

特定债权是指企业依法发行的可转换债券及按照国家有关规定可以转作股权的债权。在实践中，企业可以使用上市公司依法发行的可转换债券、金融资产管理公司持有的国有企业及国有控股企业债券进行投资。除此以外，企业实行公司制改建时，经银行以外的其他债权人协商同意，可以按照有关协议和企业章程的规定，将其债权转为股权；根据《利用外资改组国有企业暂行规定》，国有企业的境内债权人将持有的债权转让给外国投资者，企业通过债转股改组为外商投资企业；按照《企业公司制改建有关国有资本管理与财务处理的暂行规定》，国有企业改制时，账面原有应付工资余额中欠发职工工资部分，在符合国家政策、职工自愿的条件下，依法扣除个人所得税后可转为个人投资，未退还职工的集资款也可转为个人投资。

(三) 吸收直接投资的程序

1. 确定筹资数量

企业在新建时，根据企业的生产经营规模和供销条件等核定筹资数量，以确保筹资数量与资金需要量相适应。

2. 寻找投资方

一方面，企业要了解有关投资者的资信、财力和投资意向；另一方面，要保证出资方了解企业的经营能力、财务状况及未来预期，以便公司从中寻找最合适的合作伙伴。

3. 协商和签署投资协议

双方进行具体协商，确定出资数额、出资方式及出资时间。在创业时，企业应尽可能吸收货币投资，对必要的实物投资、工业产权投资、土地使用权投资等非货币资产投资，双方应按公平合理的原则协商定价。当出资数额和资产作价确定后，双方签署明确双方权利和责任的投资协议或合同。

4. 资金取得

签署投资协议后，对货币筹资部分编制拨款计划，确定拨款期限、每期拨款数额及划拨方式。如果投资者对拨款的用途有要求的，要把拨款区分为固定资产投资拨款、流动资金拨款、专项拨款等。对于实物、工业产权、非专利技术和土地使用权等非现金投资，必须进行财产的核实工作。确保资产数量的准确性及评估其价格的合理性，以保护所有投资方的经济利益。财产的价值评估要秉持认真、严谨的态度，并在需要时请专业的资产评估机构做出公正的估价。同时，应办理相关的产权转移手续，确保资产合法转让和所有权顺利交接。

(四) 吸收直接投资的筹资优缺点

1. 有利于提升生产能力

通过吸收直接投资，企业不仅能直接引进先进的设备和技术，还能获取资金,迅速提升其生产和经营能力。

2. 有利于信息沟通

吸收直接投资的投资者比较单一,股权社会化和分散化程度低,投资者多直接担任公司管理层职务,公司与投资者易于沟通。

3. 资本成本较高

企业按投资者的出资数额和企业实现利润的比率来计算红利,当企业经营较好,盈利较多时,投资者往往要求将大部分盈余作为红利进行分配。

4. 公司控制权集中,不利于公司治理

采用吸收直接投资方式筹资,投资者一般都要求获得与投资数额相适应的经营管理权,投资比例较大的投资者对企业的经营管理会有相当大的控制权,可能损害其他投资者的利益。

5. 不宜进行产权交易

吸收投入资本由于没有证券作为媒介,不利于产权交易,难以进行产权转让。

二、股票筹资

股票是股份有限公司为筹措股权资本而发行的有价证券,是股份制公司签发的证明股东持有公司股份的凭证。通过股票筹集的资金称为股本,将股本分为若干等份称为股份,股票是股份的物化表现形式。

(一) 股票的特征与分类

1. 股票的特征

(1) 永久性。永久性是指发行股票所筹集的资金属于长期自有资金,没有期限,无须归还。也就是说,股东在购买股票后,一般情况下,不能要求发行企业退还股金。

(2) 流动性。股票作为一种有价证券,在资本市场上可以自由流通、转让、买卖,也可以继承、赠送或作为抵押品。特别是上市公司发行的股票具有很强的变现能力，流动性较强。

（3）风险性。由于股票的永久性特征，股东成为股票价格波动、红利不确定、破产清算时股东处于剩余财产分配的最后顺序等企业风险的主要承担者。

（4）参与性。股东作为股份制公司的所有者，拥有经营者选择权、重大决策权、财务监控权、获取收益权等权利，也有承担有限责任、遵守公司章程等义务。

2. 股票的种类

（1）按股东权利和义务，股票分为普通股股票和优先股股票。普通股股票简称普通股，是股份制公司发行的代表股东享有平等权利和义务、不加特别限制和股利不固定的股票。普通股是最基本的股票，股份有限公司通常情况下只发行普通股。

优先股股票简称优先股，是股份制公司发行的相较于普通股有优先股利分配和优先分取剩余财产权的股票。优先股股东在股东大会上无表决权，在参与公司经营管理方面，仅对涉及优先股权利的问题有表决权。

（2）按票面是否记名，分为记名股票和无记名股票。记名股票是指在股票票面上记载有股东姓名或名称记入公司股东名册的股票；无记名股票是指不登记股东名称，公司只记载股票数量、编号及发行日期的股票。《公司法》规定，公司向发起人、国家授权投资机构和法人发行的股票，为记名股票；向社会公众发行的股票，可以是记名股票，也可以是无记名股票。

（3）按有无面额，分为有面额股票和无面额股票。有面额股票是指票面上记载一定金额的股票；无面额股票是指票面没有记载一定金额的股票，只表明股票的资本总额或每股所占比例。相对而言，对于股东来说，因为股票没有固定利息，其所占权益的比例更有意义。

除此以外，按发行对象和上市地点，可分为 A 股、B 股、H 股、N 股和 S 股等。A 股即人民币普通股票，由我国境内公司发行，在境内上市交易，它以人民币标明面值，以人民币认购和交易。B 股即人民币特种股票，由我国境内公司发行，境内上市交易，它以人民币标明面值，以外币认购和交易。H 股是指注册地在内地、上市在香港的股票，以此类推，在纽约和新加坡上市的股票，就分别称为 N 股和 S 股。

(二) 股份有限公司的设立

设立股份有限公司，应当有 2 人以上、200 人以下为发起人，可以采取发起设立或者募集设立的方式。

发起设立是指由发起人认购公司应发行的全部股份而设立公司。

募集设立是指由发起人认购公司应发行股份的一部分，其余股份向社会公开募集或者向特定对象募集而设立的公司。以募集设立方式设立股份有限公司的，发起人认购的股份不得少于公司股份的 35%，但法律、行政法规另有规定的，从其规定。

1. 股份有限公司首次发行股票的一般程序

（1）认购股份，交付股款。以发起方式设立的，发起人认购公司全部股份，交付全部股款，发起人的出资形式可以是货币出资，也可以是非货币资产作价出资。当发起人交付全部股本后，应选举董事会和监事会，由董事会办理公司设立的登记事项。

如果以募集方式设立，公司须向国务院证券监督管理部门递交募股申请，并报送批准设立公司的相关文件，包括公司章程、招股说明书等。

（2）募集设立方式，须公告招股说明书，签订承销协议。公开募集股份申请经国家批准后，应公告招股说明书。招股说明书应包括公司章程、发起人认购的股份数、本次每股票面价值和发行价格、募集资金的用途等。同时，与证券公司等证券承销机构签订承销协议。

（3）公开募集股份，缴纳股款。发行股票的公司或其承销机构一般用广告或书面通知的办法告知认股者。认股者填写认股书，并按约定缴纳股款。如果认股者总股数超过发起人拟招募总股数，可以采取抽签的方式确定认股者。股款收足后，发起人应委托法定验资机构验资，出具验资证明。

（4）召开创立大会，选举董事会和监事会。募足股款后，发起人应在 30 天内主持召开创立大会。创立大会由发起人及代表股份总数过半数的认股人出席。在创立大会上，要通过公司章程、选举董事会和监事会成员，并有权对公司的设立费用进行审核，对发起人用于抵作股款的财产的作价进行审核。

（5）办理公司设立登记，交割股票。经创立大会选举产生的董事会，应在创立大会结束后 30 天内，办理申请公司设立的登记事项。登记成立后，向股东正式交付股票。

2. 股票的发行方式

（1）直接发行。直接发行又称非公开直接发行，是指股份公司只向少数特定对象直接发行股票，不需要中介机构承销。用发起设立方式成立和向特定对象募集方式发行股票时，采用直接将股票转让给认购者的自销方式。这种发行方式的优点是弹性较大，企业能控制股票的发行过程，节省发行费用；缺点是发行范围小，不易及时足额筹集资本，发行后股票的变现性差。

（2）间接发行。间接发行又称公开间接发行，是指股份制公司通过中介机构向社会公众公开发行股票。采用募集设立方式创立的股份有限公司向社会公开发行股票时，必须由有资格的证券公司、信托投资公司等证券经营中介机构承销。公开间接发行的优点是发行范围广，发行对象多，易于足额筹集资本，还有利于提高公司的知名度，扩大其影响力；缺点是公开间接发行须经过复杂且严格的审批，发行成本较高。

(三) 发行普通股股票优缺点

1. 有利于提高公司经营管理能力

股份制公司的所有权与经营权分离，公司日常经营管理事务主要由公司董事会和经理层负责，有利于公司自主管理和自主经营。

2. 能增强公司的社会声誉，促进股权流通和转让

普通股筹资，股东的大众化，为公司带来广泛的社会影响。特别是上

市公司，其股票的流通性强，有利于市场确认公司的价值。普通股筹资以股票作为媒介，便于股权的流通和转让，便于吸收新的投资者。

3. 资本成本较高

由于股票投资的风险较大，收益具有不确定性，投资者就会要求较高的投资收益。因此，股票的筹资费用较高，股票筹资的资本成本较高。

4. 不易及时形成生产能力

普通股筹资吸收的资金通常都是货币资金，还需要通过购置和建造变为各种资产后才能形成生产经营能力。相对直接投资方式来说，发行股票不易及时形成生产能力。

5. 公开发行易导致控制权分散

每一股普通股都代表相同的权利和义务，公司通过对外发行股票筹资，就会使公司控制权分散出去，经理人等主体也可以通过收购公司股票的方式控制公司，有可能在资本市场上被恶意收购。

三、留存收益

（一）留存收益的原因

企业通过合法有效经营所实现的税后净利润可用于分配给所有者和留存于企业内部。企业将本年度的利润部分甚至全部留存，主要原因是法律法规从保护债权人利益和要求企业可持续发展等角度出发，限制企业将利润全部分配出去。

（二）留存收益的筹资途径

1. 提取盈余公积

盈余公积是指有指定用途的留存净利润，其提取基数是抵减年初累计亏损后的本年度净利润。盈余公积既可以用于企业未来的经营发展，也可以用于转增股本等。

2. 未分配利润

未分配利润是指未限定用途的留存净利润，包括本年没有分配给公司股东和投资者的税后净利润及未指定用途可以用于企业未来经营发展、转增股本（实收资本）、弥补以前年度经营亏损和弥补以后年度利润分配的税后净利润。

(三) 留存收益的筹资优缺点

1. 资本成本低

企业从外界筹集长期资本，与普通股筹资相比较，留存收益筹资不会发生筹资费用，资本成本较低。

2. 新增资本的同时能维持公司的控制权

利用留存收益筹资，不用对外发行新股或吸引投资，不会改变公司的股权结构，不会稀释原有股东的控制权。

3. 筹资数额有限

留存收益的筹资数额受当期的净利润限制，不能额外增加，筹集资金数额有限。若企业发生亏损，当年便没有利润留存。另外，留存收益会挤压股东和投资者的利益，股东和投资者往往希望企业能更多地发放股利，因此会导致股东和投资者对企业失去信心。

四、股权筹资的优缺点

(一) 股权筹资的优点

1. 股权筹资减轻企业的偿债成本压力

股权资本没有固定到期日，无须偿还，是企业的永久性资本，除非企业清算时才有可能予以偿还，这有利于保障企业对资本的最低需求，促进企业长期持续且稳定经营。

2. 股权筹资是企业的信誉支撑

股本资金作为企业最基本的资金，代表公司的资本实力，是企业与其他单位组织开展经营业务，进行业务活动的信誉基础。同时，股权资金的筹集有利于提高企业的举债能力，可为银行借款、发行公司债券等债务筹资提供信用保障。

3. 企业的财务风险较小

股权资本没有还本付息的财务压力。相对于债务资金而言，股权资本在筹资环节限制较少，资本使用上也无特别限制。另外，企业可以根据其经营状况和业绩好坏，决定向投资者支付报酬的多少，资本成本负担比较灵活。

（二）股权筹资的缺点

1. 资本成本负担较重

一般而言，股权筹资的资本成本要高于债务筹资，这主要是由于投资者进行股权投资特别是股票投资时风险较高，投资者或股东相应要求得到较高的投资报酬率，所以其资本成本较高。从企业成本开支的角度来看，相较于债务资金的资本成本允许税前扣除，股利和红利是从税后利润中支付，所以这部分资金成本需缴纳税款。此外，普通股发行、上市等方面的费用也十分庞大。

2. 控制权变更时，会对企业造成影响

利用股权筹资在引进新投资者或出售新股票时，会导致公司控制权结构改变，而控制权变更又会引起公司管理层人事变动和对决策效率等系列活动的影响，从而影响公司的正常经营。

3. 信息沟通与披露成本较大

投资者或股东是企业所有者，有了解企业经营业务、财务状况、经营成果等情况的权利。为了保障投资者的权益，企业需要定期制作报表、披露信息等。特别是上市公司，由于股东众多且分散，只能通过公司的公开信息了解公司状况，这需要公司花更多的精力，有些公司还需要设置专门

部门，进行公司信息披露和投资者关系管理，从而增加管理成本。

第四节　债务筹资

一、银行借款

银行借款是指企业向银行或其他非银行金融机构借入的、需还本付息的款项，包括偿还期限超过 1 年的长期借款和偿还期限不足 1 年的短期借款。

（一）银行借款的种类

1. 按提供贷款机构，分为政策性银行贷款、商业性银行贷款和其他金融机构贷款

政策性银行贷款是指执行国家政策性贷款业务的银行向企业发放的贷款，通常为长期借款。我国政策性银行包括国家开发银行、中国进出口银行和中国农业发展银行。国家开发银行贷款，主要满足企业承建国家重点建设项目的资金需要；中国进出口银行贷款，主要为大型设备的进出口提供买方信贷或卖方信贷；中国农业发展银行贷款，主要用于确保国家对粮、棉、油等产品政策性收购资金的供应。

商业性银行贷款是指由中国工商银行、中国建设银行、中国农业银行、中国银行等商业银行向企业提供的贷款，用以满足企业生产经营资金需要，包括短期贷款和长期贷款。

其他金融机构贷款是指从信托投资公司、财务公司、保险公司等非银行金融机构取得实物或货币形式的中长期贷款等。其他金融机构贷款一般较商业银行贷款的期限长，要求的利率较高，对借款企业的信用要求和担保选择审核比较严格。

2. 按贷款有无担保要求，分为信用贷款和担保贷款

信用贷款是指以借款人的信誉或保证人的信用为依据而获得的贷款，无须以财产作抵押。这种贷款风险较高，银行通常要收取较高利息，并附加一定的限制条件。

担保贷款是指由借款人或第三方依法提供担保而获得的贷款。担保包括保证责任、财产抵押或质押。

保证贷款是指以第三方作为保证人，承诺在借款人不能偿还借款时，按约定承担一定保证责任或连带责任而取得的贷款。

抵押贷款是指以借款人或第三方的财产作为抵押物而取得的贷款。抵押物必须是能够变现的，可以是不动产、机器设备、交通运输工具等实物资产，也可以是依法有权处分的土地使用权，还可以是股票、债券等有价证券。

质押贷款是指以借款人或第三方的动产或财产权利作为质押物而取得的贷款。质押品既可以是汇票、支票、债券、存款单、提单等信用凭证，也可以是依法可以转让的股份、股票等有价证券，还可以是依法可以转让的商标专用权、专利权和著作权中的财产权等。

3. 按企业取得贷款的用途，分为基本建设贷款、专项贷款和流动资金贷款

基本建设贷款是指企业因新建、改建、扩建等基本建设项目而向银行申请借入资金的贷款。专项贷款是指企业因为更新改造技术、修理、研发和新产品研制、小型技术措施、出口专项、引进技术转让费周转金、进口设备外汇、进口设备人民币及国内配套设备等专门资金用途而向银行申请的贷款。流动资金贷款是指企业为满足流动资金使用、生产周转、临时使用、结算和卖方信贷等流动资金的需求而向银行申请的贷款。

（二）银行借款的程序

1. 提出申请，银行审批

企业根据用资需求填报借款申请书，按银行要求的条件和内容向银行提出书面申请。银行按照有关政策和贷款条件，对借款公司的财务状况、信用情况、盈利的稳定性、发展前景、借款投资项目的可行性、抵押品和担保情况进行审查，核准公司申请的借款金额和用款计划。

2. 签订合同，取得借款

借款申请获批后，银行与企业进一步协商并签订正式的借款合同，规定贷款的数额、利率、期限和一些约束性条款。借款合同签订后，企业在核定的贷款指标范围内，根据用款计划和实际需要，一次或分次取得贷款。

（三）长期借款的保护性条款

长期借款的金额高、期限长且风险大，除借款合同的基本条款之外，债权人通常还会在借款合同中附加各种保护性条款，以确保企业按要求使用借款和按时足额偿还借款。

1. 例行性保护条款

大多数借款合同中都会出现例行性保护条款。这些规定主要包括：一是定期向提供贷款的金融机构提交财务报表；二是不准在正常情况下出售较多的非产成品存货，以保持企业正常生产经营能力；三是如期清偿应缴纳税金和其他到期债务，以防被罚款而造成不必要的现金流失；四是不准以资产作其他承诺的担保或抵押；五是不准贴现应收票据或出售应收账款，以避免或有负债等。

2. 一般性保护条款

一般性保护条款是对企业资产的流动性及偿债能力等方面提出要求的条款，这类条款应用于大多数借款合同，主要包括：一是保持企业的资产流动性，要求企业需持有一定最低额度的货币资金及其他流动资产，以保持企业资产的流动性和偿债能力，一般规定了企业必须保持的最低营运资金数额和最低流动比率数值；二是限制企业非经营性支出，如限制支付现金股利、购入股票和职工加薪的数额规模，以减少企业资金的过度外流；三是限制企业资本支出的规模，控制企业资产结构中的长期性资产的比例，以减少公司日后不得不变卖固定资产以偿还贷款的可能性；四是限制公司再举债规模，目的是防止其他债权人取得对公司资产的优先索偿权；五是限制公司的长期投资，如规定公司不准投资短期内不能收回资金的项目，不能未经银行等债权人同意而与其他公司合并等。

3. 特殊性保护条款

特殊性保护条款是针对某些特殊情况而出现在部分借款合同中的条款。其主要条款包括要求公司主要领导人购买人身保险及要求其在合同存续期间不更换领导职务；限制企业高级职员的薪金和奖金数额；要求专款专用，借款用途不得更改；企业不准投资短期内不能收回资金的项目；违约惩罚条款等。

上述各项条款结合使用，将有利于全面保护银行等债权人的权益。

（四）银行借款的筹资优缺点

1. 筹资速度快

与发行公司债券、融资租赁等债务筹资方式相比，银行借款的程序相对简单，所花时间较短，可以迅速获得所需资金。

2. 资本成本较低

利用银行借款筹资一般比发行债券和融资租赁的利息负担要低，且其融资成本在税前扣除，再加上无须支付证券发行费用、租赁手续费用等筹资费用，其资本成本较低。

3. 筹资弹性较大

在借款之前，公司根据当时的资本需求与银行等贷款机构直接商定贷款的时间、数量和条件。在借款期间，若公司的财务状况发生某些变化，也可与债权人再协商，变更借款时间、数量和条件，或提前偿还本息。

4. 限制条款多

与发行公司债券相比较，银行借款合同对借款用途有明确规定，通过借款的保护性条款，对公司资本支出额度、再筹资、股利支付等行为有严格的约束，以后公司的生产经营活动和财务政策必将受到一定程度的影响。

5. 筹资数额有限

银行借款的数额往往受到贷款机构资本实力的制约，难以像发行公司债券和股票那样，一次筹集到大笔资金。

二、公司债券

公司债券又称企业债券，是企业依照法定程序发行的、约定在一定期限内还本付息的有价证券。债券是持券人拥有公司债权的书面证书，它代表债券持有人与发债公司之间的债权债务关系。

知识拓展

债券的来由

最早出现的债券是奴隶制时代产生的公债券，其历史远比股票悠久。据文献记载，公元前4世纪古希腊和古罗马就开始出现国家向商人、高利贷者和寺院借债的情况，其凭证就是最初的债券。进入封建社会后，许多封建主、帝王和共和国在遇到战争等情况而引起财政困难时，便通过发行公债的方式获取资金，推动公债的进一步发展。12世纪末期，在当时经济最发达的意大利佛罗伦萨，政府第一次发行公债向金融业者募集资金，其后热那亚、威尼斯等城市相继仿效。15世纪末16世纪初，美洲新大陆被发现，欧洲和印度之间的航路被开通，贸易进一步扩大，引发争夺亚欧航线和争夺海外市场的战争，荷兰、英国等为了解决争夺航线和市场的资金问题，竞相发行公债，筹措资金。此后，在1600年设立了历史上最早的股份公司——东印度公司，它在发行股票的同时，还发行了短期债券，并进行流通买卖。美国在独立战争时期,也曾大量发行中期债券和短期债券,从而成就了美国最初的证券市场。19世纪30年代后,美国各州大量发行州际债券。19世纪40、50年代,为了推动美国铁路建设,政府发行由政府担保的铁路债券。19世纪末到20世纪,欧美各国相继进入垄断资本主义阶段,为确保原料的来源和产品市场,建立和巩固殖民统治,加速资本的积聚和集中,股份公司发行大量公司债券,并不断创造出新的债券种类,这样就逐渐形成今天多品种和多样化的债券体系。

(一) 公司债券的种类

1. 按是否记名,分为记名公司债券和无记名公司债券

记名公司债券是指在公司债券存根簿上载明债券持有人的姓名或名称及住所和债券持有人取得债券日期及债券编号等信息。记名公司债券可由债券持有人以背书方式或者法律、行政法规规定的其他方式转让;转让后由公司将受让人的姓名或者名称及住所记载于公司债券存根簿。

无记名公司债券是指只在公司债券存根簿上载明债券总额、利率、偿还期限和方式、发行日期及债券编号的公司债券。无记名公司债券在债券持有人将该债券交付给受让人后即发生转让的效力。

2. 按是否能够转换成公司股权,分为可转换债券与不可转换债券

可转换债券是指债券持有者可以在有效时间内按规定的价格转换为某特定股票的债券。这种债券在发行时,对债券转换为股票的价格、转换比率及转换目标股票等都作了详细规定。

不可转换债券特指无法转换为公司股票的债务工具。在公司债券的范畴内,此类债券占据主流地位。

3. 按有无特定财产担保,分为担保债券和信用债券

担保债券主要指抵押债券,是指以抵押方式担保发行人按期还本付息的债券。抵押标的包括不动产、动产及证券信托抵押等类别。

信用债券即无担保债券，是仅凭公司自身信用发行的、没有抵押品作抵押担保的债券。在公司清算时，信用债券的持有人因无特定资产作为担保品，只能作为一般债权人参与剩余财产的分配。

(二) 发行公司债券的筹资特点

1. 筹资数额大

与银行借款、融资租赁等债务筹资方式相比，发行债券筹资能够筹集大额资金，满足公司大规模筹资需要，这是企业选择发行公司债券筹资的主要原因，是满足大型公司经营资金需要的筹资方式。发行债券所筹集的大额资金，能够用于流动性较差的公司的长期资产上。

2. 限制条件少

与银行借款相比，发行债券募集的资金在使用上具有相对的灵活性和自主性。银行贷款虽然可以双方协商合作内容，但贷款的期限、筹资额度、用途等都受到银行的限制，而债券的期限、筹资额度、用途等不受企业外部因素限制。所以，从资金使用的性质来看，银行借款一般期限短且额度小，主要用途为增加适量存货或增加小型设备等；债券期限较长且额度较大，用于公司扩展、增加大型固定资产和基本建设投资资金的筹集。

3. 资本成本负担比银行贷款高

相对于银行借款筹资，发行债券的利率会更高一些，且筹资费用也比较高。债券不能像银行借款一样进行债务展期，到期日必须还本付息，到期时需要支付高昂本金和利息，会对公司现金流量产生较大财务压力。不过，公司债券的期限一般比银行贷款长，还可以采用换债等方式改变债券期限、利率等，利率相对稳定。

4. 提高公司的社会声誉

《公司法》对公司债券的发行主体进行了严格的资格限制。通常，只有大型股份有限公司和实力雄厚的有限责任公司才有资格发行公司债券。这一行为不仅彰显了公司的经济实力，而且有助于提升其在社会上的影响力。

三、融资租赁

(一) 租赁的概念

所谓租赁是指通过签订合同的方式,出租方收取一定租金作为货币补偿,承租方支付租金而融通资产使用权的一种交易行为。在这项交易中,承租方得到所需机器设备的使用权,通过这一行为达到最终筹集资金的目的。从出租方角度看,其通过出租业务获取租金,用于补偿资产的折旧及其他费用后,可获得一定的收益。

融资租赁的出租方既可以是专业的设备租赁公司,也可以是设备厂房处于闲置状态的企业,对于有闲置固定资产的企业,这种出租行为有利于提高企业的经济效益,改善企业的资产质量,优化稀缺财务资源的配置。

知识拓展

租赁的历史

租赁行为源远流长,其历史可追溯至古代经济活动。在古代,租赁活动的主要标的物包括土地、住宅及一些具有普遍适用性的工具和农用器械。进入近代,租赁业的兴起始于工业革命时期,当时租赁形式以直接租赁为主,尚未形成专业的租赁公司体系。现代租赁业的兴起则是在第二次世界大战之后,20世纪50年代,美国诞生了首批租赁公司,标志着现代租赁业的正式起步。现代租赁业的核心特征在于金融资本与产业资本在信贷环节的深度融合,这使租赁业成为资金融通的重要行业。当前,现代租赁业以融资租赁为主要形式,由专业租赁公司专门负责租赁业务的开展。在当今的金融体系中,租赁已成为除保留盈余、发行债券与股票之外的另一条主要融资途径。

(二) 租赁的特征

1. 所有权与使用权分离

租赁资产的所有权与使用权分离,是形成租赁的主要原因,出租方拥有所有权，承租方拥有使用权，特别是融资租赁，这一特征更加明显。与银行信用所有权与使用权相分离不同的是，银行信用的载体是现实资金，租赁则是在资金与实物相结合基础上的分离。

2. 融资与融物相结合

租赁是商品形态与货币形态相结合的信用活动，企业在取得设备使用权的同时，解决了企业的资金需求，具有信用和贸易的双重性质。它与借钱还钱和借物还物的信用形式相比是一种借得物的使用权，后以分期支付租金的方式体现的信用形式。租赁的这一特点使银行信贷和物资信贷融合在一起，成为企业融资的一种形式。

不论是专业租赁公司还是兼营租售机构都有融通资金的金融机构与提供设备的贸易机构的双重职能。在租赁业务期内，租赁公司始终拥有租赁物的所有权，把握着资金的使用方向。

3. 租金的分期回流

出租方的资金一次投入，分期收回，这种偿还方式与银行信用和消费信用一样，采取分期回流的方式。承租方交付租金的次数和金额由出租方与承租方具体协商确定。对于承租方而言，通过租赁可以提前获得资产的使用价值，分期支付租金既减轻企业资金支付压力，同时便于测算现金流出量，租金支付如果滞后于租赁时间，相当于用未来的钱偿还现在的债务。

(三) 租赁的分类

租赁一般按其性质分为经营租赁与融资租赁。

1. 经营租赁

经营租赁也称营业租赁或使用租赁，一般租赁期限较短、租金较低和风险较小；租赁物一般是通用且耐用的物品，如电脑、汽车、房屋等；租赁期间，由出租方负责资产的维修和保养，并提供专门技术服务；承租方有权提前终止租约，只需提前通知即可。经营租赁是一种短期资金的融通方式，一般适用于季节性生产而非长期性生产需要，或更新速度快的资产，或承租方对产品的畅销期长短没有把握的情形。

2. 融资租赁

融资租赁也称财务租赁或金融租赁，是指由出租方用资金购买承租方选定的设备，并按照签订的租赁协议或合同将设备租给承租方长期使用的一种融通资金方式。

融资租赁有以下几个方面的特点。

（1）交易涉及三方。融资租赁交易涉及出租方、承租方和供货方。承租方与出租方之间是租赁关系，出租方与供货方之间是买卖关系。供货方和设备一般是承租方指定的，承租方还有验货的责任，因为融资租赁的设备往往是专用设备，承租方对设备的技术参数等条件有自己的要求，而出租方不一定了解，因此承租方要负责选货和验货。这与经营租赁不同，经营租赁只涉及出租方和承租方，承租方没有选择供货方及租赁物的权利。

（2）双合同关联。供货方与出租方形成的购销合同是基于承租方与出租方的租赁合同而订立的，两个合同之间存在密切联系。出租方是为了租出设备实现预期收入而买入设备，这将产生现实支出。

（3）合同不可撤销。由于出租方购入的设备往往是专为承租方购入的，有特定的参数和用途，一旦承租方要求解除租约，出租方不一定能将设备再租出或用于自身的生产活动，从而遭受损失。为了避免这类情况发生，融资租赁合同通常是不可撤销的。

（4）租赁期限较长。一般融资租赁的期限都比较长，如根据美国会计准则的规定，租赁期必须超过资产经济寿命期的75%，才能称为融资租赁。出租方在单一融资租赁交易中所获得的租金收入的现值需超过设备的购置成本现值。

（5）合同期满后，承租方对设备的处置有选择权。承租方可以选择将设备退回给出租方，也可以选择续租或留购。

（6）在租赁期内，设备的保养、维修、保险费用和设备过时的风险由承租方承担。

融资租赁可以分为直接租赁、售后回租和杠杆租赁。

直接租赁是融资租赁的主要形式，是指承租方提出租赁申请后，出租方按照承租方的要求选购或制造租赁物，然后再出租给承租方。

售后回租是指因承租方出现资金短缺时，将自己所有的资产卖给出租方，然后以租赁的形式从出租方手中租回资产的使用权。在这种租赁合同中，只有资产所有者的名义改变，其余条件均无改变，甚至连出租物的位置都不发生变化。这种租赁形式，一方面，使承租方可以获得现金收入，以缓解企业的财务危机；另一方面，能继续使用原资产，对企业日常生产经营活动不产生影响。

杠杆租赁是指当租赁所涉及的资产价值较高时，出租方只投入资产价值的20%～40%资金，剩余的60%～80%资金以该资产作为抵押，并以转让未来租金的权利作为额外担保，向银行或其他金融机构贷款。出租方随后利用这些贷款购买设备，并出租给承租方。租赁公司用收取的租金来偿还贷款，并将贷款利息计入租金中。在这种融资模式中，资产的所有权属于出租方，使用权属于承租方。这种利用少量自有资金控制大量资产的方式，类似于杠杆原理，因此被称为杠杆租赁。

3. 融资租赁的程序

（1）选择租赁公司，提出租赁申请。企业在决定采用融资租赁方式取得设备使用权后，应深入了解各租赁公司的背景，挑选出信誉良好的租赁公司，并向其提出租赁申请。在申请过程中，企业须向出租方详细说明需租赁资产的名称、性能参数、数量、规格、供货商、交货地点等。

（2）承租方与出租方接触。在提交申请后，承租方需掌握相关手续的办理流程、租金的核算方法，以及租金的支付期限和支付方式。为满足出租方需求，需提交公司基础信息、财务报告、租赁项目盈利状况及现金流量等相应资料。

（3）出租方对租赁项目的审查。租赁双方达成初步意向后，由出租方对租赁项目的可行性、承租方的资信与能力，以及租赁设备的先进性进行审查，以确保出租方的利益。

(4) 签订租赁合同。在出租方对提案进行审慎评估后，若认为其具备可行性，出租方与承租方将进入磋商阶段。一旦双方就相关条款达成一致意见，将正式签署租赁合同。与此同时，出租方将依据承租方的具体需求，与供货方进行沟通协商，以确定供货合同的具体内容。若承租方存在贷款需求，出租方也需与贷款银行进行相应的沟通，以确保贷款合同的同步推进。

(5) 设备的交接及货款支付。供货商应根据合同规定的日期将设备直接交付给承租方，承租方负责验货，办理交接手续。之后，供应商可根据承租方的收货凭证，向承租方收取货款。

(6) 融资租赁的租金一般采用年金支付方式。

(7) 出租方向贷款银行归还借款。

(8) 租赁期满后，租赁资产的处置方式。

拓展阅读

我国企业申请融资租赁应当具备以下条件。

(1) 企业具有独立的法人资格并在银行开立结算账户。

(2) 国有（控股、独资）企业的租赁项目须列入国家或当地技术改造或固定资产投资计划，如提交进口设备的文件。

(3) 设备先进性、工艺成熟度、技术掌握程度均达到行业领先水平，产品质量符合标准，预期投产后产品将具备良好的市场适应性和广阔的发展前景。

(4) 确保生产所需原材料、燃料、动力及运输条件的稳定性，同时实施设备生产、安装设计以及环保措施。

(5) 配套土建工程已在建，资金能自行解决。

(6) 项目预期效益较好，企业有偿还贷款的能力。

4. 企业在作融资租赁决策时应注意的事项

企业获取设备可采取两种方式，一种是取得设备所有权的购买方式；另一种是取得设备使用权的租赁方式。企业在选择采用何种方式获取设备时，要考虑筹资风险、资金数量、资本成本、企业财务状况和资产结构等多种因素。

四、债务筹资的优缺点

（一）债务筹资的优点

1. 筹资速度较快

与股权筹资比，债务筹资特别是银行贷款和融资租赁等，不需要经过复杂的审批手续和证券发行程序，可以迅速获得资金。

2. 筹资相对来说容易取得，资本成本负担较轻

企业在发行股票时，需要经过严格的政府审批流程；由于股票资本成本较高，风险较大，股东对股利的期望通常会远超债务资本，这给企业带来了较重的负担。利用债务筹资，企业可以根据自身的经营情况和财务状况灵活地商定债务条件，控制筹资规模，并安排合适的取得资金的时间。另外，筹集资金的手续费用和其他筹资成本较低；利息等资金成本可以在税前支付，从而实现税收的节约。

3. 稳定公司的控制权，利用财务杠杆

债权人对企业没有控制权，因此不能参与企业的日常运营和战略决策。利用债务筹资来获取资金，企业能够保持其控制结构不变，从而避免股东因担心控制权被稀释而反对借款。债务资本有固定的利息或租金支付义务，且在公司盈利分配中不享有权益，其成本的固定性可以使企业享受财务杠杆效应。当企业资本回报率（即息税前利润率）高于债务利率时，会增加普通股股东的每股收益，提高净资产收益率，并最终提升企业整体价值。

（二）债务筹资的缺点

1. 资本基础不稳定

债务资本有固定的到期日，到期需要偿还，只能作为企业的补充性资本来源。一般情况下，企业要想取得债务资本往往需要进行信用评级，没有信用基础的企业和新创企业，往往难以取得足额的债务资本。当企业的资本结构中债务资本达到一定比例后，再取得新的债务资本的难度会比较大。

2. 财务风险较大

债务资本具有固定到期日和固定债息负担，且到期时必须还本和付息，为了保证企业的举债能力，债权人可能对资本使用施加特定限制，这使企业在举债后其经营活动受到约束。为了维护偿债能力，企业必须维持资产的流动性及资产的收益水平，作为债务偿还的保障。这对企业财务状况提出了更高的要求，否则会带来财务危机，甚至导致企业破产。

3. 筹资数额有限

债务融资的规模通常受到贷款机构的贷款条件、企业财务状况及贷款机构的信贷能力等多重因素的限制。在常规情况下，相较于股票发行，通过债务融资难以一次性筹集到巨额资金，这限制了其在满足公司大规模资金需求方面的效用。

第五节　资本成本

一、资本成本概述

（一）资本成本的含义

资本成本是指企业取用和使用资金所付出的代价。其形成的主要原因是资金所有权和使用权的分离，是资金使用者给予出资者的补偿，是资本所有者的投资回报。资本成本包括筹资费用和用资费用。

1. 筹资费用

筹资费用是指企业在创业时，为了获得资金的使用权而付出的代价，包括获取银行贷款、发行股票和债券时支付的手续费、发行费、公证费、管理费等。筹资费用通常在资金取得时一次性支付，是固定成本，与筹资数量无关。

2. 用资费用

资金成本也称资金占用成本或资金使用费用，是指企业在成立后因占用资金而产生的成本支出，是构成资本成本的核心部分。该成本涵盖了向股东支付的股息及向银行及其他债权人支付的利息等费用，这些费用在资本运用过程中频繁发生，属于变动成本范畴，并与企业筹资规模呈正相关关系。

（二）资本成本的作用

1. 个别资本成本，是比较筹资方式和选择筹资渠道的依据

为了实现利润最大化的目标，在资金收益或其他条件相同时，企业在选择筹资方式时，需要对每一种筹资方式的成本进行比较，以确保选择资本成本最低的筹资方式。

每一笔资金均具有其特定的资本成本，即个别资本成本。在对不同筹资方式的比较与评价过程中，明确各类资金的资本成本率具有至关重要的作用。

2. 加权平均资本成本，是衡量资本结构是否合理的重要依据

由于不同筹资方式都有其独特的优势和劣势，企业综合使用这些筹资方式，有利于减少风险、降低资金成本、提升收益，所以很少有企业只选择一种筹资方式。然而，由于权益筹资和债务筹资等不同融资方式的比重各异，其所构成的资本成本也存在差异。大多数经营者认为，选择资本成本低的资金来源是获得较高盈利的重要保证。因此，必须对每种资本结构的资本成本进行测算，即测算综合资本成本，这是判断资本结构是否合理的重要指标。此外，企业财务管理的核心目标是实现企业价值的最大化。企业价值可以由企业资产产生的预期未来现金流的现值来衡量。通常，我

们会使用加权平均资本成本（Weighted Average Cost of Capital，WACC）作为贴现率。当加权平均资本成本达到最低点时，企业价值达到最大，这表明企业已经找到了最优的资本结构。

3. 资本成本是评价投资项目可行性的主要标准

如果投资项目预期投资报酬率超过该项目使用资金的资本成本率，则该项目在经济上是可行的。因此，资本成本率是企业用以确定项目要求达到投资报酬率的最低标准。

4. 资本成本是评价企业整体业绩的重要依据

企业的资本成本率不仅可以反映企业筹资管理的水平，还可以成为评价企业整体经营业绩的标准。企业通过生产经营活动实现盈利，即资本投入的回报必须大于其成本。这同样可以用企业的总资产税后报酬率高于其平均资本成本率来反映，这样才能带来剩余收益。

二、资本成本的计算

个别资本成本是计算综合资本成本的基础，所以首先要计算银行借款、公司债券、普通股资本成本和留存收益等单一融资方式本身的资本成本。

资本成本率作为个别资本成本的表征，是一个相对数值。该比率受多种因素影响，不同筹资方式下的资本成本表现出显著差异。其公式为：

$$资本成本(率) = \frac{年用资费用}{筹资总额 - 筹资费用} \times 100\% \qquad (7-3)$$

$$资本成本(率) = \frac{年用资费率}{筹资总额 \times (1 - 筹资费率)} \times 100\% \qquad (7-4)$$

（一）银行贷款的资本成本率

长期借款成本是指借款利息和筹资费用。其特点是将借款利息计入税前成本费用，可以起到抵税的作用；利息金额固定不变；借款期限有限。因此，一次还本、分期付息的借款成本计算公式为：

$$K_l = \frac{I_l(1-T)}{L(1-F_l)} = \frac{R_l(1-T)}{1-F_l} \qquad (7-5)$$

式中，K_l 为长期借款成本；I_l 为长期借款年利息；T 为企业所得税税率；L 为长期借款本金；F_l 为长期借款筹资费用率；R_l 为长期借款年利率。

在长期借款筹资过程中，若筹资费用（主要指借款手续费）相对较小，可予以忽略。

例1 某公司欲从银行取得一笔长期借款1 000万元，手续费0.1%，年利率5%，期限3年，每年结息一次，到期一次还本。企业所得税税率为25%。这笔借款的资本成本率为：

$$K_l = \frac{1\,000 \times 5\% \times (1-25\%)}{1\,000 \times (1-0.1\%)} = 3.79\%$$

例2 上例资料中不考虑借款手续费，则这笔借款的资本成本率为：

$$K_l = 5\% \times (1-25\%) = 3.75\%$$

（二）公司债券的资本成本

公司债券的资本成本包括债券利息和发行费用。债券既可以溢价发行，也可以折价发行，其资本成本率按一般模式计算如下：

$$K_b = \frac{I_b(1-T)}{B(1-F_b)} \qquad (7-6)$$

式中，K_b 为债券成本；I_b 为债券年利息；T 为企业所得税税率；B 为债券发行额；F_b 为债券筹资费用率。

例3 某公司拟溢价发行债券，总面额为100万元，发行价为110万元，票面利率为8%，5年期，每年付息一次。发行费用为发行价格的5%，公司所得税率为25%，该债券的资本成本率为：

$$k_b = \frac{100 \times 8\% \times (1-25\%)}{110 \times (1-5\%)} \times 100\% = 5.74\%$$

例4 上例的发行价格如果按面额平价发行，则债券的资本成本率为：

$$k_b = \frac{100 \times 8\% \times (1 - 25\%)}{100 \times (1 - 5\%)} \times 100\% = 6.32\%$$

例 5 上例的发行价格如果按 90 万元折价发行,则债券的资本成本率为:

$$k_b = \frac{100 \times 8\% \times (1 - 25\%)}{90 \times (1 - 5\%)} \times 100\% = 7.02\%$$

(三) 优先股的资本成本

优先股的资本成本是由筹资费用和股利构成,其股利在税后支付,无法享受减税利益,其计算公式为:

$$K_p = \frac{D_p}{P_p(1 - F_p)} \qquad (7-7)$$

式中,K_p 为优先股成本;D_p 为优先股年股利;P_p 为优先股筹资额;F_p 为优先股筹资费用率。

例 6 某公司拟发行优先股,面值总额为 200 万元,固定股息率为 12%,发行价格为 250 万元,筹资费用率为 5%,则优先股资本成本率为:

$$k_p = \frac{200 \times 12\%}{250 \times (1 - 5\%)} \times 100\% = 10.11\%$$

(四) 普通股的资本成本

普通股的资本成本主要是向股东支付的各期股利。由于各期股利不固定,其随企业各期的收益进行波动,因此普通股的资本成本只能按贴现模式计算,并假定各期股利的变化呈一定规律性。如果是上市公司普通股,其资本成本还可以根据该公司股权收益率与市场收益率的相关性,按资本资产定价模型法估计。

1. 股利增长模型法

假定资本市场有效,股票市场价格与价值相等。则普通股的资本成本的计算公式为:

$$K_c = \frac{D_c}{P_c(1-F_c)} + G \qquad (7-8)$$

式中，K_c 为普通股成本；D_c 为普通股预期的股利；P_c 为普通股筹资额；F_c 为普通股筹资费用率；G 为增长比率。

例7 某公司新发行股票，每股市场价格为10元，发行费率为股票市价的5%，若每年股利固定为1元，长期保持不变，该公司新发行普通股的资本成本率为：

$$k_o = \frac{1}{10 \times (1-5\%)} \times 100\% = 10.53\%$$

例8 按上例资料，若每年股利不固定，预计第一年的股利为0.8元，未来每年股利按6%的比率增长，则该公司新发行普通股的资本成本率为：

$$k_s = \frac{0.8}{10 \times (1-6\%)} \times 100\% + 6\% = 14.51\%$$

2. 资本资产定价模型法

假定资本市场有效，股票市场价格与价值相等，则普通股的资本成本率计算如下：

$$K_c = R_F + \beta(R_m - R_F) \qquad (7-9)$$

式中，R_F 为无风险报酬率；R_m 为市场报酬率；β_i 为第 i 种股票的贝塔系数。

例9 已知某股票的 β 系数值为1.5，市场报酬率为10%，无风险报酬率为6%，则该股票的资本成本率为：

$$K_c = 6\% + 1.5 \times (10\% - 6\%) = 12\%$$

3. 债券投资报酬率加股票投资风险报酬率

股票投资的必要报酬率可以在债券利率的基础上加上股票投资高于债券投资的风险报酬率。

例10 某公司已发行债券的投资报酬率为8%。现准备发行一批股

票,经分析,该股票高于债券的投资风险报酬率为4%,则该股票的必要报酬率,即资本成本率为:

$$K_c = 8\% + 4\% = 12\%$$

(五) 留存收益的资本成本

留存收益是由企业税后净利润形成的,是一种所有者权益。企业利用留存收益筹资,无用资费用和筹资费用,但企业留存资金后会产生机会成本,其机会成本是将这部分资金用于投资能够获得的收益。如果企业将留存收益用于再投资所获得的收益率低于股东进行一项风险相似的投资项目的收益率,企业就应将其分配给股东。留存收益的资本成本率表现为股东追加投资要求的报酬率,也可以看成股票投资的收益率相同,所以其计算方式与普通股的资本成本相同,不同的是留存收益的资本成本不考虑筹资费用。

(六) 综合资本成本的计算

综合资本成本是指多元化融资方式下的加权平均资本成本,反映企业资本结构是否合理,是否能满足资本成本最小化的要求。在选择融资方式时,需要计算和比较个别资本成本;在衡量和评价企业总体筹资方式的经济性和资本成本水平,确立企业理想的资本结构时,需要计算企业的加权平均资本成本。

综合资本成本是以各项个别资本在企业总资本中所占比重为权数,对各项个别资本成本率进行加权平均得到的。计算公式为:

$$K_w = \sum_{j=1}^{n} K_j W_j \qquad (7-10)$$

式中,K_W 为平均资本成本;K_j 为第 j 种个别资本成本率;W_j 为第 j 种个别资本在全部资本中的比重。

在计算平均资本成本时,面临权数价值选择的问题。通常,可供选择的价值形式,包括账面价值、市场价值及目标价值等。

1. 账面价值权数

账面价值权数是指以各项个别资本的会计报表账面价值为基础计算资本权数，确定各类资本占总资本的比重。其优点是资料容易取得，可以直接从资产负债表中得到，而且计算结果比较稳定。其缺点是不能反映所有资本的现时价格，如账面价值无法反映债券和股票的市价，当两者差距较大时，不适合评价现时的资本结构。

2. 市场价值权数

市场价值权数是指以各项个别资本的现行市价为基础计算资本权数，确定各类资本占总资本的比重。其优点是能够反映现时的资本成本水平，有利于进行资本结构决策。但是，现行市价处于经常变动中，不容易取得，而且现行市价反映的只是现时的资本结构，不适用于未来的筹资决策。

3. 目标价值权数

目标价值权数是指以各项个别资本预计的未来价值为基础确定资本权数，以确定各类资本占总资本的比重。目标价值是确定目标资本结构的标准，为计算资本权重提供依据，从而体现决策的相关性。目标价值权数的确定，可以选择未来的市场价值，也可以选择未来的账面价值。

例 11 某企业年末长期资本账面价值总额为 1 000 万元，其中银行长期贷款 400 万元，占 40%；长期债券 150 万元，占 15%；普通股 450 万元（共 200 万股，每股市价 8 元），占 45%，资本成本分别为 5%、6% 和 9%。该公司的平均资本成本计算如下。

按账面价值计算：$K_w = 5\% \times 40\% + 6\% \times 15\% + 9\% \times 45\% = 6.95\%$

按市场价值计算：$K_w = \dfrac{(5\% \times 400 + 6\% \times 150 + 9\% \times 1\,600)}{(400 + 150 + 1\,600)} = 8.05\%$

本章详细介绍了创业筹资的动机、管理方式及资金需求量的预测方法、资本成本的计算、股权筹资和债务筹资等。创业筹资的动机包括科学预测资金需求量、合理选择筹资渠道和筹资方式，以及降低资本成本、控制财务风险等。在创业筹资管理的过程中，需要合理确定资金需求量，周密研究投资方向，适时取得所筹资金，并审慎选择筹资来源，合理安排资本结构，同时遵守国家相关法规，维护各方的合法权益。资金需求量的预测介绍了因素分析法和营业百分比法，资本成本则包括概述、资本成本的计算方法、股权筹资和债务筹资等内容。

思考与讨论

(1) 在创业筹资过程中，如何科学预测资金的需求量？合理选择筹资渠道和筹资方式有何重要性？

(2) 股权筹资和债务筹资各有哪些优缺点？在实际创业过程中，如何选择合适的筹资方式？

(3) 资本成本对于创业企业的影响有多大？如何降低资本成本，控制财务风险？

(4) 在创业过程中，遵守国家法规和维护各方合法权益至关重要。在实践中，我们可能面临哪些法律和道德挑战？如何应对这些挑战。

第八章　创业投资决策

学习目标

▲知识目标：

(1) 了解市场分析的必要性；

(2) 掌握市场调查的方法；

(3) 掌握决策评价指标的应用方法；

(4) 掌握项目风险预测方法。

▲能力标准：

(1) 初步培养创业者的市场分析能力；

(2) 培养大学生创业者的市场调查能力；

(3) 熟练掌握项目决策评价指标的运用，以及如何进行项目选择；

(4) 掌握在项目选择中如何判断风险的大小。

拓展阅读

数据背景下企业决策管理的现实状况与应对策略

一、现实状况

（一）环境更加复杂

基于云计算的大数据，一方面，为企业决策管理提供了更为广阔的空间，在企业决策过程中，提供了更多决策信息的来源；另一方面，企业面临的决策环境变化速度越来越快，各种与企业相关的数据信息，特别是偶发事件导致数据不断产生、传播与储存，从客观上要求企业尽快实现数据的集中整合，构建高度集成的企业决策管理系统，充分采集、储存、挖掘和分析形成海量的企业数据资产。因此，在大数据环境背景下，错综复杂的环境因素影响到企业决策信息的采集与分析，决策方案的制定与选择，客观上增加了决策者决策管理的难度。

（二）与企业决策相关的信息价值甄别难度大

在大数据时代，互联网上的数据呈现指数级增长。这些数据所蕴含的信息量已经超越了普通企业管理者处理数据的能力范围，不仅增加了处理信息的工作量，还导致判断信息价值的难度加大，从而使企业在进行决策管理时面临更大的挑战。

（三）企业决策的程序滞后于市场变化

传统企业的决策程序一般需要通过长时间地收集资料、调查研究、分析论证和方案选择与评估。复杂的决策程序很可能导致决策的滞后性，从而导致企业错失发展良机。大数据时代，企业需要制定科学的决策，并且要求决策程序高度简化。激烈的市场竞争要求企业能先发制人，迅速作出决策，以抢占市场先机，并确保在市场中占有一席之地。即企业未来的竞争将主要基于大数据的运用。通过应用大数据中的挖掘与分类整合功能，企业能够找出对决策有价值的数据进行参考，进而迅速作出判断，筛选出最佳方案，作出明智的选择。

(四) 企业决策的主体更加多元化

随着信息化工业时代的到来，企业决策对技术化和知识化的需求不断加强，数据量不断增多。因此，众多专家、学者，甚至技术人员也加入决策过程。企业决策主体的增加，在一定程度上可以降低集体主观判断的失误率。

(五) 传统的企业决策方法有待创新

在大数据时代，企业制定决策必须以数据为依据。与传统的逻辑推理研究不同，大数据分析涉及对海量数据进行统计性的搜索、比较、聚类、分类等操作，旨在揭示数据之间的相关性，即所谓的关联性。通过构建大数据支持的企业决策管理系统，可以在数量众多的数据中找出潜在的规律性与隐藏的关联网络。通常，这些分析会使用支持度、可信度、兴趣度等参数来反映相关性。一旦从数据挖掘中发现某种方法与增加企业利润之间有较强的相关性，它就可能为企业的决策管理提供战略性的支持。因此，数据的相关性及其对于企业决策的重要性，客观上要求企业管理者应调整和改进决策管理方法，以顺应时代的发展。

二、应对策略

(一) 顺应环境变化以构建企业级大数据集成系统

为解决变量增多而导致决策难度上升的问题，确保在利用云计算模式和大数据技术时，能高效分析信息并做出预判，以应对企业所面临的快速变化的环境，不同规模的企业应构建并实施与其相适应的大数据集成系统，这些系统应具备实用性、综合性与可拓展性的功能特点。

通过大数据集成系统，企业可以畅通地获取与企业相关的各类数据源，从而了解用户行为和收集用户反馈。重视用户行为的跟踪与数据采集，有助于使产品设计和项目计划中对这些特性给予同等重视，有利于使产品更加贴近市场，更好地满足消费者的需求。

(二) 利用数据挖掘技术分析处理与企业决策管理相关的信息

企业在获取大量的初始源数据后，可以通过数据清理技术提取出含噪声数据、错误数据和冗余数据等。

通过信息交流沟通平台，优化决策信息沟通的渠道和路径，使决策的程序简化、速度加快，鼓励决策参与者快速参与沟通、提出合理化建议并参与决策方案的制订。这可以缩短上传下达的沟通时间，减少信息链的长度，强化对信息链的优化整合力度，以达到企业运作流程的优化，减少内部沟通的偏离程度，从而减少管理决策制定的复杂程度。通过使用虚拟的网络平台完善和提升企业决策管理水平，使其运作规范、管理科学、高效发展和更具综合竞争能力。

（三）拓宽企业决策主体以降低决策风险

随着市场的不断变化，企业不断出现新业务和新产品，决策范围不断扩大，决策对象日趋纷繁复杂。特别是随着经济全球化和信息化的发展，企业的决策环境更是瞬息万变。若仍像过去那样单纯依靠个别决策群体或决策机构进行决策，显然已经难以保证决策的科学性与预见性。在大数据时代，应重视情报信息机构、相关专业咨询机构和智囊团的作用，将它们纳入决策主体的范畴，使它们共同组成多层次决策主体系统，这样才能使决策的风险降低，决策的专业化得到保证。

（四）改进传统决策方法并引入先进的决策思想

企业在采集和处理大数据时，将海量的不同数据源进行结构化管理、筛选和转化，利用可视化技术对结果进行分析，使之能够为企业的商业智能获取与应用提供支持。应摒弃传统的"从数据到信息再到决策"的研究思路，转而采取直接"从数据发现价值到决策"的高效路径。综上所述，大数据为企业决策管理提供了崭新的环境和前沿的视角，给企业决策研究带来了深刻的影响，并促使其不断创新和变革，为了适应企业在大数据时代获取核心竞争力的需求，企业决策管理将走传统决策方法与大数据技术相结合的发展道路。只有通过大数据技术增强企业在大数据环境下的数据分析与应用能力，才能提高企业决策管理的效率和能力。

第一节 市场分析

市场分析对于所有理性创业者来说,是一项必不可少的工作。为了获得预期的收益,创业者必须分析如市场竞争情况、政策方向、竞争者的经营水平及消费者需求偏好等影响因素。作好市场分析是尽量减少损失,使项目达到预期目标的重要保证。

一、市场分析的必要性

项目的市场分析是指在作投资决策之前,调查市场情况、了解项目背景资料、辨识投资风险和选择投资机会的过程。需综合考虑以下几个方面因素:项目的导向是否与宏观政策相适应;产品是否适应市场需求;产品的开发成本是否恰当;对总投资、投资收益和投资回收期的正确估计,以及利润测算等。

不少创业者对市场分析存在一定的误解,一方面,创业者在市场分析方面没有引起足够的重视,在作决策时主观臆断、"人云亦云"及盲目跟风作出决策,往往容易遭受巨大损失;另一方面,有些创业者过于相信市场分析的结论,没有注意市场分析的调查结果可能存在不真实、实用性差、不适应市场需求等问题,因而被滞后或错误的市场分析误导,作出错误的投资决策或错失良机。

随着市场化程度的提高,市场分析在创业决策中的作用日益突出,主要表现在以下几个方面。

1. 创业投资决策需要市场分析

由于创业者对拟投资项目的管理没有或很少有相关的经验,在企业创立后,市场情况复杂,不确定因素较多且变化迅速,在市场环境发生较大变化时,如果没有前人的经验可以借鉴,创业者很难预判市场情况,这时的市场分析工作更为重要。市场分析是创业者获得关键信息的重要途径。它可以帮助创业者掌握市场需求变化的态势，评估拟投资项目的可行性，预见产品的市场变现能力，以及判断项目的市场竞争力、投资绩效和预期盈利水平。通过这些分析，创业者能够减少投资决策的盲目性。此外，收集、记录和分析这些资料时必须保持客观和准确，防止出现严重偏差。

2. 创业企业的经营管理过程离不开市场分析

企业经营处在多变的经济环境中，特别是对于创业者来说，经济环境的复杂性和多变性，要求他们必须具备对各种经济环境发展趋势的基本了解，并能正确评估这些经济环境因素对市场需求的潜在影响。例如，消费者的收入水平发生变化时给市场需求带来的影响，有利于企业进行正确的市场定位；掌握竞争对手在某一时期内的营销策略，有利于企业确定同期最佳的营销方式。通过市场分析，企业能够获得合乎逻辑的判断结果，在经营管理中遇到问题时，能够提供有效的解决方法。

另外，市场分析有助于创业者对项目进行管理控制。它可以及早提醒创业者哪些管理环节出现了问题，或者可能出现的问题。通过对行业运转情况的分析，市场分析为应对市场变化而进行的调整或方案修正提供了准确的评估依据。例如，通过对比分析一定时期内产品的价格变动规律及影响因素，可以为创业者提供消费者消费水平和消费习惯的变化趋势。产品的周转速度在一定程度上反映了消费者对产品及其营销策略的满意度。这些信息都能为创业者下一步调整产品参数和实施方案提供参考依据。

3. 创业企业生产策略的制定需要市场分析

对以营利为目的的创业者来说，需要回答生产什么、为谁生产、如何生产等问题。市场分析有助于制定生产策略和价格策略。它揭示了消费者偏好、需求动态、市场价格走势与产品供应量的合理波动范围等信息。市场分析有利于创业者合理规划生产经营活动。

二、市场分析的内容

创业投资决策的关键在于把握项目市场供求关系的变化规律，市场分析的主要内容包括市场调查与市场预测。

市场调查与市场预测二者既有区别又相互联系。

区别：调查对象是过去和现在存在的事实（现象），而预测对象是尚未形成的事实（现象）。调查的目的既可以是制订经营目标和行动计划，也可以是总结经营活动的经验教训，而预测则是为了更好地把握未来。

联系：市场预测离不开市场调查，市场调查是市场预测的基础，没有调查研究，不可能有科学的预测，二者都以市场为研究对象。通过市场研究获取市场信息，科学认识市场规律，是投资者和决策者把握市场机会，制定各项市场营销决策的基础和依据。

项目投资环境的调研与预测是市场分析的关键环节之一。

项目投资环境是指项目拟投资的地域（国家、地区、城市或街区）在一定时期内所具有的能决定和制约项目投资的各种外部境况和条件的总和。一般来讲，投资环境对于每个创业者和投资人而言都是无法改变的，也是不可能控制的，投资者只能努力去认识和适应它。

对投资环境的调查和预测一般是指对政治环境、法律政策环境、经济环境、基础设施环境、生活设施环境等条件的调查和预测。

（1）政治环境：政治环境是指拟投资项目所在国家和地区政权的稳定性和政策的连续性，包括政治体制、政治局势、政策法规及战争风险等。深入细致地研究政治环境，有助于理解宏观调控的政策导向，确保项目投资能够获得连续而稳定的政策支持。这样进行长期投资，能确保长久而安全地获得投资效益。

（2）法律环境：法律政策环境是指与行业市场有关的现行法律法规与政策。所有的投资决策都必须遵守国家的法律法规，同时受到其保护和制约，任何投资行为都会受到政府宏观调控和市场干预政策的影响。了解国家的相关政策是顺利实施创业活动的前提和保障。我们鼓励创业发展，因此创业者必须实时了解国家的相关法律政策。

3. 经济环境

经济环境作为影响投资决策的关键且直接的基础因素，主要涵盖以下四个维度。

（1）在宏观经济环境的分析中，涉及诸多关键经济指标，包括但不限于国家与地方层面的国内生产总值、国民总收入及实际国内生产总值。此外，社会消费水平与消费能力的衡量也是不可或缺的，这包括消费总额、消费结构、居民收入、存款余额及物价指数等重要指标。同时，产业政策、财政政策、消费政策和金融政策等经济政策的动态也是宏观经济环境研究的重要组成部分。这些因素共同构成了宏观经济环境的综合框架。

（2）市场环境是指项目面临的市场状况，其涵盖了市场现状及未来趋势，具体包括市场需求量的现状及未来估计、市场供应量的现状及未来估计、市场购买力的分布状况、同类产品的市场分布及其现状、竞争对手的状况，以及市场价格水平及其发展趋势等。

（3）财务环境是指项目面临的融资、投资、利润分配、税收等环境条件。例如，筹集资金的渠道、项目融资的可能性及融资成本、投资费用、经营成本、税费负担、优惠条件和同类项目的社会平均收益水平及盈利水平等。

（4）资源环境研究涉及从人力资源、土地资源、原材料资源及能源等维度对投资环境进行深入分析。对于创业来说，资源环境分析主要侧重于对宏观经济环境和市场环境的分析。在进行资源环境分析时，应以权威机构发布的数据为依据。这些数据包括但不限于具有指导意义的国家级、省级、州级、地市级统计局、市场监管总局、市场资源管理局等政府部门发布的统计分析数据，以及各大科研机构的课题研究成果。

4. 自然环境

自然环境涉及项目所在地的自然条件、地理景观特征及人文风俗等要素。自然条件构成了投资者难以轻易改变的客观物质环境，其具有相对的恒定性和长期稳定性。各地区均展现出其独特的文化与风俗特色，这些因素共同塑造了不同的生活习俗和地域特征。在进行创业投资决策过程中，必须全面考量这些因素，以确保选择一个适宜项目实施的区域。

5. 基础设施环境

基础设施环境是项目投资的重要"硬环境"，包括项目投资地域的交通、通信等条件，如与机场、码头和车站的距离，高速公路的接入点，主要交通干线的分布，重要的公共交通工具数量，以及交通便利性等；最近的通信设施位置，如网络设施等设施的完善程度，都是评估基础设施完备程度的重要指标。一个地区是否拥有完善的基础设施，是判断人流量、稳定消费量、产品销售渠道和方式，以及项目价值和投资效益能否提升的重要因素。

6. 生活设施环境

生活设施环境主要是指项目周边区域的商场、医院、教育设施、银行、饭店、邮局、娱乐场所等生活配套设施。这些生活配套设施的完善程度，直接决定了该区域的消费便捷性，对项目的定位、开发策略及销售策略均会产生显著影响。

第二节　市场调查的方法与程序

一、市场调查的方法

市场调查是指对相关市场信息进行系统收集、整理、记录和分析，对市场进行研究和预测，并最终为投资项目提供决策服务的一种活动。市场调查方法是指在实地调查中收集各种信息所采用的具体方法，主要包括以下几种。

（一）普查法

普查法又称全面调查法，是指对调查对象总体内每一个单位进行调查的方法。以市场上同行业项目及其发展情况为对象，针对项目所在周边区域的人口数据、人口结构、年龄分布、职业类别、收入水平、竞争对手情况及市场饱和度等信息，进行系统调查，可获得全面的数据，正确反映市场情况，有利于项目的选择和分析。然而，全面调查的深度和广度也要掌握好。当面对众多调查对象和复杂问题时，普查往往需要动用较多的人力资源和物力资源，导致调查周期延长，进而增加成本。因此，普查法往往针对特定的、有限的研究对象或者相对简单的问题，如针对某一年龄段消费者的服务满意度调查，或对项目所在区域消费者服务需求的调查。在某些情况下，可考虑使用国家权威机构发布的普查数据，如全国人口普查结果或各地统计局发布的相关统计数据。

（二）抽样调查法

抽样调查法是指从总体调查对象中抽取具有代表性的样本进行调查，并据此对总体进行数量上的推断。这种调查方法在市场调查中得到了广泛的应用。

抽样调查法要求抽选的样本必须能够代表总体的特征。其基本要求包括：第一，要有足够的样本数量；第二，必须采用正确的抽取方法，将调查误差降到最低。抽样调查的组织方法主要分为两大类：一类是随机抽样；另一类是非概率抽样。各种抽样方法都有其特色和优缺点。在进行市场调查时，调查人员可以依据调查的目的、要求及预算来选择不同的抽样调查方法。在某些情况下，还可以将多种方法结合或交叉使用。

（三）直接调查法

直接调查法又称询问调查法，是指调查人员与被调查者面对面地交流。在这种方法中，调查人员直接向被调查者提出问题，以获取所需信息。这是市场调查中最基本的方法之一。该方法以提出问题来收集数据，并以受访者的回答作为调查资料。根据内容及信息传递方式的不同，直接调查法可分为以下几种具体类型。

1. 访谈调查

访谈调查是指调查者与被调查者面对面地交流，通过询问有关问题并直接记录应答者的回答的调查方法。随后，再对这些数据进行整理和统计，以形成调查结果。调查可以采用实地调查、召开座谈会或进行拦截式调查等方式。此外，调查既可以是一次性的，也可以重复进行。

实地调查和座谈式调查都是针对特定对象进行，有一定的针对性，可以选择能够反映总体特征的样本；而拦截式调查是随机抽样的一种，是访谈调查中成本最低的方式。当需要了解消费者偏好和购物习惯时，可在人员密集的商场出入口进行拦截式访谈。然而，这种访谈方式无法确定有关受访者是否能代表总体特征，且由于拦截调查的随机性，问题不能设计得过于复杂，以免访谈时间过长，引起受访者的反感。

2. 通信调查

通信调查分为电话调查和函件调查。

电话调查是指市场调查人员根据抽样要求，在样本范围内确定调查对象，或针对某些重点的调查对象，借助电话这一通信工具与被调查者沟通，以收集所需信息。例如，定期向重点用户询问对产品的设计、功能、环境、质量和服务的感觉，以及有什么想法，并邀请他们提出改进建议等。

函件调查又称通信调查，是指将预先设计好的调查问卷通过邮寄或借助网络通信以电子邮件的方式传递给被调查者，由被调查者按要求填写后寄回，调查者将邮件收回后进行分类整理，并分析相关信息的方法。

电话调查比函件调查成本高，但电话调查过程更快。但是，有时为了完成调查，访谈员可能需要多次联系受访者，且遭遇拒绝访谈的情况较为常见。不过，电话调查的回应率高于函件调查，且得到的结果更为可靠。

函件调查的优点是成本相对较低，缺点是回应率不高，且受访者可能并不能代表广泛的人群，因此获取足够数量的回应需要较长时间。

3. 留置问卷调查

留置问卷调查是访谈调查与通信调查的结合，调查者在进行访谈的同时，将预先设计好的问卷亲手交给被调查者，并说明填写要求。完成填写后，调查人员会定期上门收回这些问卷。

在进行实际调查时，必须考虑各种调查方法实施的难易程度、成本和时间等因素；在调查中要特别注意，如果调查的要求较高，则样本量要尽可能多；问题尽量言简意赅、恰当和合理，如果问题不合适或有歧义，容易导致被调查者加入主观意见，使调查结果发生偏差。

(四) 间接调查法

间接调查法是指调查人员不与被调查者正面接触，而是通过间接方式对要了解的问题进行调查的方法，主要包括观察法和实验法。

1. 观察法

观察法是由调查人员前往现场，通过直接观察或使用设备进行测定的方式来收集资料的方法。一般情况下，调查人员只是在调查现场进行观察，利用照相机、录像机、监视器等设备进行客观记录，而不直接向被调查者提问。这样，被调查者感受不到调查正在进行，从而使调查结果具有较高的真实性。此外，利用机器设备作为调查工具，可以有效避免人为失误。例如，可以利用这种方法记录不同地区、景区和旅游区的产品销售情况、产品咨询情况，以及对某些商品的关注程度等。采用观察法主要是为了获得被观察者不愿意或无法主动提供的信息。但是，观察法只能观察事物的表面现象，不能探知被调查对象的购买动机、有何意见等心理活动，并且投入的时间、费用较多，易受时空限制。因此，调查人员通常将观察法与其他方法结合起来使用。

2. 实验法

实验法是指将调查范围缩小在特定条件下进行实验，以获得明确的结果，并据此推断出整个样本总体可能的反应。例如，在调查广告效果的过程中，可以选定一些消费者群体进行广告宣传，然后根据这些宣传的反馈效果和消费者的建议，来改进广告词，甚至调整广告的宣传方式等。实验法主要用于研究因果关系，如研究广告对销售的影响，在其他因素不变的情况下，销售量的增加可以看成完全由广告效应所驱动。另外，使用这种方法要注意，市场情况受多种因素影响，在实验期间，消费者的偏好、竞争者的策略等都可能有所改变，从而影响实验的结果。

实验法是一种科学研究方法，其优点是可以获得较为正确的信息，且比较客观。但是，由于不同产品的特性差异和市场差异，当商品面对的市场发生变化时，实验数据不一定能及时反映这一变化。实验法的结果无法做到像自然科学领域那样的精确度，而且在采用此法时，须设置一个与市场条件完全相同的对照市场，这在限制条件较多的同时，技术上的困难也较多。

上述调查方法，可以在创业项目的不同阶段使用。通常情况下，在产品定位阶段，直接调查法中的实地调查和座谈式调查是常用方法；在市场推广阶段，实地调查法、座谈式调查和二手资料查阅是常用方法；在销售阶段，实地调查法、座谈式调查和成交客户问卷调查是常用方法。

二、市场调查的程序

（一）提出问题，确定调查目的

市场分析的重要作用之一是帮助创业者或企业经营者确定需要解决的问题。只有当需要调查的问题被确定后，才能设计出恰当的研究计划，以获取切合实际的信息。如果一开始就没有找准目标，以后的市场调查都是无用的。一旦开始调查，将会投入人力和物力资源，这会给企业带来不必要的损失。

一般来说，确定调查目标不是一蹴而就的，而是需要进行一定的前期调查。通过采用探测性、描述性、因果性及预测性调查来确定具体目的。

1. 探测性调查

当创业者对需要研究的问题和范围还不明确，无法确定调查内容时，可以采用探测性调查来找出问题、界定范围并明确所需调查的内容，然后再进一步研究。例如，在调查产品销售量下降的原因时，能够引起销售量下降的原因有很多，包括宏观经济形势不好、广告支出减少、销售代理效率低，或是消费者偏好转变等。在这种情况下，可以采用探测性调查，通过个别访谈、反面佐证案例等方法找出原因。探测性调查仅收集一些基础数据，用以确定调查的方向，但无法确定问题的解决方法。

2. 描述性调查

描述性调查是指从外部联系中找出各种关联因素，并分析其因果关系。例如，在销售过程中，它可以分析销售量和广告宣传之间的关系，但不会分析是销售量影响了广告宣传，还是广告宣传促进了销售量的增长。也就是说，描述性调查旨在回答"什么""何时""如何"的问题，并不解释"为何"的问题。

与探测性调查相比，描述性调查需要事先拟定计划、确定收集的资料和收集资料的步骤，以及针对某一问题给出答案。

3. 因果性调查

因果性调查就是要找出事情的起因和结果。例如，分析价格和销售量之间、广告与销售量之间的因果关系。通常情况下，对于创业公司来说，销售业绩、成本、利润和市场占有量等指标多为结果，而分析这些结果背后的原因，一般做两种假设：一种是企业能够自主控制的变量，如定价策略、广告预算等，即内在因素；另一种是企业无法控制的变量，如政府的法律法规、市场政策和竞争对手的广告策略与价格让利等，也称为外在因素。进行因果关系研究的目的在于了解某一原因与这些结果之间的关系。

4. 预测性调查

预测性调查是通过收集、分析和研究过去及现在的市场情报资料，运用数学方法，估计未来一定时期内市场对某一种产品的需求量及其变化趋势。鉴于市场的复杂多变，存在太多诱因，不易准确判断哪个因素导致问题的出现时，可以采用预测性调查。例如，在销售量不断下降时，初步分析认为，宣传工作没有做好造成产品辨识度低。基于此，可构建一系列假设，如消费者可能认为公司的"产品外观设计方案不如其他同类产品的销售方案好""广告设计太一般""商圈内的营商环境不够理想"等。通过拟定这些假设限制研究或调查的范围，以便用收集到的足够的资料来检验所作的假设是否成立。

观察法适用于探测性调查，访谈法适用于描述性调查，实验法适用于因果性调查。探测性调查主要是发现问题和提出问题，描述性调查主要是说明问题，因果性调查主要是分析问题的成因，预测性调查主要是估计问题的发展趋势。这四种调查方法相互关联，可以结合每种调查方法的特点和作用交叉使用，以达到预期的调查目的。

(二) 收集资料的方法

1. 资料的分类

市场调查需要收集大量的信息资料，这些资料可分为一手资料和二手资料。

一手资料是指专门为需要调查的问题而特地收集或实验而得到的统计资料；二手资料是指原始资料经过整理后形成的、可为他人利用的资料，或其他项目已经使用过的资料。一手资料往往是在有需要时才去收集，收集活动不连续，通常需要根据某一调查工作专门组织，现场调查人员一般要经过选拔和培训，以确保调查人员能按规定进度和要求取得所需资料；二手资料往往是连续、定期收集，这些资料经常先于项目存在，是广为人知的资料。一手资料和二手资料的调查可以同时展开。一般情况下，二手资料的调查是定性调查。在一手资料调查中，定性调查与定量调查同时存在。

获取一手资料的成本较高，在二手资料可以有效利用且能充分说明问题的情况下，分析人员不会花费更高的代价去获取一手资料。只有当二手资料无法满足调查需要、无法体现市场实际情况和资料分类不满足分析需要时，才有必要直接进入市场收集一手资料。

2. 二手资料的来源

(1) 政府机构及金融机构所发布的统计数据，如各级政府公报、统计年鉴及银行的进出口结汇统计等。

（2）商业协会及各种专业团体公布的资料。

（3）市场研究机构、资信调查机构或国有企业、民营企业公布的资料。

（4）广告代理商或各种广告媒体发布的资料。

（5）国内外大学的出版物中引用的资料。

（6）各类基金会所实施的研究项目、提交的研究报告及编制的各类表格等。

（7）国内外公共图书馆公布的资料。

（8）与公司相关的各类资料。

3．一手资料的收集方法

（1）访问调查法。访问调查法分为人员调查法、电话调查法和通信调查法。

人员调查法是指针对与创业项目相关的管理人员进行访谈的一种研究方法，涵盖产品销售代表、企业管理人员或项目管理团队成员、相关产业链的从业者、项目供应链的合作伙伴及运输业的管理人员等。例如，在进行市场营销项目调研时，可对销售代表及中介人员进行访谈，因为他们在职业活动中能够直接掌握消费者的需求与偏好。访谈人员可借助非正式交流的方式，收集特定时期内产品的销售数据及相关信息资料。

通信调查法一般作为调查人员访问调查后的辅助办法，在访问调查后，还要进行一定的回访时使用。

（2）观察法。在产品销售现场，市场调查人员通过对店铺布置、人流情况、现场销售气氛、销售人员的销售技术等方面进行观察后，可以在一定程度上判断出该项目的成功与失败，进而得到一些有意义的资料。

(三) 设计调查表和问卷

不论是访问调查法还是观察法，都需要被调查者填写调查表或调查问卷；调查表或调查问卷设计的好坏将直接影响调查结果。为防止调查结果与事实不符，调查表和调查问卷的内容需要用科学的方法来确定，具体步骤如下。

1. 使用调查表

在创业过程中，如果能在调查前事先设计出有针对性的调查表或调查问卷，并且经过一定的调查结果累积后进行整理，可以让后期调查活动更有针对性，但是创业者往往容易忽略市场调查表或调查问卷的重要性，设计的调查内容及问题过于复杂或抓不住重点。这不仅费时费力，而且可能导致调查结果无法真实反映问题，统计数据和结果复杂，使用起来不方便。

2 决定问题的类型

调查问题所涉及的类型多样，其设计方式依据调查目的的不同而有所差异。这些问题涵盖了多种形式，包括选择题、开放式回答题及双向互动题。

3. 设计调查表问题应注意的事项

（1）问题力求简单清晰，使被调查者一看就能明白问题内容。

（2）问题本身不可模棱两可，应该运用简单通俗的语言，一般一个问题不能有两个以上的主题或内容，以防止因歧义导致结果与市场背离。

（3）在行文中，应避免使用有引导性的问句，且不能含有任何暗示性内容。

（4）避免涉及个人隐私问题，或提出不合理问题。

（5）在设计问卷时，需注意问题的排列顺序。初始问题应设计得简洁且具有吸引力，以便激发受访者的兴趣并促进其合作意愿。问题之间的过渡应逻辑严密且自然流畅，以防止因主题转换导致受访者在理解上出现混淆。

（四）调查样本

一般情况下，调查样本的数量既不宜过少也不宜过多。样本量过少不能体现总体特征；而样本量过多则可能导致时间成本与资金成本增加。因此,在总体对象中,选择一部分具有代表性的个体进行调查,这种方法称为选样或抽样。为了确保研究的有效性,样本的可靠性必须经过测定。所谓可靠性,是指样本平均数与总体平均数之间可能的差距的大小。通常情况下,样本平均数的标准误差越小,则样本平均数与总体平均数的差异就越小,其可靠性就越强。因此,要注意抽样或调查方式本身存在的局限性可能给结果带来的误差。为了确保调查的准确性,可以利用先进的计算技术、人工智能及大数据分析等手段来保障调查的质量。

(五)数据的整理、分析与解释

收集到的各种资料和数据需要进行归纳和分类统计,使之能够反映市场经济活动的本质特征的资料,并筛选出适合投资者需要的资料。这属于信息资料的深加工,是形成分析结论的前提。

1. 数据整理

对收集来的资料和数据进行整理和编辑,为每组数据进行编号并制作登记表,以便保存资料。

(1)编辑。编辑的目的在于筛选出调查资料中错误的、与市场情况有偏差的部分,如带有主观偏见的、答复者有意敷衍或不精确的回答、矛盾的数据等。

(2)编号。将有关联的或有同一特征的资料进行编号,使资料编入适当的类别,以便查找、归档和使用,编号可以用各种各样的数字。若采用电子计算机处理资料,编号更是不能省略。

(3)制表。将已分类的资料进行统计计算,并制成各种计算表、统计表和统计图,以便分析与利用。

2. 数据的分析与解释

通过对收集并系统整理的信息与事实进行对比分析,提取能够阐释相关问题的统计数据,并对这些统计数据进行阐释,即深入探讨数据所蕴含的意义及其揭示的问题,直至得出结论。

第三节　创业成本分析

在选择创业项目时，创业者通过各种经济指标来估算未来的经济效益情况，并希望得到一个比较准确的结论，以判断投资是否值得或选择哪个项目，这需要对投资额和总成本进行估算。

一、创业项目的总投资

投资行为涉及将特定资源投入以期获得预期收益的过程。在此过程中，资源不仅包括资金，还包括土地、人力资源、技术、领导力、管理经验及其他形式的资产。

对一般创业项目而言，总投资包括前期投资、开发产品成本、经营成本和期间费用。

建设项目总投资形成的资产分为固定资产、无形资产、递延资产和流动资产。

项目总投资包括开发建设投资和经营资金，在核算时可以编制项目总投资估算表（表8-1）。

表8-1　项目总投资估算表

序号	项目	总投资	估算说明
1	开发建设投资		
1.1	土地成本		
1.2	前期工程费		
1.3	建筑安装工程费		
1.4	基础设施建设费		
1.5	公共配套设施建设费		
1.6	开发期税费		
1.7	其他工程费		

续表

序号	项目	总投资	估算说明
1.8	管理费用		
1.9	销售费用		
1.10	财务费用		
1.11	不可预见费		
2	经营资金		
3	项目总投资		
3.1	开发建设投资		
3.1.1	开发产品成本		
3.1.2	固定资产投资		
3.2	经营资金		

(一) 前期投资

前期投资包括建设投资、前期借款利息和流动资金。

前期建设投资是指项目按拟定建设规模、规划设计方案和建设内容进行建设所需的费用。

前期借款利息是指为建设项目募集投资借款和流动资金借款而发生的利息支出（又称财务费用）。

流动资金是指为维持企业的正常生产经营活动所占用的全部周转资金。

(二) 生产产品的成本

生产产品的成本包括原材料投入、职工薪酬、制造费用、管理费用等。

原材料投入是指企业购入各种材料的买价和采购相关费用。

生产成本是指核算产品在生产过程中发生的所有应计入产品成本的直接材料、直接人工和制造费用，是产品的实际生产成本。

职工薪酬是指生产过程中所有职工的工资支出及按工资总额的一定比例支付的福利费等。

制造费用和管理费用是指企业在生产过程中，车间及管理部门所形成的一般耗用，如办公费、差旅费、折旧费、修理费、工会经费、职工教育经费、社会保险费、咨询费、审计费、诉讼费、排污费、技术转让费、技术开发费、无形资产摊销、开办费摊销及业务招待费等。

(三) 销售成本

销售成本包括销售费用、税费等。

销售费用是指企业在产品销售过程中所支付的所有费用，如包装费、运输费、广告费、宣传资料制作费、展览费、售后服务费用及专设销售机构的费用等。如果企业单独设立销售机构的，则销售机构还须单独核算销售人员的工资、奖金、销售代理费及销售许可证申领费等。

税费是指所有企业按照国家税法要求计算上缴给国家的所有税额。

第四节　项目投资决策方法

在创业时，创业者需要对资产进行有效配置，以期达到预期目标，形成生产能力，并确保未来的经济利益，这就要求创业者对项目及资金使用等进行决策。

投资是指特定的经济主体，包括政府、组织、企业和个人等主体以营利为目的，将货币、实物、无形资产等作为资本投放于某一具体对象，以便在未来长期内获得收益的经济行为。

一、企业投资的意义

(一) 投资是企业生存与发展的前提

创业要想成功，必须寻找到正确的投资方向。投资是一种资本性支出行为，通过投资将资本转化为各类资产，以形成企业的生产能力和生产条件。不论是创业之初，还是在企业发展到一定程度后，需要对外投资某一项目、投资某一企业，对内建造或增加生产线、固定资产，或投资新产品的研发等，这些都是投资行为。投资的目的是盈利和发展，是为了满足企业利益相关主体的共同利益。

（二）投资是获取利润的基本前提

投资者需要通过预先垫付一定数量的货币或实物形态的资金，从事各种经营活动，获取未来的经济利益。在创业之初及创业成功后，企业都在通过投资这种形式开展具体的经营活动，以形成生产合力，获取经营利润。

（三）企业通过投资控制风险

企业在经营中经常会面临市场竞争、资金周转困难、原材料涨价、成本及费用居高不下等各种风险。通过投资可以有效控制企业风险，一方面，通过投资活动可以将资金重点投向企业生产经营的薄弱环节，使企业生产各环节的经营能力配套、平衡和协调；另一方面，通过投资将资金投放于风险程度较低的项目或分散投资不同项目，保持投资风险的负相关关系，既可以实现多元化经营，稳定收益来源，又可以分散风险，降低资产的流动性风险和变现风险，增强资产的安全性。

二、创业投资的类型

（一）直接投资和间接投资

直接投资是指将投资方的投资资金直接投放于形成生产经营能力的实体性资产，谋取经营利润的企业投资。直接投资的资金直接用于购买并配置劳动力、劳动资料和劳动对象等具体生产要素，从而可以立即开展生产经营活动。

间接投资是指投资方通过购买本企业股票、债券等金融资产进行投资，不直接将资金投放于形成生产经营能力的实体性资产,而是通过股票和债券所约定的收益分配权利,获取股利或利息收入。

大部分小型企业创业融资时,较难通过公开市场的间接投资(如股票债券发行)获取资金,常依赖自身积累、亲友借款、小额信贷等方式进行创业融资。

(二) 项目投资

项目投资是指企业通过购买具有实质内涵的经营资产,包括有形资产和无形资产,形成具体的生产经营能力,并开展生产经营活动,谋取经营利润。其目的在于改善生产条件、扩大生产能力,以获取更多的经营利润。项目投资属于直接投资。

(三) 发展性投资与维持性投资

发展性投资又称战略性投资,是指对企业未来的生产经营发展全局有重大影响的投资。一般投资金额大、时间长,如企业之间的兼并与合并、转换新行业和开发新产品,以及大幅度扩大生产规模等都属于发展性投资。发展性投资活动可以改变企业的经营方向和经营领域,或者明显扩大企业的生产经营能力,或者实现企业的战略重组。

维持性投资又称战术性投资,是为了维持企业现有的正常的生产经营活动而进行的投资,不会改变企业未来生产经营发展方向和全局,如更新替换旧设备、配套流动资金、生产技术革新等都属于维持性投资。维持性投资项目所需资金少,对企业生产经营的影响不大,投资风险相对也较小。

(四) 对内投资

对内投资是指对本企业现有经营范围内的项目或产品生产进行的资金投入,用于购买和配置各种生产经营所需的经营性资产。

对内投资是直接投资,包括项目投资和维持性投资。

（五）独立投资与互斥投资

在创业初期及企业发展过程中，当面对一个投资项目或多个彼此无关的项目时，这些投资被视为投资与投资之间相互没有影响，称为独立投资或相容性投资。例如，当两个方案之间没有资金竞争或因果关系时，它们之间并不冲突，可以同时进行，这两个方案互为独立投资。对于独立投资项目而言，其他投资项目是否被采纳，对本项目的决策并无显著影响。因此，在进行投资项目决策时，只需要考虑方案本身是否符合决策标准，如只考虑项目的投资报酬率、现金流量等。

互斥投资是非相容性投资，各个投资项目之间相互关联，相互替代，不能同时并存。例如，在企业资金有限的情况下，没有办法同时满足多个项目的投资需求，只能在多个项目中选择最好的，而这些项目之间就是互斥关系。对于互斥投资项目而言，某一个投资项目是否被采纳，直接影响另一个项目的决策，如某一个项目被采纳，其他项目就不能被采纳或被限制。因此，互斥投资项目决策考虑的是各方案之间的排斥性，也许每个方案都是可行方案，但互斥投资项目决策需要从中选择最优方案。

除此之外，金融投资也是企业可选的途径之一。企业可以通过投资股票、债券等有价证券，通过证券资产所赋予的权利，间接控制或不参与被投资企业的生产经营活动，获取投资收益。证券投资属于间接投资。

三、项目投资的决策步骤

（1）估算出投资方案的预期现金流量。

（2）预计未来现金流量的风险，并确定预期现金流量的概率分布及其期望值。

（3）确定资本成本的一般水平，即贴现率。

（4）计算投资方案中现金流入量和现金流出量的总现值。

（5）通过计算项目投资决策评价指标，对投资方案作出是否可行及选择某一项目的决策。

四、项目决策的依据

(一) 使用现金流量作决策的原因

现金流量是指企业的现金流动及其以货币计量的数额,是现金流入量和现金流出量的统称。企业的每项经营活动最终都会引起现金流入和流出,在进行项目决策时,一般用现金流量作为决策依据。

1. 现金流量更能反映企业价值的本质

企业的现金流入与流出情况比收入、成本或利润更能反映企业价值的本质。能给投资者带来现金流入的收入和带来现金流出的成本、费用才是有价值的收入和支出。商品销售收入、股票投资所获股利及预收货款均对价值产生增值效应,而现金结算则实现价值的转化。相对地,应收账款、残次商品、存货、财务费用、制造费用及管理费用等因素则对价值产生减损作用。投资者实际可控制的为企业获取的现金流量,这也是财务决策制定的核心要素。

2. 现金流量在科学决策中的优势

根据时间价值理论,一定量的货币在不同时间点的价值是不同的,这个差异即货币的时间价值。为了正确反映项目从开始到结束的收支情况,企业在进行筹资决策、经营决策和投资决策等财务决策时,应该充分考虑货币的时间价值。这就要求企业在进行决策过程中,必须明确每一笔收入与支出的确切时点。现金流量指标能够精确地反映企业各项财务活动的时间节点,进而有助于更加周全地考量资金的时间价值。

3. 现金流量使财务决策更符合客观实际

企业应根据生产经营情况,对收入和支出进行真实的记录并形成现金流量表。这种做法不仅减少了人为因素,还使决策指标的计算结果更加客观。企业仅能运用及控制已获得的现金资源。企业依据所获现金资源,作出是否分配股利、偿还债务、扩充营运资金或购置固定资产等财务决策。此类数据的偏差可能引起企业决策因素的变动，进而导致决策失误。现金流量能够精确地揭示投资项目收益与成本的时间点及额度，从而使财务决策更贴近客观实际。

4. 现金流动反映项目的持续能力

项目能否持续下去，不能只看一定期间内是否盈利，而是取决于是否有足够的现金用于各项支付。例如，根据权责发生制原则，如果一定时期内出现应收账款，表面上看是利润增加了，但没有现金注入，企业还是没有可支配的现金；在出现应付账款时，表面上看是利润减少了，但实际上没有现金支出，企业可支配的现金并没有减少。又如计提固定资产折旧、无形资产摊销、长期待摊费用的摊销等也不会使成本增加。

所谓现金流量的"现金"，概念是广义的，包括各种货币资金及与投资项目有关的非货币资产的变现价值。企业在投资决策时，要核算现金流入量、现金流出量和现金净流量三个指标。

（二）现金流入量

现金流入量是指投资某个项目后，在项目计算期内所带来的所有现金收入的量，简称现金流入。其包括以下几个方面。

1. 营业收入

营业收入是指项目投产后每年实现的全部营业所得，是经营期主要的现金流入量来源。

2. 固定资产的残（余）值

固定资产的残（余）值是指投资项目的固定资产在项目终结或报废清理时的残值收入。

3. 回收流动资金

回收流动资金又叫垫支的货币，是指投资项目在项目计算期结束时，收回原来投放在各种流动资产上的营运资金。固定资产的余值和回收流动资金统称为回收额。

$$现金流入量 = \sum 各年营业现金流入 + 回收固定资产残值 + 回收流动资金 \tag{8-1}$$

$$现金流入量 = \sum (各年营业收入 - 各年付现成本) + 回收固定资产残值 + 回收流动资金 \tag{8-2}$$

$$现金流入量 = \sum [各年营业收入 - (各年产品制造成本 + 各年营业税金及附加 + 各年营业费用 + 各年财务费用)] \times (1 - 所得税率) - 各年折旧、摊销 + 回收固定资产残值 + 回收流动资金 \tag{8-3}$$

$$现金流入量 = \sum 各年营业利润 \times (1 - 所得税率) + 各年折旧、摊销 + 回收固定资产残值 + 回收流动资金 \tag{8-4}$$

(三) 现金流出量

现金流出量是指投资某一项目后,在项目计算期内引起现金流出的成本、费用等,简称现金流出。其包括以下几个方面。

1. 建设投资

建设投资是建设期发生的主要现金流出。

(1) 固定资产投资包括固定资产的购置成本及建造成本、运输成本、安装成本等。

(2) 无形资产投资包括专利技术、商标权、商誉等非实物资产的投资。

2. 原始总投资

原始总投资包括建设投资、流动资金与垫支的营运资金。投入的流动资金是指投资项目建成投产后为开展正常经营活动,而投放在流动资产上的营运资金。垫支的营运资金是指为了维持生产运营活动,而提前支付的资金。

3. 付现成本 (或经营成本)

付现成本是指在经营期内为满足正常生产经营需要,而需用现金支付的成本。它是生产经营期内最主要的现金流出量。

$$付现成本 = 变动成本 + 付现的固定成本 \tag{8-5}$$

付现成本 = 总成本 − 折旧额(及摊销额)　　　　(8 − 6)

4. 所得税

所得税额是指根据《税法》相关规定，在投资项目生产经营期间，依法缴纳的税额。企业所得税作为我国税制体系中的重要组成部分，主要针对在中国境内注册的企业或经营实体所获得的经营收益及其他各类所得进行征税。

$$\text{现金流出量} = \text{固定资产投资} + \text{无形资产投资} + \text{递延资产投资} + \text{流动资产投资} \quad (8-7)$$

(四) 现金净流量

现金净流量（Net Cash Flow，NCF）是指投资项目在项目计算期内现金流入量和现金流出量的净额，现金净流量的计算公式为：

$$\text{现金净流量} = \sum \text{年现金流入量} - \text{年现金流出量} \quad (8-8)$$

$$\text{现金净流量} = \sum \text{各年营业利润} \times (1 - \text{所得税率}) + \sum \text{各年折旧} + \sum \text{摊销} + \text{回收固定资产残值} + \text{回收流动资金} - \text{固定资产投资} - \text{无形资产投资} - \text{递延资产投资} - \text{流动资产投资} \quad (8-9)$$

现金净流量的计算：

1. 项目计算周期

项目计算期是指从项目投资建设开始之日起到最终清理结束之日止的时间，计算时间用 0、1、2、3……n 表示，项目计算期以年为单位，0~1，1~2 为一年，0 点称为建设起点，n 点为终结点，表示整个项目完成，可假定项目最终报废或清理均发生在终结点。

项目计算期又称项目寿命期，包括建设期和生产经营期。从项目开始筹建投入资金到正式投产运营的时间间隔称为建设期；从项目投产到项目终结点的时间间隔称为生产经营期。

$$\text{项目计算期} = \text{建设期} + \text{经营期} \quad (8-10)$$

根据这两个时期可将现金净流量分为建设期现金净流量和经营期现金净流量。

2. 建设期现金净流量的计算

建设期某年净现金流量等于该年发生的原始投资额。

因为在建设期没有现金流入，所以建设期的现金净流量为负值。建设期投资方式包括一次性投入和分次投入，若投资额是在建设期一次全部投入，则该年投资额即为原始总投资。

3. 经营期营业现金净流量的计算

经营期营业现金净流量是指投资项目投产后，由于生产经营活动而产生的现金净流量。

$$现金净流量 = 营业收入 - 付现成本 - 所得税 \quad (8-11)$$

$$现金净流量 = 营业收入 - (总成本 - 折旧额) - 所得税 = 净利润 + 折旧额 \quad (8-12)$$

如有无形资产摊销额，则：

$$付现成本 = 总成本 - 折旧额及摊销额 \quad (8-13)$$

4. 经营期终结现金净流量的计算

经营期终结现金净流量是指投资项目在项目计算期结束时，所发生的现金净流量。

$$现金净流量 = 营业现金净流量 + 回收额 \quad (8-14)$$

(五) 其他影响因素

在创业或企业发展过程中，进行投资项目决策时，还要注意以下因素对项目选择的潜在影响。

1. 沉没成本

沉没成本是过去发生的且无法通过收益来补偿的成本，它不属于新增成本范畴。该成本是由过去决策所引起的，对企业当前投资决策不产生任何影响。例如，某企业于两年前购置特定设备，其原始购置成本为人民币10万元，预计使用寿命为5年，且无残余价值。该设备采用直线法进行折旧计提，当前账面净值为人民币6万元。若该企业当前正考虑投资某一项目，账面净值6万元应被视为沉没成本，对当前的投资决策不构成影响。企业在进行投资决策时，应重点考量当前投资的盈利潜力，而非过去已经发生的成本。

2. 机会成本

在投资决策中，如果选择了某投资项目，就会放弃其他投资项目，其他投资项目可能取得的收益就是本项目的机会成本。机会成本是一种潜在的、放弃的收益。例如，创业投资者在考虑创业成本时，除了要考虑现实的生产成本，也要考虑由于自己创业而放弃就业所得的收入。如果创业者到一个大型企业就业的工资收入是20万元/年，这20万元就是创业的机会成本；在创业投资决策过程中，创业者考虑机会成本有利于全面分析、评价所面临的各个投资机会，以便选择经济上最为有利的投资项目。

3. 对企业现金流量的影响

在企业作出投资决策后，选定项目将对企业的其他部门及产品线产生一系列影响。这些影响所引发的现金流量变动，应当纳入项目现金流量的考量范畴。

4. 对净营运资金的影响

在新项目投入生产后，流动资产如存货和应收账款的需求将相应上升，同时流动负债如应付账款也将随之增加。与项目相关的新增流动资产与流动负债之间的差额，即净营运资金，应纳入项目现金流量的考量范畴。

例1 某公司有一个投资项目，该项目投资总额为6 000万元，其中5 400万元用于设备投资，600万元用于垫支流动资金，该项目预期当年投产后，可实现第一年3 000万元，第二年4 500万元，第三年6 000万元的销售收入。每年追加的付现成本为第一年1 000万元，第二年1 500万元，第三年1 000万元。该项目有效期为三年，项目结束后收回流动资金600万元。该公司所得税税率为40%，固定资产无残值，采用直线法计提折旧，公司要求的投资报酬率为10%。要求确定各年现金净流量：

设备折旧=5 400÷3=1 800（万元）

NCF=-5 400-600=-6 000（万元）

NCF_1=（3 000-1 000-1 800）×（1-40%）+1 800=1 920（万元）

NCF_2=（4 500-1 500-1 800）×（1-40%）+1 800=2 520（万元）

NCF_3=（6 000-1 000-1 800）×（1-40%）+1 800+600=4 320（万元）

五、项目投资决策的评价指标与应用

为了客观、科学地分析投资方案的可行性和比较各种投资方案的优劣，一般使用不同指标，从不同角度进行投资决策。这些指标是衡量项目可行性、比较项目优劣的定量化标准与尺度。

项目投资决策评价指标根据是否考虑资金的时间价值，可分为静态指标和动态指标两大类。

（一）静态指标

静态指标也称非贴现指标，即不考虑资金时间价值因素的指标，主要包括投资利润率、投资回收期等。

1. 静态投资回收期

（1）静态投资回收期法的基本原理。

静态投资回收期是指从项目投建之日起，用项目各年年末的净现金流量将全部投资收回所需的期限，即使累积净现金流量等于0的时间。

静态投资回收期一般越短越好，其表达式为：

$$\sum_{t=1}^{P_t}(CI-CO)_t=0 \qquad (8-15)$$

式中，CI 为现金流入量；CO 为现金流出量；$(CI-CO)_t$ 为第 t 年的净现金流量；P_t 为静态投资回收期。

$$P_t=累计净现金流量首次出现正值的时间\ T-1+\frac{第(T-1)年的累计净现金流量的绝对值}{第\ T\ 年的净现金流量} \qquad (8-16)$$

式中，T 为项目的累计净现金流量的贴现值首次出现正值的时间。

（2）静态投资回收期法的决策规则。

运用静态投资回收期法进行互斥选择投资决策时，应优先选择投资回收期短的方案；若进行是否投资决策时，则必须设置基准投资回收期 T_c，当 $P_t \leq T_c$，则项目可以考虑接受；当 $P_t > T_c$，则该项目应予拒绝。

（3）静态投资回收期法的特点。

A. 容易理解和计算；

B. 忽视回收期以后的现金流量，可能导致错误的投资决策；

C. 没有考虑现金流量的取得时间。

2. 投资利润率

（1）投资利润率的含义。

投资利润率又称投资报酬率（Average Rate of Return，ARR），是指项目投资方案的年平均利润额与投资总额的比率。

投资利润率的决策标准是投资项目的投资利润率越高越好，低于无风险投资利润率的方案为不可行方案。

投资收益率是指项目投产后，正常生产年份的净收益与投资总额的比值。投资利润率的计算公式为：

$$R = \frac{NB}{K} \qquad (8-17)$$

式中，R 为投资利润率；NB 为正常年份的净收益，按分析目的不同，可以是年利润总额，也可以是年利税总额等。根据 NB 的具体含义，其可以是投资利润率、投资利税率、投资净现金收益率等；K 为投资总额。

（2）投资收益率法的决策规则。

在进行互斥投资决策时，应优选投资收益率高的方案；而在决定是否进行某项投资决策时，则应设基准投资收益率，当 $R \geq R_c$ 时，项目可以接受；若 $R < R_c$，则项目应予拒绝。

（3）投资收益率法的特点。

A. 简明易懂，容易计算。

B. 未将资金的时间价值纳入考量,即将第一年的现金流量等同于其他年份的现金流量,赋予其相同的价值,将导致决策失误。

C. 一般来说,投资收益率作为评估项目可行性的效率指标,不宜直接作为方案比较选择的依据。

(二) 动态指标

动态评价法不仅要考虑资本的时间价值,还要考虑项目周期内的现金流入与现金流出的全部数据。因此,相较于静态评价法,动态评价法在评价的全面性与科学性方面具有显著优势。

1. 净现值法

(1) 净现值法的基本原理。

净现值法是运用投资项目寿命期内折现后现金流入量和折现后现金流出量之和,减去初始投资后的余额,进行投资评估的基本方法。净现值以资本成本率为基础进行折现,其表达式为:

$$NPV = \sum_{t=1}^{n} \frac{(CI - CO)_t}{(1 + i_c)^t} \qquad (8-18)$$

式中,NPV 为净现值;i_c 为基准折现率(资本成本率)。

(2) 净现值法的决策规则。

运用净现值法进行互斥投资决策时,净现值较高的方案通常被认为具有相对更优的经济价值;运用净现值法进行投资决策时,若 NPV≥0,项目可以考虑接受,若 NPV<0,则项目应予拒绝。

(3) 净现值法的特点。

净现值法的优点。

A. 充分考虑了货币的时间价值,不仅估算了现金流量的数额,而且还考虑了现金流量的时间价值。

B. 能反映投资项目在整个经济年限内的总效益。

C. 可以根据需要来改变贴现率,因为项目的经济年限越长,贴现率变动的可能性越大,在计算净现值时,只需改变贴现率即可。

净现值法的缺点。

A. 所采用的贴现率不易确定。如果两个方案采用不同的贴现率进行贴现,那么采用净现值法将无法得出正确的结论。在单一方案的评估过程中,若将投资风险纳入考量,则难以精确界定所需的风险溢价。

B. 在对两个或多个相互独立且并存的投资方案进行比较决策时,若各方案的原始投资额现值不等,可能导致决策失误。例如,尽管某一项目拥有较高的净现值,但若其所需投资额显著高于其他项目,其潜在的盈利能力可能不及后者。此外,鉴于这些项目之间并非互斥关系,仅依据净现值的大小进行决策是不充分的。

C. 净现值法不能直接用于寿命期不同的互斥投资方案的比较决策。某个项目尽管净现值小,但其寿命期短;另一个项目尽管净现值大,但其是在较长的寿命期内取得的。这两个项目由于寿命期不同,其净现值不具备直接可比性。要采用净现值法对寿命期不同的投资方案进行决策,需要将各个方案标准化至统一的寿命期,以便进行比较。

D. 对于那些只有现金流出而没有现金流入的公益类项目,不能使用 NPV 指标进行判断。公益类项目多为没有现金流入量的项目,所以这类项目一般不使用 NPV 指标。

2. 现值指数

(1) 现值指数的含义。现值指数(Profitability Index,PI)是指投资项目未来现金净流量现值与原始总投资现值之比。其计算公式为:

$$现值指数 = \frac{未来现金净流量的现值}{原始投资额的现值} \qquad (8-19)$$

(2) 现值指数的判断。若现值指数大于或等于1,表明方案可行,意味着方案实施后的投资报酬率高于或等于必要报酬率;若现值指数小于1,表明方案不可行,意味着方案实施后的投资报酬率低于必要报酬率。现值指数越大,方案越好。

现值指数法是净现值法的辅助方法，在各方案的原始投资额现值相同时，实质上就是净现值法。由于现值指数是通过将未来现金净流量的现值与所需投资额的现值进行比较而得出的相对数值指标，该指标能够反映投资的效率性。因此，采用现值指数作为评价工具，能够有效弥补净现值在评价独立投资方案时的局限性。具体而言，现值指数克服了净现值在比较和评价原始投资额现值不同的独立投资方案时所面临的不便，进而使投资方案的分析与评价过程更为合理和客观。

3. 内部收益率

（1）内部收益率法的基本原理。

内部收益率法是通过计算使项目投资的净现值等于零时的贴现率来评价投资项目的一种决策方法。

内部收益率是指净现值为零时的贴现率。其表达式为：

$$IRR = \sum_{t=0}^{n}(CI - CO)_t(1 + IRR)^{-t} = 0 \quad (8-20)$$

式中，IRR 为内部收益率。

（2）内部收益率法的决策规则。

运用内部收益率法进行投资决策时，应设置基准贴现率，当 $IRR \geqslant i_c$，则方案可行，若 $IRR < i_c$，则方案不可行。

计算内部收益率的一般步骤如下。

第一步：分别选择较低的 i_1 和较高的 i_2 作为贴现率，使 i_1 对应的 NPV_1 大于 0，使 i_2 对应的 NPV_2 小于 0；

第二步：分别计算 NPV_1 与 NPV_2，（$i_1 < i_2$）对应的净现值 NPV_1 和 NPV_2，$NPV_1 > 0$，$NPV_2 < 0$；

第三步：用试算内插法计算 IRR 的近似值，其公式如下：

$$IRR = i_1 + \frac{NPV_1}{NPV_1 + |NPV_2|}(i_2 - i_1) \quad (8-21)$$

(3) 内部收益率法的特点。

A. 该方法充分考量了资本的时间价值,能够体现投资项目的真实收益率;

B. 内部收益率的概念易于理解,容易被人接受;

C. 计算过程比较复杂,通常需要一次或多次测算。

4. 动态投资回收期法

(1) 动态投资回收期法的基本原理。

动态投资回收期是指从项目投建之日起,用项目各年的已贴现现金流量抵消全部投资现值所需的期限。动态投资回收期一般越短越好,其表达式为:

$$\sum_{t=0}^{P'_t}(CI-CO)_t(1+i_c)^{-t}=0 \qquad (8-22)$$

式中,P'_t 为动态投资回收期(年)。

(2) 动态投资回收期法的决策规则。

运用动态投资回收期法进行互斥选择投资决策时,应优选动态投资回收期短的方案;运用动态投资回收期法进行选择与否投资决策时,应设置基准动态投资回收期 T'_c,当 $P'_t < T'_c$ 时,方案可以接受,否则应予以拒绝。

$$P'_t = T - 1 + \frac{第(T-1)年净现值的绝对值}{第T年的净现金流量的贴现值} \qquad (8-23)$$

式中,T 为项目的累积净现金流量的贴现值(即 NPV 值)首次出现正值的时间。

(3) 动态投资回收期法的特点。

A. 该方法除已考虑现金流量的取得时间外,其他方面与投资回收期法相同,即同样具有容易理解和计算的特点;

B. 该方法完全未考虑回收期之后的现金流量,这可能导致投资决策的失误。

第五节 项目风险预测

风险的定义涉及两个核心要素：首先，必须能够明确识别出某一事件可能产生的所有结果；其次，对于每一种结果，必须能够准确计算出其发生的概率。这两个条件是相互依存的，缺一不可。若任一条件缺失，或者两者均不具备，则该情形应被界定为不确定性。

一、投资者对待风险的态度

投资者对待风险一般有三种态度：喜好风险（风险偏好者）、厌恶风险（风险厌恶者）和中立风险（风险中性者）。风险偏好者喜欢寻觅风险，在预期报酬相同的情况下，其会选择风险较高的项目，从中得到满足。风险偏好者认为，风险越大，项目越优。风险厌恶者会选择预期报酬相同而风险较小的项目，当报酬增加时，要衡量所增加的风险是否与报酬相匹配。风险厌恶者认为，风险与收益应当均衡。风险中性者并不关心所选择项目的风险，总是把项目的收益与其他因素去匹配而不是与风险去比较。风险中性者认为，收益越大，项目越优。

一般来说，经济学中所讲述的理性经济人均属于风险厌恶者。这种厌恶风险的态度是财务管理中运用许多决策模型的基础，厌恶风险者在进行项目选择时，风险与收益应该是匹配的，应确保风险与收益之间存在适当的匹配关系，即高风险项目必须伴随着相应的高预期投资回报。

二、风险的分类

根据风险的性质，可将其分为系统性风险与非系统性风险两大类。

(一) 系统性风险

系统性风险也称市场风险，是指由于宏观经济环境的变动，市场整体不稳定性增加，进而对所有市场参与主体的生产与经营活动产生广泛影响的一种风险类型。该风险具有普遍性特征，其影响无法通过构建多元化的证券组合投资策略来规避，因此也被称为不可分散风险。

系统性风险表现为价格风险、再投资风险和购买力风险。

1. 价格风险

价格风险是指因市场利率上升导致证券价格普遍下跌的可能性。资本的供求关系对资本的配置产生决定性影响。当资本需求量增加时，市场利率呈现上升趋势；反之，资本供应量的增加则促使市场利率下降。在证券市场中，买卖双方的供求关系失衡将引发市场价格的波动。若资本需求量的增长导致证券发行量增加，市场利率将随之上升，进而引起整个证券市场价格的普遍下跌。

2. 再投资风险

再投资风险是指在市场利率下降的情况下，证券价格上升，导致无法通过再投资实现预期收益的风险。

3. 购买力风险

购买力风险是指因通货膨胀导致货币购买力下降的潜在可能性。通货膨胀率发生变动时，将引发物价水平的波动。若物价持续上升，货币性资产将面临购买力的下浮；反之，若物价持续下降，则货币性资产可能获得购买力的增长。在物价波动呈现交替上升与下降的周期性变化时，购买力的损失与收益有可能相互抵消。

(二) 非系统性风险

证券的非系统性风险源于特定经营环境或特定事件的变动，导致的不确定性。该类风险可通过投资组合策略进行分散，因此也被称为可分散风险。非系统性风险，即公司特有风险，从公司内部管理的视角审视，其主要表现形式为公司经营风险与财务风险。

1. 履约风险

履约风险是指由于一方违约而给另一方造成的损失。例如，由于特定企业的产品销售不畅，其无法及时向原材料供应商支付货款，进而引发现金流动性问题；同时，该企业因经营管理不善导致亏损，无法按时偿还银行利息。

2. 变现风险

变现风险是指证券持有者在金融市场上无法以合理价格迅速变现其资产的可能性。

3. 破产风险

破产风险是指在企业进行破产清算过程中，投资者面临无法回收其应有权益的可能性。当企业因管理不善持续出现亏损、资金流动性不足而无法偿还债务，或因其他因素导致其持续经营能力受损时，企业将寻求破产保护。破产保护的实施将导致债务偿还的豁免及有限责任的退资，进而使投资者面临无法获得预期投资收益，甚至本金损失的风险。

三、风险价值的计算

评估单一投资项目风险价值的程序涉及以下步骤：一是确定概率分布；二是计算期望收益值或期望收益率；三是计算方差和标准差；四是求解标准差；五是计算标准差率；六是评估风险报酬率；七是计算风险价值额。

（一）概率分布

概率分布，即确定某一行为结果的变动性。

概率用 P_i 表示

$$\sum_{i=1}^{n} P_i = 1; 0 \leq P_i \leq 1 \tag{8-24}$$

式中，每个随机变量的概率在 0~1。概率值既不可能小于 0，也不可能大于 1。一般情况下，概率值既不为 0 也不为 1。概率为 0 说明这个结果不会出现，而概率为 1 说明这个结果必然出现，一个事件所有结果的概率之和为 1。n 为所有可能出现的结果的个数。

（二）计算期望收益值或期望收益率

期望收益值或期望收益率是各种未来收益的加权平均数，它并不反映风险程度的大小，计算公式如下：

$$\bar{E} = \sum_{i=1}^{n} X_i P_i \qquad (8-25)$$

式中，$\bar{E}$ 为期望收益值；X_i 为概率分布中第 i 种结果的收益率或收益值；P_i 为概率分布中第 i 种结果的概率。

（三）计算方差和标准差

方差与标准差作为衡量随机变量偏离其期望收益值程度的关键指标，能够反映风险水平的高低。

$$\delta = \sqrt{\sum (E_i - \bar{E})^2 \times P_i} \qquad (8-26)$$

式中，δ 为标准差；E_i 为各结果的投资收益值。方差和标准差是测定离散程度的常用统计量，所以方差和标准离越大，说明风险越大；反之，方差或标准离越小，说明风险越小。

（四）计算标准离差率

标准离差率是反映各随机变量偏离期望收益值程度的指标之一，以相对数反映风险程度。

$$V = \frac{\delta}{\bar{E}} \qquad (8-27)$$

式中，V 为标准离差率，标准离差属于绝对值指标，适用于单一方案的选择，不适用于多方案的选择；而标准离差率属于相对数指标，常用于多方案的选择。

(五) 评估风险报酬率

风险报酬率是指企业在进行筹资、投资或生产经营活动时所获得收益的水平，其与风险程度呈正相关。标准差作为衡量企业投资风险的指标，通过在标准差上附加风险溢酬系数，可以精确地确定风险报酬率。风险报酬系数的设定通常基于企业的主观判断。在确定风险报酬的过程中，首先需要确定无风险投资的报酬率，然后在此基础上进行调整或增加以反映风险溢出部分。通常情况下，政府债券的投资被视为无风险投资，其投资报酬率亦被视为无风险投资报酬率。

(六) 计算风险价值额

风险价值额是指企业在进行项目投资后，根据项目风险大小测算出来的投资收益。

$$风险价值额 = 投资总额 \times 风险报酬率 \qquad (8-28)$$

(七) 风险决策的基本规则

鉴于风险与收益呈正相关性，以及个体对风险的偏好存在差异，为了在风险情境下作出合理的决策，通常采用比较单一方案的标准差（或标准离差率）与企业预设的标准差（或标准离差率）上限值的方法。当方案的标准差（或标准离差率）不大于企业设定的上限值时，该方案可被采纳；反之，则应予以否决。对于多个方案的评估，则是将各方案的标准差与企业设定的标准差上限值进行对比，只有当方案的标准差不超过企业设定的上限值时，该方案才被认为是可接受的。通过此方法，可以筛选出标准差最小且预期收益最大的方案。

(八) 风险管理

1. 风险管理的目的

风险既可能使企业获得收益,也可能使企业遭受损失。风险管理是指预先确定一系列的方案和措施,将那些可能导致利润减少的风险降低到最小的程度,从而保证企业经营活动达到预期目标。由于风险的大小与风险价值是成正比的,因此风险管理的目的不在于一味地追求降低风险,而是在收益和风险之间作出恰当的选择。

2. 风险管理的程序

(1) 确定风险。明确可能发生的风险性质和风险类型,并确定风险发生的可能性。

(2) 设定目标。对可能发生的风险进行分析研究,分析其对企业财务活动的影响程度和影响范围,在此基础上设立风险管理目标。

(3) 制定策略。为了保证风险管理的目标得以实现,应针对风险的性质、种类及其对企业财务活动的影响,制定相应的风险管理策略,以避免可能出现的各种损失。

(4) 实施评价。将制定的风险管理策略付诸实施。在实施中,对照风险管理目标进行定期或经常地检查,并对风险管理工作的绩效进行评价和考核。

3. 风险管理的策略

(1) 回避风险策略。该策略体现了一种保守的风险管理理念。对于风险规避型决策者而言,他们倾向于以无风险或低风险作为评估不同备选方案优劣的标准,并倾向于排除那些可能带来风险的方案。该策略的优势在于其稳健性与实施的简便性。然而,对于创业家及经营管理人员而言,他们期望在投资的后期阶段能够获得理想的回报。因此,这种投资策略往往难以满足投资者的期望,因为风险与收益之间存在固有的联系,缺乏风险承担通常也意味着无法获得高额的收益。

（2）减少风险策略。风险降低策略也称风险控制策略，在风险管理实践中，通过实施一系列措施以降低风险事件对企业可能造成的损失。风险降低策略细分为不同的类别。依据控制风险的目标，可将控制划分为预防性控制与抑制性控制。预防性控制旨在预先识别潜在损失，并制定相应措施以防止损失的发生；抑制性控制则着重于对潜在损失采取措施，以最大程度减少损失程度和缩短损失持续时间。根据控制风险的方法，可分为技术控制和行为控制。技术控制涉及运用工程技术手段以减少潜在风险的发生；行为控制则侧重于通过加强人员行为管理来降低风险发生的可能性。

（3）接受风险策略。该策略涉及对潜在风险的预先准备，以减轻风险发生时可能造成的损失。在企业运营过程中，某些风险是无法完全避免的，如赊销商品可能产生的坏账风险及市场波动导致的库存风险等。针对此类风险，企业可采取风险接受策略，即定期计提一定金额的准备金，如设立坏账准备金、长期财产保值基金等，以备未来风险发生时作为损失补偿之用。

（4）转移风险策略。这种策略是指对某些可能发生风险损失的财产或项目，用转移的方式转出企业，并交换成较为保险的财产或项目。例如，用转手承包的形式把有风险的项目转包给他人；以参加保险的形式，通过支付保险费，把风险转移给保险公司；把风险大的股票抛出，购回风险小的股票等。

例1 东莞×××模坯有限公司：获得贷款10万元；行业：制造业；成立年限：12年；经营：开票350万元，近两年经营稳定，纳税22万元，纳税等级A；负债：130万元（个人担保95万元，其他为信用负债）；查询：近三个月银行查询1次；逾期：无逾期记录；资产：无房产；批款分析：客户制造业开票不多，没有房产，没有大额经营性负债，但近期查询少，历史还款情况比较好，企业经营稳定，纳税金额高。

例2 上海×××派遣有限公司：获得贷款142万元；行业：劳务派遣

服务;成立年限:3 年;经营:年开票 4 000 万元,纳税 1.5 万元,经营连续两年有增长,纳税等级 B;负债:400 万元(中××银行 200 万元经营性贷款);逾期:近 2 年没有逾期;资产:有按揭贷款;贷款分析:连续两年经营情况呈上升趋势,因其行业纳税少,但有房产并且有大额经营性贷款在贷。

例 3 河北××××科技有限公司:银行贷款审批额度 100 万元;基本情况:2002 年成立,企业成立年限久,无诉讼,河北本地制造业;征信情况:企业负债累计 900 万元以上,无异常个人征信 4 笔,非循环贷款余额 282 万元(1 笔房贷+单笔信用类贷款最高授信 60 万元),5 笔循环贷款,信用卡透支率>20%,对外担保 700 万元以上;经营数据:年开票 2 000 万元以上,近 12 个月同比下滑<20%,下游多为电力科技、能源发展等行业,稳定性一般,集中度不明显,稳定合作企业 5 家;利好:有中标记录,金额 1 000 万元以上;综合情况:最高可获得贷款 200 万元。但是,近期查询较多,开票量下滑,最终授信 100 万元。

例 4 四川×××工程有限公司:银行贷款审批额度 10 万元;基本情况:2021 年成立,企业成立时间较短,建筑行业;经营数据:年开票 200 万元,开票稳定无断票;征信情况:个人征信负债 315 万元(包括 1 笔房贷 104 万元、1 笔企业担保 64 万元)及抵押贷 140 万元(经营性);查询情况:近三个月查询 1 次;名下资产:有正常在还房贷;综合情况:企业成立年限短,负债高,开票少,正常批不了,但好在开票稳定,偏好建筑行业,并且名下有在还房贷进行加分,最终授信 10 万元。

例 5 成都××××信息工程有限公司:银行贷款审批额度 96 万元;法人代表年龄:53 岁;税票情况:近 1 年开票 21 000 万元,开票稳定,近 1 年应税销售收入 21 000 万元,实缴 63 万元,缴税额高;企业情况:纳税等级 A 级,2005 年成立;征信情况:客户在用 4 笔银行贷款,其中天府银行、中国建设银行、中国银行为信用贷,近 2 000 万元,还有一笔抵押贷款接近 500 万元。

例6 中山×××五金制品有限公司：银行审批贷款50万元；申请时间：2023年9月；行业：五金制品制造业；开票：年开票150万元以上，近半年有下滑；负债：270万元（包括房贷90万元）；信用卡使用率：35%；资产：无逾期的在还房贷；逾期：近四年11次；征信查询：近半年11次；优势：京东金融金条忠实客户，本次放款额度是基于企业过往经营数据的综合评估结果。

拓展阅读

政策：各地的大学生创业政策

一、财政扶持政策

各地政府通过财政扶持政策，为大学生创业提供资金支持。其中，包括创业担保贷款、创业种子基金、创业奖励等多种形式的财政扶持。例如，北京市创业担保贷款项目为大学生提供贷款支持，并降低了贷款利率；上海市设立了大学生创业种子基金，为创业者提供种子资金，同时还设立了一定规模的创业奖励基金。

二、场地和服务扶持政策

为解决大学生创业中的场地和服务问题，各地政府纷纷推出了相应的扶持政策。例如，广州市提供免费场地，为创业者提供低成本创办企业的机会；深圳市建立了大学生创业服务中心，为创业者提供咨询、培训、导师等全方位的创业服务。

三、税收减免政策

为减轻创业者的负担，各地政府推出了一系列税收减免政策。例如，杭州市免征大学生创业企业所得税，不仅减轻了大学生创业者的负担，还为他们提供了更多的资金用于企业的运营和发展。

本章介绍了在创业投资决策和大数据背景下，企业决策管理的现状与应对策略。详细分析了创业项目的现状、应对策略、市场分析的重要性及分析方法，包括创业项目的投资成本、企业投资的意义、创业投资的类型和项目决策的依据等内容。

思考与讨论

1. 在大数据背景下，企业如何利用数据进行投资决策和管理，以应对不确定性和风险？

2. 市场分析在创业投资中的作用如何，企业应如何进行有效的市场调查和分析？

3. 创业投资的类型和决策步骤是怎样的？在实际操作中，企业应该如何选择适合自己的投资类型和决策方法？

第九章　创业计划

学习目标

▲知识目标：

(1) 明确创业计划的概念、内容及特点；

(2) 了解创业计划的目标和用途；

(3) 了解创业计划书的组成部分；

(4) 掌握撰写创业计划书的基本格式。

▲能力目标：

(1) 能够撰写出创业计划书；

(2) 熟悉创业计划书模板及其使用方法；

(3) 对创业计划的理性认识。

第一节　创业计划的概念、目标和用途

一、什么是创业计划

创业计划书是创业者叩响投资者大门的敲门砖，是把创业项目借由文字展示给投资者的重要载体，是帮助创业企业获得融资的重要载体。一份优秀的创业计划书往往会使创业者达到事半功倍的效果。

创业计划是指创业者为了实现某项商业目标而制订的详细计划和策略，通常包括市场调研、产品或服务定位、商业模式、市场营销、运营管理、财务规划等方面的分析和规划。创业计划旨在帮助创业者在创业过程中有条不紊地进行，达到降低风险、提高成功概率的目的。创业计划书可以用来吸引投资者、银行贷款、合作伙伴或员工，并作为创业者自身的指导和决策依据。通常，一个创业计划是结合市场营销、财务、生产、人力资源等职能计划的综合体。

要理解创业计划的概念及其撰写过程，首先要意识到创业计划不仅是一份计划书，还是确保创业企业未来成功的一系列管理决策。

创业计划是创业企业的一系列决策过程，主要包括以下内容。

（1）创业企业将提供什么产品或服务；

（2）创业企业的竞争优势是什么；

（3）消费者为什么要选择创业企业；

（4）如何实现创业企业的经营目标。

无论采取何种组织形式、规模大小或从事何种业务的创业企业，都需要制订创业计划。创业计划应根据创业企业拟成立的规模和业务复杂性来最终确定。规模越大、业务越复杂的创业企业，其创业计划的要求越高，需要更正式、详尽和全面的规划。此外，这类计划的决策过程往往涉及更长时间和人员范围更广,并且需要考虑更长远的未来。但是,无论是哪一类的创业企业,都需制订出某种形式的创业计划。

二、创业计划的目标和用途

(一) 创业计划的目标

创业计划为创业企业在初创阶段指明方向,提供清晰、明确和具有指导意义的行动指南。同时,创业目标的制定过程迫使创业者充分考虑其预期行为,并明确该行为有可能对创业企业产生的影响,对于缺乏社会实践经验的大学生来说,这一点尤为重要,因为它能够给大学生创业者确立明确的奋斗目标。

(二) 创业计划的用途

创业计划不仅可以明确创业企业的商业目标,还在优化创业企业内部管理结构和外部关系网络方面发挥着重要作用。

1. 创业计划的内部用途

(1) 理清创业思路。创业计划可以帮助创业企业厘清创业思路,明确发展路径。创业计划要求创业者理性分析创业项目的价值,结合创业者现有的资源与当前市场情况,深入分析创业项目的各项收益与风险,最终确定创业企业的战略目标、经营计划、竞争策略、业绩目标等,从而使创业者在创办企业时做到心中有数。

(2) 识别风险,提高创业成功率。创业计划可以有效帮助初创企业系统性地识别潜在的运营风险,提高企业的运营效率。通过制订创业计划,初创企业能够明确其战略定位,预判运营中可能出现的问题和风险,从而帮助初创企业建立优势并及时纠正错误。虽然创业计划不能预见到所有经营风险,但它可以帮助创业企业在经营管理过程中明确企业优先事项,在遇到危机时能够更从容地应对风险,提高创业成功的可能性。

（3）助力创业企业的内部管理。创业计划能有效地协调创业企业内部各部门工作的一致性，帮助创业者提高管理效率。创业计划构建了一个管理框架，详细描述了创业团队成员分工、岗位职责等。这使每一位创业者都能清楚明白自己的工作职责和任务分工，从而避免初创企业在运营之初因工作职责划分不明确造成的管理混乱。当职责发生冲突时，创业计划能够有效地进行协调，保证企业内部各部门工作的一致性。同时，创业计划中构建的管理框架还为创业企业提供了合理的考评机制和考核依据，能够有效地评估整个创业企业及各部门的运营和工作绩效，并根据考核结果作出及时调整。

2. 创业计划的外部用途

创业计划除了可以帮助创业企业厘清发展思路、及时识别风险、提高企业管理效率等内部效用，还有非常重要的外部用途。对创业者来说，人才和资金是成功的关键要素，而人才和资金从哪里获得？要想获得外部投资和吸引核心人才，一份优秀的创业计划书是必不可少的。创业计划是让外部了解创业者创业意图的重要载体，是创业者对外宣传、吸引人才和获得投资的重要保障。投资人和求职者能够从创业计划书中了解到创业企业的发展前景、项目的可行性等相关问题，最终决定是否投资或加入这家初创企业。可以说，创业计划书是创业者获得投资和吸引人才的敲门砖。

第二节　创业计划的内容

创业计划能够全面、客观地反映创业者的创业思路、经营理念。在规划创业计划的过程中，创业者可以对计划中的产品或服务进行客观审视，从而明确项目是否可行，并确定采用何种策略能够获得更高的回报。这是一个将感性认知进行理性分析的过程，可以避免因创业失败而可能导致的巨大损失。

一、市场定位和产品定位

在创办企业之前,需要进行市场调查,明确创业企业的市场定位和产品定位。市场定位和产品定位主要涉及以下几个关键问题。

(1) 销售什么产品或提供什么类型的服务?
(2) 目标客户群体是谁?
(3) 产品或服务的定价是多少?
(4) 销售、分销、广告和促销的策略是什么?

(一) 产品定位

产品定位是对目标市场的选择与企业产品结合的过程,是把市场定位企业化、产品化的过程。

在探讨产品定位之前,我们应首先了解品牌定位。品牌定位的目的是增加产品价值。品牌的载体是产品,每一个卓越品牌都是通过杰出的产品实现其价值,所以品牌定位一定要有利于产品提炼独特利益点(Unique Selling Proposition,USP)。反过来,产品定位也要为品牌定位提供必要的支持,如京东商城,其品牌宣言为"来京东就够了",这就要求其必须有足够的产品支持;而有时这些支持是隐形的,如耐克公司,其品牌宣言为"只管去做"(Just Do It),表面上看与产品无直接关联,但其隐含的产品提示是不断推出创新产品。通过确定市场定位和产品定位,创业者可以大致对其产品(服务)的收入和销售成本进行估算。

(二) 市场定位 STP 理论(消费者市场)

市场定位 STP 理论是一种以消费者需求为导向的营销策略工具,它强调企业在制定营销策略时,应首先根据消费者的差异化需求,将整体市场划分为若干个与消费需求相对一致的小市场,再针对各细分市场的潜力、竞争强度及自身资源优势进行评估,确定企业最适合进入的目标市场,最后通过明确企业产品或品牌在消费者心中的独特位置进行市场定位,从而实现产品差异化,提高企业竞争优势。

1. 市场细分

首先确定市场细分的层次:是选择大众化营销、细分营销、补缺营销、本地化营销,还是定制营销,然后按照细分变量将消费者分为若干群体单元(即细分市场),并观察这些消费者在细分市场是否呈现出不同的需求或产品反馈。通常,我们通过辨别消费者偏好来区分细分变量,包括地理位置、人口密度等。由于不同消费群体的消费需求存在差异,所以在引入细分变量时要对行业有深入了解。

2. 市场细分变量

市场细分变量如表9-1所示。

表9-1 市场细分变量

变量	内容
地理变量	地理位置和地理现象
地区	东、南、西、北、中部
城市规模	20万人以下(Ⅱ型小城市)、20万~50万人以下(Ⅰ型小城市)、50万~100万人以下(中型城市)、100万~500万人以下(大型城市)、500万~1 000万人以下(特大城市)、1 000万人以上(超大城市)
人口密度	市区、郊区、县城、乡镇
气候	热带、亚热带、湿润、寒冷
人口变量	健康状况、文化水平、收入
性别	男、女
年龄	学龄前、学龄、青少年(15~24岁)、青年(25~39岁)、中年(40~64岁)、老年(65岁及以上)
受教育程度	文盲、高中以下、高中、大学毕业、专业学位
家庭生命周期	单身青年、新婚无子女、新婚家庭(最小子女未满6岁)、新婚家庭(最小子女已满6岁)、中年已婚家庭(子女未成年)、中年已婚家庭(子女已成年)、中年单身、其他
家庭规模	1人、2人、3人、4人、5人、6人及以上

续表

变量	内容
年收入	低收入、中等收入、高收入
职业	政府及社会行政人员、管理人员、私营企业家、专业技术人员、职员、自营工业家与商人、餐饮业从业者、工人、农民、失业和半失业人员
宗教	佛教、伊斯兰教、道教、天主教、新教
种族	汉族、回族、满族、蒙古族等
世代	传统的一代、失落的一代、幸运的一代、转型的一代、独生代
国籍	中国、日本、美国、韩国等
社会等级	底层、下层、劳动阶层、中层、中上层、上层、顶层
心理变量	购买动机、态度、价值观和生活方式等
生活方式	文化导向型、运动导向型、户外导向型（交际活跃）
个性	被动型、交际型、权利型、野心型
行为变量	顾客对产品的了解程度、态度、使用情况
场合	特殊场合、一般场合
利益	质量、服务、经济、速度（理想：物美价廉、送货快、服务周到）
使用者状况	从未用过、以前用过、有可能用、第一次使用、经常使用
使用率	偶尔使用、适度使用、频繁使用
忠诚度	无、适中、强烈、绝对
准备阶段	不了解、了解、熟悉、兴趣、想得到、打算购买
对产品的态度	热情、积极、漠不关心、否定、敌视

3. 企业市场细分变量

企业市场细分变量如表9-2所示。

表9-2 企业市场细分变量

变量	内容
行业	服务于哪些行业
规模	服务对象是多大规模的企业
地区	服务于哪些地理区域
经营变量	服务对象是有前景的企业还是没有前景的企业
技术	重点放在顾客重视的哪些技术上

续表

变量	内容
用户和非用户状况	服务对象是高度使用者、中度使用者、轻度使用者还是未使用者
顾客能力	服务对象是需要大量服务还是少量服务
采购职能的组织	服务于采购组织高度集中的公司还是采购组织分散的公司
权利机构	服务的公司是工程占主导地位、财务占主导地位还是其他
现有关系的性质	服务于有牢固关系的公司还是简单地追求最理想的公司
总体采购政策	服务于乐于租赁的公司、购买服务合同的公司、进行系统采购的公司还是秘密投标的公司
采购标准	服务追求质量的公司、还是注重价格的公司
紧急	是否服务于需要快速交货的公司
特殊应用	是否注重产品特定的应用，而不是所有的应用
订单规模	注重大订单，还是小订单
买卖双方的相似点	是否服务于那些人员和价值观和本公司的人员和价值观相似的公司
对待风险的态度	服务于敢于冒险型的公司还是回避风险型的公司
忠诚度	是否服务于那些对其供应商非常忠诚的公司

要准确制定企业的市场定位和产品定位，还需要对以下几个要素进行深入调查和分析。

（1）目标客户群体的购物偏好、数量等；

（2）提供的产品或服务对客户是否具有实用性，目前客户需求是否被有效满足；

（3）客户对同类产品或服务的市场满意度，自己提供的产品或服务是否能够满足客户要求；

（4）同一目标客户群体的行业竞争程度，需要了解市场规模、竞争对手情况等。

通过对以上问题的分析和验证，可以更准确地进行市场定位，最终确定创业企业将提供什么样的产品或服务、目标客户是谁，进而确定产品或服务投放市场的时间、数量和销售价格等。

二、生产策略和服务策略

创办企业的目的是盈利。创业者确定将在什么样的市场投放产品或服务后，就需要进一步制定生产策略。制定生产策略主要涉及以下问题。

（1）生产产品或提供服务所需要的技术或服务支持；

（2）产品生产或提供服务对材料、设备和设施的要求；

（3）与销售目标相对应的生产计划。

生产策略可以对营业收入和盈利能力进行估算，确定企业盈利需要达到的销售目标和销售收入，即盈亏平衡点。

与市场定位和产品定位类似，制定生产策略还需要考虑以下因素。

（1）确定和评估每种产品或服务的固定成本和可变成本；

（2）评估交货时间或提供服务所需时间；

（3）评估供应商关系；

（4）评估生产效率和质量控制情况；

（5）评估生产效率及其对整体生产成本的影响。

这些分析可以确保销售目标和收入目标与企业的生产能力或服务能力相匹配。如果销售目标明显高于企业的生产能力，就需下调产量；如果销售目标过低，预计收入无法覆盖生产成本和运营成本，企业会出现亏损，应当上调产量销售目标。在制定生产策略时，销售目标和收入目标总体应足够支付基本的生产成本和运营成本。当然，生产策略要随着市场变化随时调整。

三、组织架构和管理机制

创业企业的组织架构与管理机制主要包括以下内容。

（1）界定各职位的职能及责任主体；

（2）规范产品制造或服务提供的流程；

（3）确定人力资源配置需求，涵盖人员数量、技能水平及资格认证等；

(4) 构建管理体系，包括职位晋升、激励措施及监督机制。

企业的成功在很大程度上依赖于管理团队的效能，无论创业计划多么详尽，均需具体执行者。负责执行任务的主体直接决定了创业活动的成败。因此，在组织架构与职能管理方面，必须强化对管理团队，特别是创业团队成员的评估工作。这包括对企业定位、核心价值观、员工薪酬福利、创业信心等核心议题的态度与信念，以及创业团队目标的统一性。对创业计划的认同感，对于创业成功具有决定性意义。

四、财务规划

创业计划中的财务规划涉及以下核心要素。

(1) 固定资产投资，包括生产运营所需的设备、设施及办公场所等；

(2) 基本运营资金的筹备，原材料及商品采购成本、销售与管理费用及其他启动资金；

(3) 资金来源的明确；

(4) 月度利润的预测分析；

(5) 财务管理策略，确保生产和经营收益满足日常运营支出的需求。

财务规划是创业者应对现实挑战的重要策略。构建一个切实可行且稳健的财务规划，需综合考量多个维度，如运营效率是否足以产生足够的收入或利润以支撑企业持续发展？计划中的经营效率是否能确保充足的现金流以维系企业运营？若无法实现，是否有其他途径弥补资金缺口？投资（成本）与回报（收益）的比率是否能保障企业的偿债能力和生存能力？这些考量构成了财务规划的基础与前提，为企业的市场营销、生产或服务、研发活动及组织管理等财务政策提供了可行性框架。

五、风险评估

创业是一项具有高风险性的活动，对于创业者来说，进行风险评估至关重要。在制订创业计划时，通过对风险的预估和评估，为创业者提供决策依据，并制定应对策略，降低创业失败的可能性。

企业可能遇到的风险类型主要有外部风险和内部风险（图9-1）。

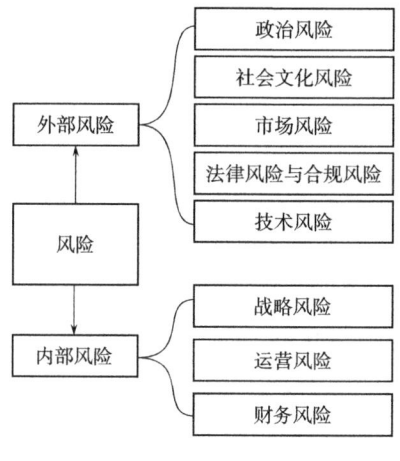

图 9-1　风险类型

（一）外部风险

1. 政治风险

政治风险是指完全或部分由政府官员行使权力和政府组织的行为而产生的不确定性，适用于国内外所有市场。

（1）限制投资领域；

（2）设置贸易壁垒；

（3）外汇管理规定；

（4）进口配额和关税；

（5）组织结构及最低持股比例要求；

（6）限制向东道国银行借款；

（7）没收财产。

2. 文化风险

文化风险是指文化这一不确定性因素给企业经营活动带来的影响。从文化风险成因来看，主要有以下三个方面。

（1）跨国经营活动引发的文化风险。文化差异直接影响管理实践，构成经营中的文化风险。

（2）企业并购活动引发的文化风险。并购活动带来企业文化的直接碰撞与交流。

（3）由组织内部因素引发的文化风险。组织文化的变革、员工队伍的多元文化背景等因素会导致个人层面的文化风险。

3. 市场风险

市场风险是指企业面对市场复杂性和变动性带来的与经营相关的风险。

市场风险主要包括以下几个方面。

（1）产品或服务的价格及供需变化带来的风险。

（2）能源、原材料、配件等物资供应的充足性、稳定性和价格变化带来的风险。

（3）客户和供应商的信用风险。

（4）税收政策、利率、汇率和股票价格指数变化带来的风险。

（5）潜在进入者、竞争者与替代品带来的竞争风险。

总的来说，创业者在创业过程中可能面对行业风险、政策风险、市场风险、技术风险、财务风险、管理风险、环境风险等多种风险，因此提前进行风险评估是十分必要的。

4. 法律风险与合规风险

法律风险是指企业在经营过程中因自身经营行为的不规范或者外部法律环境发生重大变化而可能造成的不利法律后果。法律风险通常包括以下三个方面。

一是法律环境因素，包括立法不完备、执法不公正等；

二是市场主体自身法律意识淡薄，在经营活动中不考虑法律因素等；

三是交易遇到对方的失信、违约或欺诈等。

合规风险是指因违反法律或监管要求而受到制裁、遭受金融损失及因未能遵守所有适用法律、法规、行为准则或相关标准而给企业信誉带来损失的可能性。

合规风险侧重于行政责任和道德责任的承担，而法律风险侧重于民事责任的承担。合规风险和法律风险有时会同时发生。

5. 技术风险

广义的技术风险是指某一种新技术可能对其他行业或企业形成的威胁。

狭义的技术风险是指在创新过程中，技术本身的复杂性和其他相关因素变化所产生的不确定性，这种不确定性可能导致技术创新遭遇失败。

技术创新风险从技术活动过程所处的不同阶段考察，可划分为技术设计风险、技术研发风险和技术应用风险。

技术设计风险是指在技术设计阶段，由于技术构思或设想的不全面性，致使技术及其系统存在先天的"缺陷"或创新不足，而引发各种风险。

技术研发风险是指在技术研究或开发阶段，外界环境变化的不确定性、技术研发项目本身的难度和复杂性、技术研发人员自身知识和能力的有限性都可能导致技术研发面临失败风险。

技术应用风险是指技术成果在产品化和产业化的过程中，由一系列不确定性带来的负面影响或效应。

(二) 内部风险

1. 战略风险

企业的战略风险体现在以下三个方面。

(1) 缺乏明确的发展战略或发展战略实施不到位，导致企业盲目发展，难以形成竞争优势，丧失发展机遇和动力。

(2) 发展战略过于激进，脱离企业实际能力或偏离主业，导致企业过度扩张，甚至导致经营失败。

(3) 发展战略因主观原因频繁变动，导致资源浪费，甚至危及企业的生存和持续发展。

2. 运营风险

运营风险是指企业在运营过程中，内外部环境的复杂多变，以及企业对环境的认知能力和适应能力有限,导致运营失败或达不到预期目标的可能性。

运营风险至少要考虑以下几个方面的因素。

一是企业新市场开发与市场营销策略方面的风险;

二是企业在产品结构与新产品研发方面的风险;

三是企业对现有业务流程和信息系统操作运行情况的监管、运行评价及持续改进能力方面引发的风险;

四是企业组织效能、管理现状、企业文化,以及管理人员、重要业务流程中的专业人员的知识结构、专业经验等方面可能引发的风险;

五是因质量、安全、环保和信息安全等方面的管理失误导致的风险;

六是因企业内外部人员的道德风险或业务控制系统失灵导致的风险。

第三节　创业计划的制作步骤

不同的创业项目有不同的创业策略,但创业计划的制订大致遵循以下步骤:筹备前的组织计划、创业环境分析、明确创业目标、制订运营计划和财务计划、制订创业计划书。

一、筹备前的组织计划

很多企业创业失败是由于没有对创业前的总体组织计划给予足够重视。尤其是大学生创业群体,他们本身缺乏社会经验,如果再缺少事前组织计划,将很难做到事半功倍。创业前的组织计划包括几个方面的内容:首先,创业者必须明确表达对创业规划的承诺;其次,关于创业企业发展的核心问题,创业团队必须全员参与规划,明确各自参与的形式和时间保障,以确保企业创办后能够实际投入运营;再次,明确各创业成员在制定和实施创业计划中的分工和职责;最后,制订创业计划的时间表,创业计划的每个步骤和过程都必须按时完成，时间规划应充足合理，以便能够有效地执行创业计划和履行正在进行的工作职责。在筹备前的组织阶段应充分考虑这些因素，这是创业团队制作一份高质量创业计划的保障。如果在组织阶段充分考虑这些因素，计划过程就会成为公司及其员工的高优先级和可行活动。其结果是一份具有共同所有权的高质量的商业计划。

二、创业环境分析

创业者在完成筹备前的组织计划后，分析和评估创业环境是创业计划的第一步，包括内部评估分析和外部创业环境评估分析。

内部评估分析主要是对创业者和创业团队能力的评估，包括团队的优势、劣势及过往经历等；外部评估分析主要是对市场的评估，即创业企业将要面临的机遇与挑战。对于大学生创业者来说，往往因为对外部市场环境的认识不足，导致创业失败。

外部创业环境评估主要从以下几个方面展开：首先，创业者需要评估市场规模和需求，这决定未来企业的发展空间。其次，在了解目标市场的规模、消费能力、消费特点和用户的潜在需求后，创业者需要对该市场的竞争情况进行评估。这包括了解市面上同类产品或服务的竞争者及其产品或服务的特点、品牌形象、市场份额等。通过了解竞争对手的优势与劣势，创业者能够找准自己的创业产品或服务定位。最后，创业者要评估市场的发展趋势和变化情况。市场是一个动态变化的系统，其变化和发展直接影响创业者的决策和市场战略。评估市场发展趋势和变化情况，能帮助创业者做出更符合市场动态的决策。

三、明确创业目标

创业环境分析与明确创业目标是两个既独立又相关的环节。创业环境分析可以帮助企业制定创业目标。制定创业目标必须基于自身实际和市场环境，只有通过充分的市场调查，才能制定出科学合理的创业目标。创业目标可以为创业者明确发展方向，确定企业未来整体的发展战略，并为每个领域制定目标，包括制定创业初期的生产、销售、财务、研发等目标。这些目标必须充分结合当前和潜在的创业环境的优势与劣势，以及未来可能出现的机会来制定。

各目标之间需要相互支持，但不同目标之间经常会发生冲突，如生产目标与销售目标之间、财务目标与研发目标之间时常发生冲突。因此，协调各目标之间的相互冲突，让各项目标相互支持，只有建立一致的总体创业目标，才能充分发挥创业目标的作用。

四、制订运营计划

营运计划可以帮助创业者实现创业目标，是创业者实现企业战略目标的重要保障。因此，创业者需要制订一个具体的可操作的营运计划，为推进创业项目进程提供支持。营运计划应包括营销、生产或服务，以及研发、组织与管理等环节。制订营运计划是将企业发展战略转化为具体业务和运营过程，是创业者实现创业目标的具体实践。在创业之初，制订营运计划能够使企业各个环节的工作流程运行更顺畅，让企业更快地走向正轨，提高创业者创业成功的可能性，是创业计划中必不可少的一部分。

五、制订财务计划

对于初创企业来说，一份合理的财务计划至关重要。它可以帮助创业者评估自己的财务状况，确定资金需求量，同时对资金的使用方式、盈利模式、盈利分配方式等进行规划。此外，财务计划还能帮助创业者评估项目风险，发现潜在的财务问题，避免盲目投资。

财务计划主要包括以下几个方面：第一，制定财务目标，包括销售额、利润率、市场份额等方面的具体目标，这些目标将为创业者未来的财务决策提供方向。第二，进行财务预测，包括对销售额、成本、利润、现金流等方面的预测，这些预测将帮助创业者了解未来是否有足够的资金来支持公司的日常运营和发展。第三，制定预算，预算是为未来某一特定期间内的收入、成本、现金流和其他财务活动所做的详细预测。通过制定预算，创业者可以更好地了解未来的收入和支出情况，并为未来的财务决策提供依据。第四，资金需求，对创业者来说，创业初期需要资金投入。在财务计划中，创业者需要考虑是否有融资需求，包括从哪里融资、融资金额、融资成本和还款期限等问题。

六、撰写创业计划书

创业计划书是创业者向外界展示其完整创业理念、目标、商业模式的媒介，是他们向外界展示自己形象、获得外界投资的重要工具。撰写创业计划书是一个写作过程，但创业计划书不是一种创造性写作。它需要创业者简明扼要地分析创业过程，并作出决策。

阳光苗圃创业计划书[1]

一、项目名称

阳光苗圃商业创业设计

二、项目背景

根据××区城市建设总体规划，并按照住房城乡建设部发布的城市规划建设指标和××省城市绿化管理条例的规定，城市苗圃用地面积不得少于建成区面积的2%，苗木自给率须达到80%以上。因此，我区还需要新建一个面积不少于210亩的城市绿化专用苗圃。目前，我市已经确定创建国家生态园林城市，如果新苗圃不能及时完成建设，我区将不得不消耗大量资金从

---

[1] 知乎网（https://www.zhihu.com/question/35715044）。

市内外的其他苗木生产基地购买苗木。这不仅对我区的城市绿化建设极为不利，也将对完成市委、市政府提出的创建国家生态园林城市目标产生严重的消极影响，因此新苗圃建设势在必行。

三、项目建设条件

阳光苗圃地势平坦、土层肥厚、水源充足，适合各类苗木的繁育，符合苗圃建设的地理条件。阳光苗圃建成后，可满足我区城市绿化建设的苗木供应要求，将为我市创建国家生态园林城市奠定坚实的基础。另外，阳光苗圃处于城市西部的农村地区，那里地价较为便宜，可节省大量建设成本，同时具有较强的自主性。

四、项目建设规模和内容

阳光苗圃总占地约210亩，其中树木生产用地为150亩，花卉生产用地为35亩，温室和组培室等设施用地为15亩，管理用房、仓库及道路等其他用地为10亩。建成后，苗圃将发展特色乡土苗木、引种外地名优苗木，以及培育季节性花卉，旨在保障城市绿化和美化所需苗木的供给。同时，苗圃还将进行苗木科研，推广科研成果，以提高本区域苗木业的整体生产水平。苗圃建设主要包括土地平整，围墙、管理用房、仓库及操作房、大型日光温室、组培室等建设，还有生产所需的供电和供水设备等基础设施建设。另外，苗圃还将引进运输车两辆，引进园林机械、工具等设备，使苗木生产实现现代化，提高生产效率，降低生产成本。为了确保苗圃尽快投入正常运营，还需引进30万株苗木，以实现苗木当年的生产供应和销售目标。

五、项目投资估算及资金来源渠道

（一）项目投资估算

（1）苗圃征用地的费用按2万元/亩计算，总面积约210亩，2万元/亩×210亩=420万元。

（2）苗圃基础设施建设费用估算约为300万元。

(3) 苗圃苗木引进和新增园林机械按市场价估算约为 200 万元。

以上三项合计,该项目投资估算为 920 万元。

(二) 资金来源渠道

政府投入。

六、项目性质与特点

本项目为苗木产业化项目,其特点是绿化环保。以人工方式培植苗木,项目不会产生废水、废气、废渣等污染物。苗圃投入生产后,因有大量树木,有利于改善周边生态环境。苗圃的苗木生产主要是为城市绿化供应优质的苗木,这不仅有较强的公益性,还担负着苗木生产新技术的研究与推广工作。所以,苗圃也是政府在育苗行业中进行科普工作的重要基地。

七、项目可行性分析

(一) 经济效益

1. 利润核算

随着我国经济的快速发展,城市建设日新月异,绿化育苗业也得到了蓬勃发展。对我区而言,城市新区的建设将迎来双向带动,城市绿化将迎来千载难逢的契机。保证苗木供应已成为我区城市绿化建设中的一个重要内容。按照往年苗圃的经营情况,除正常供应城区绿化用苗外,对外销售苗木及花卉的销售额可在 150 万元左右,除去正常开支,预计净利润可达到 40 万元。

2. 缓解城市绿化管理经费不足的问题

近年来,随着我区城市建设的快速发展,绿化面积也随之不断扩大。然而,由于经费短缺和管理不足,绿化管理不到位,绿化成果没有得到较好的保护。通过利用苗圃的经营收入,我们可以部分弥补城市绿化管理养护资金不足的问题,减少财政压力,从而推动我区城市绿化建设的全面发展。

(二) 社会效益

当前,事业单位改革正逐步推进,事业单位将实行企业化管理。目前,我区××队伍有在职职工56人，其中大部分职工年龄在40~47岁，而且主要由文化水平较低的老职工构成，占总人数的39.5%。改制后，人员编制势必有所控制，剩余职工将进行分流。按照目前园林管理处的实力，吸纳全部分流职工难度较大。如果新苗圃不能建设，那么原苗圃的12名正式职工在××内部将无法安置，这无疑会给社会造成负担，并给职工带来巨大的再就业压力。阳光苗圃项目建成后，需要员工66人，其中管理人员9人，科研技术人员7人，普通员工50人。管理人员和技术人员将由本单位现有人员担任。另外，我们还将聘请一些专业学校的毕业生和有经验的行业专家。对于其余的普通员工岗位，我们将优先选择当地农民或失业人员。这样在原苗圃职工全部得到安置的情况下，根据苗圃苗木生产的需要，我们还可以吸纳一些来自大专院校的毕业生和农村的剩余劳动力。

阳光苗圃建成后，作为国有苗圃，它还有推广苗木生产新技术的重要任务。这对提高我区育苗业的整体水平、促进农村产业结构调整、提高我区经济增长率、增加农民收入起到了重要推动作用。

综上所述，从城市绿化规划的要求、城市建设的需要，以及市场供求关系来看，本项目既是生态环保项目，又是社会公益项目，还具有可观的经济效益。因此，该项目具有可行性。

第四节　创业计划书的撰写

创业计划书也称项目计划书或商业计划书，是公司、企业或项目为了达到招商融资和其他发展目标，依据一定的格式要求和内容要求编写的书面材料。它全面展示公司和项目的状况、未来发展潜力，是创业者向潜在投资者、风险投资公司、合作伙伴等展示某一项目市场前景、新产品或服务模式，以取得合作支持或风险投资的商业报告。创业计划书是用来描述创办新企业的所有内部因素和外部要素。一份完整的创业计划书应由执行摘要、企业介绍、市场分析、营销策略、财务分析报告和风险分析与对策六部分组成。创业计划书的基本结构如图 9-2 所示。

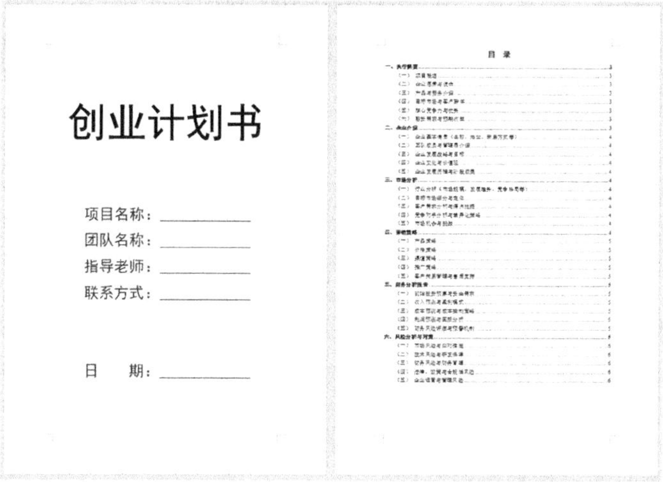

图 9-2 创业计划书的基本结构

一、执行摘要

执行摘要是创业计划书的主要构成之一，目的是提炼出整个计划的要点，让审阅者（如潜在投资者和贷款方）在最短的时间内了解创业项目，并说服他们进一步阅读创业计划书。执行摘要的长度应不超过一页，具体包括以下内容。

（1）经营理念：企业是做什么的？

（2）业务目标和愿景：想要做什么？

（3）产品或服务的概述：将要销售什么产品或提供什么服务？

（4）目标市场：产品或服务的受众群体是谁？

（5）市场策略：如何了解目标客户？

例如：某家庭咖啡工作坊的创业执行摘要：我们将创建一个主营现磨咖啡的家庭咖啡工作坊，主要以外带方式，服务对咖啡品质有要求但预算和时间有限的年轻上班族和妈妈群体。我们向顾客提供半成品的手磨咖啡，让他们能够以合理的价格享受到高品质咖啡，同时体会到制作咖啡的乐趣。通过网络销售平台，我们向快速增长的忠实客户群销售我们的产品，并通过这些客户的分享，建立一个围绕家庭咖啡制作的小社区，为咖啡爱好者提供一个分享和交流的平台，给广大喜爱手磨咖啡的上班族和妈妈群体提供一种全新的、便捷的咖啡消费方式。

二、企业介绍

企业介绍是告诉潜在投资者或者合作伙伴，谁将创办并经营企业，采用什么样的法律架构，如合伙企业、有限责任公司、个人独资企业或其他形式的主体。同时，介绍将要创办企业所提供的产品或服务有什么与众不同之处，以及企业的竞争优势等，主要包括以下几个方面的内容。

(1) 企业的名称和组织结构；

(2) 产品概况；

(3) 企业的商业模式；

(4) 企业的愿景、使命；

(5) 企业短期和长期的业务目标；

(6) 创业团队成员的基本情况。

在描述企业愿景时，建议使用"我们会""我们将"作为开头，描述不宜过长，在三句话内完成描述。而企业的使命，最好用一句话来概述。如果是创业团队，可用图表展示企业的内部组织结构，包括各创始人在创业过程中承担的角色、学历背景、专业技能、工作经历及各自职责。此外，图表还能清晰地反映成员之间的关系，以及他们能为初创企业作出什么贡献。

三、市场分析

无论创办什么样的企业，市场的选择在很大程度上决定了创业的成败。选择一个合适的市场，并成功占据先机，创业就成功了一半。反之，如果选择了错误的市场，产品或服务很可能陷入销售困境。因此，进行详细的市场分析至关重要。市场分析是创业计划书中非常重要的一部分,它包括对目标市场的定位、市场规模的预估,以及对市场竞争状况的认识等。

(一) 目标市场

例如:某新兴茶业创业公司目标市场的分析概述。

我们的目标市场是那些具有健康和环保意识的年轻人群和健康生活爱好者。他们追求的是高品质的有机茶和茶产业的可持续发展路径。我们的产品主要针对25~34岁、高收入的消费者群体。这一部分人群通常具有较高的学历,环保意识强,并且对工作和生活充满热情。他们愿意为促进健康和可持续发展而支付额外费用。

(二) 市场规模的预估

市场规模预估是指确定有多少人可能需要你提供的产品或服务。这一过程需要收集相关数据来验证潜在市场。例如,如果想了解目标客户档案,可以查询客户所在地区的政府统计数据,以了解他们的居住地、消费习惯和社交习惯等。研究相关行业发展趋势时,可以从行业出版物、权威学者的研究数据中了解消费趋势和产品趋势。通过收集和整理相关数据,虽然不能获得市场完整的信息,但可以充分利用数据来验证自己的预估。数据获取可以从政府网站、行业协会、学术研究和权威的新闻报道中收集。

(三) SWOT分析

SWOT分析主要从创业者的优势、劣势、机遇和威胁四个角度进行分析。优势是什么?擅长什么?可以将哪些因素转化为机遇呢?又有哪些外部因素可能对成功构成威胁?在创业计划书中,通过表格形式呈现SWOT分析,让创业者找到自己的竞争优势。

案例分析

××市星辉光电科技有限责任公司创业计划书 SWOT 分析

内部因素		外部因素	
优势	劣势	机遇	威胁
与其他创业者相比，你的优势资源是什么	与其他创业者相比，你缺少什么资源	对创业项目有利的外部因素有哪些？可以从政策、市场竞争、行业、潜在竞争和经济环境五个方面阐述	威胁创业项目成功的外部因素有哪些？从政策、市场竞争、行业、潜在竞争和经济环境五个方面阐述
例如，1. 大学生创业时的激情和自信；2. 人才优势，本团队成员来自不同专业，可利用专业知识；3. 在学生群体中，led 灯需求量大，市场广阔	例如，资金缺乏，经验不足，没有完整的销售渠道等	例如，市场趋势，政府对大学生创业的政策支持	例如，市场竞争加剧，消费者需求不断变化

（四）竞争分析

首先，从自我剖析的角度出发，识别产品或服务在市场竞争中脱颖而出的关键优势至关重要。这些优势可能包括成本优势，即通过提供低于大多数竞争对手的价格以实现利润最大化；产品或服务的创新性，即创业产品或服务在市场上具有独特性或领先地位；以及市场定位的特定性，即产品或服务专注于特定的目标市场，并致力于在进入大众市场之前，吸引特定的小众受众。这些优势构成了产品或服务在竞争中的核心竞争力。

我们了解自身产品和服务优势后，还需要对市场竞争格局进行分析，如果在成熟市场创业，需要列出你认为的直接竞争者，并说明你将要提供的产品或服务与这些市场上已经存在的产品或服务有什么不同，以及如何与这些产品或服务进行区分;如果是一个全新的或者发展仍不成熟的市场,市场上没有直接竞争者,就需要将能够提供该产品或服务替代品的公司作为竞争对手,同时从消费者角度出发,思考产品或服务的改进和完善空间。

四、营销策略

销售策略是创业企业战略规划的核心组成部分,其目的在于确保目标客户群体对产品或服务的认知与接受。在制定销售策略时,企业需考虑如何有效地将产品信息传递给潜在客户,并促使他们采取购买行为。在当前的市场环境中,利用自媒体及网络平台进行产品推广已成为一种趋势。然而,在实施此类策略之前,企业必须深入分析目标受众的网络使用习惯,包括他们偏好的社交软件类型以及上网频率。若目标客户群体并不频繁使用网络或特定社交平台,企业则需重新审视并调整其营销策略,以确保销售活动的有效性和效率。

在制定营销策略时,需要注意以下四个方面。

(一)产品或服务定价

根据产品或服务的单位成本,并结合市场同类产品售价,决定最终投放市场的价格。

(二)产品或服务特征

要充分了解自己的产品或服务的功能和特点,以及如何突出这些功能和特点让产品或服务在市场上脱颖而出。

(三)推广方式

推广新产品或服务通过广告媒体宣传、展会推广、公关活动(电台采访、研讨会、媒体新闻稿件等)、网络推广(自媒体推广、网站推广、在线调研等)、促销活动(试用、赠送、打折等)、数据库营销等,利用现有关系网络收集和积累客户信息,经过分析和筛选后,通过电话、短信、邮件、微信、抖音等方式,对目标客户进行深度挖掘和维护。

(四) 销售渠道

应考虑企业生产的产品或提供的服务将在哪里销售?通过哪些渠道和市场进行销售?是以线上销售为主,还是以门店销售为主?选择这种方式的原因是什么?

例如,一个创业茶叶公司的营销策略。

××茶叶公司依托生态茶园的建设,采用绿色低碳的生产技术,确保在维护茶叶品质的前提下,生产过程对环境资源的保护得到保障,从而实现了茶产业的可持续发展。××茶叶公司的推广策略包括:

(1) 付费广告:使用抖音和微博等社交平台宣传产品。有针对性地向目标客户群体推送产品信息。

(2) 促销和折扣:开展一系列线上线下促销活动,提供无条件配送服务及买一赠一优惠活动。同时,利用社交媒体平台发布限时折扣信息,以增强市场竞争力。

五、财务分析报告

无论多好的想法和创意都需要投入精力、时间和金钱。创办企业时,需要进行预算分析,确定所需资金的总额。这包括固定资产投资、原材料采购成本、产品销售和推广费用等支出。通过这些分析,可以精确计算出创业所需的启动资金,并进行科学合理的财务预测。财务分析报告在一定程度上,可以分析创业项目成功的可能性,对于那些想要寻找外部资金支持的创业者来说,一份全面的财务分析报告尤为重要。创业企业财务分析报告的撰写,主要目的在于反映企业对未来经营状况的预期。若财务预测的精确度不足,可能导致整个创业计划书的可信性受损。因此,财务分析报告中的数据必须基于实际经营情况,进行精确的估算。

第九章 创业计划

在进行财务分析报告的撰写时,数据的准确性和可靠性是至关重要的基础,因为它们为市场趋势和未来业务发展提供了科学的预测依据。在创业计划书的编制过程中,财务预测是核心组成部分,其主要包括以下三个方面。

首先,收入预测构成了财务预测的核心。对于创业者而言,通过借鉴同行业过往的销售业绩和市场需求分析,可以对产品销售收入进行科学的预估和计算。

其次,成本预测是财务分析中不可或缺的一环。它要求对包括产品或服务的直接成本、销售成本、人工成本、管理成本及固定资产折旧等在内的多项数据进行深入分析。在创业计划书中,这些分析结果应直接展示,以体现其透明度和可靠性。

最后,利润预测是在收入预测和成本预测的基础上,通过对影响利润的各种因素进行综合分析,进而对潜在利润进行科学的预估和计算。一份合理且具有吸引力的财务数据能够显著提升创业计划书的说服力和专业性。

例如,财务分析表如表9-3~表9-8所示。

表9-3 固定资产:生产经营投入

项目	原值/元	月折旧率/%	月折旧金额/元	备注
生产工具和设备				
办公家具				
电子设备				
交通工具				
店铺/厂房*				
合计				
备注	折旧率标准参看2009年6月23日颁布的《中华人民共和国企业所得税法实施条例》;月折旧率=1/折旧年数/12			

*若店铺/厂房为租赁性质,则此栏空白。

表9-4　月度原材料/商品采购成本　　　　　　单位：元

名称	数量	单价	价格
合计			

表9-5　月度销售费用与管理费用预测　　　　　　单位：元

类别	科目	金额
销售费用	宣传推广费用	
管理费用	场地租金	
	员工薪酬	
	办公用品及耗材	
	水费、电费、交通差旅费	
	其他	
财务费用	利息	

表9-6　启动资金需求　　　　　　单位：元

类别/项目		金额	备注（对主要费用及其他重要事项说明）
固定资产购置合计			
开办费	工商注册和税务登记费		
	市场调查费、差旅费和咨询费		
	各种许可证审批费用		
	支付连锁加盟费用		
	其他费用（如培训费、资料费、购买无形资产费用等）		
合计			

续表

类别/项目		金额	备注（对主要费用及其他重要事项说明）
流动资金	原材料采购/商品采购		
	场地租金		
	员工薪酬		
	办公用品及耗材		
	水费、电费、交通差旅费		
	其他费用		
	合计		
启动资金总计			

表9-7 启动资金来源

筹资渠道	资金提供方	金额/万元	占投资总额比例/%
自有资金			
私人拆借	如亲属、朋友等		
银行贷款	银行		
政府小额贷款	政府相关部门		
其他			
总计			

表9-8 月度利润预测　　　　　　　　　　　　单位：元

项目		本期金额
一、主营业务收入		
加：其他收入		
减：主营业务成本	生产/采购成本	
营业税及附加（按5.5%计算）		
变动销售费用	销售提成	
边际贡献率（%）=（主营业务收入-主营业务成本-营业税金-销售提成）/主营业务收入×100%		
固定销售费用	宣传推广费	

续表

项目		本期金额
管理费用	场地租金	
	员工薪酬	
	办公用品及耗材	
	水费、电费、交通差旅费	
	固定资产折旧	
	其他管理费用	
财务费用	利息支出	
二、营业利润		
减：所得税费用（按25%计算）		
三、净利润		

备注：员工薪酬包括创业者薪酬和职工薪酬

六、风险分析与对策

任何创业项目都有风险，但创业者应对风险的能力却不同。创业者识别和应对风险的能力往往是投资者更看重的因素。创业者首先需要学会识别和评估风险等级，并提出相应的解决办法，以确保风险分析和对策与总体业务战略保持一致。这种识别风险的能力有助于创业者的成功。在创业过程中，主要有以下几类风险，创业者需要提前识别和预判。

（一）行业风险

行业风险是指行业生命周期、市场波动性和行业集中度等。

（二）政策风险

政策风险是指因国家宏观政策（如货币政策、财政政策导向）、行业专项监管规则变动、地区发展规划发生变化，导致市场价格波动而产生的风险。

(三)市场风险

市场风险涉及的因素有市场需求量的波动、目标客户群接受新产品或服务的周期、竞品引发的价格战等。

(四)技术风险

技术风险是指企业产品创新过程中,技术成功的不可预测性、技术前景的不确定性、技术效果的多变性、技术寿命的不确定性等。

(五)资金风险

资金风险主要有两类:一是创业资金短缺风险;二是融资成本风险。

(六)管理风险

管理风险是指企业在经营过程中的风险,如管理者的素质风险、决策风险、组织结构风险、人才管理风险等。

(七)环境风险

环境风险是指由于社会、政治、政策、法律等因环境变化或意外灾害发生而造成失败的可能性。

(八)其他风险

案例分析

某咖啡店创业计划中的风险分析与对策

一、咖啡店在经营过程中可能面临的风险

1. 市场风险

市场风险可能随着消费者偏好的改变而影响咖啡消费的趋势。因此,创业者需要定期进行市场调查，及时听取客户反馈，咖啡品类要多样化，以满足不同客户群体的喜好。同时，与当地有影响力的短视频博主合作进行营销推广。此外，还可能因原材料价格波动，如牛奶、咖啡豆等原材料价格突然上涨，使咖啡成本大幅提高。需要定期检测商品价格，探索通过批量采购协议来稳定成本，寻找咖啡关键成分的替代供应商，在不影响咖啡品质的情况下节约成本。

2. 管理风险

因供应商问题导致供应链中断原材料短缺。需要在日常管理中加强供应商的管理，关键是确保有多家供应商备选，维持必要安全库存。

二、风险评估

风险类别	可能性（1~5）	影响（1~5）	优先级别（可能性×影响）
消费者偏好	3	4	12
原材料价格	4	3	12
供应商	2	3	6

三、应对风险的措施

主动增强应对风险的能力，让咖啡店不断适应市场变化趋势，确保能在激烈的咖啡行业竞争中取得成功。

总结

创业计划是一份详细的路线图，它是创业者对企业愿景、使命和目标的体现。制订创业计划可以帮助创业者更好地厘清发展思路，明确发展方向，同时识别机会、设定优先级，并有效地分配资源，使创业者能够采取积极的风险管理策略，提高企业的抗风险能力。同时，一份精心准备的创业计划还可以提高创业者获得融资的可能性，为创业者成功创业奠定坚实基础。

思考与讨论

1. 创业计划对创业企业内部有什么作用?
2. 创业计划应该包括哪些内容?
3. 如何明确企业的创业目标?
4. 制订创业计划书时,如何进行财务预测?

第十章　新创企业管理

学习目标

▲知识目标：

(1) 了解新创企业的注册流程、产权安排及法人治理结构；

(2) 了解新创企业模式，学会灵活运用；

(3) 明确新创企业商业模式的概念；

(4) 联系现实生活，了解新创企业的管理模式。

▲能力目标：

(1) 学会分析新创企业的商业模式及其种类；

(2) 学会新创企业各个时期的营销策略；

(3) 初步掌握新创企业的运营方式。

第十章 新创企业管理

第一节 新创企业的注册流程

一、新创企业的产权安排

产权保护构成了产权制度的核心要素。若缺乏有效的产权保护机制，产权的划分与配置将无法顺利实施。因此，产权的划分作为所有权分配的先决条件，以及所有权分配作为所有权运作的基础方式，所有权实现的关键决定因素实为产权本身。

产权安排是指在社会经济运动过程中，产生的各项财产权利的归属形态及各项权益的具体组合。

（一）所有权分配的具体类型

1. 私有产权

私有产权，即财产归属主体为个人，其权益行使的决策权完全由私有者独立行使的一种所有权形态。私有产权的本质在于赋予个体在利用资源时，对可能出现的利益冲突的不同用途进行自主决策的权利。该权利并未对物质的潜在用途施加任何人为或强制性的限制，而是赋予了个体在选择用途时的排他性权利。仅当合同条款触犯刑法时，私有所有权的行使才会受到政府行为所体现的社会力量的干预。此外，私产权并不意味着所有与资源相关的权益均集中于个人，只要各权利主体的权利不发生重叠，多人对同一资源或资产所行使的权利依然保持私有产权的属性。

2. 社团所有权（俱乐部所有权）

社团或俱乐部，作为社区基于特定规则而组建的组织实体，通过既定规则获取资源，并向其成员提供共享的俱乐部商品。同时，依据相应规则，成员需向社团缴纳相应的费用。在社会主义市场经济的框架下，社团产权具有以下特征。

排他性：此特性表明，只有符合特定资质并遵循协会规定的成员，方能行使和管理社团财产，并享有相应的权益。非社团成员无权享有社团所有权的利益。

不可分割性：社团所有权与私有产权的主要区别在于其不可分割性。社团所有权在成员之间是绝对重叠的，即每位成员虽使用社团财产以满足个人需求，但无权宣称该财产归其个人所有。

社团成员数量的有限性：无论社团对会员资格的设定如何，其成员数量总是有限的。这意味着，只有部分成员能够成为社团的核心成员，并共享社团的商品，而非所有社团成员均能享有此权利。

3. 公共产权

公共所有权具有非排他性特征，即任何个体均能自由地参与对公共财产的利用，且无法阻止他人进行相同利用。此外，公共所有权还表现出不可分割性，即在法律层面上，公共财产属于全体公民的集体所有权，但具体到每一位公民个体，则无法对公共财产主张个人所有权。

4. 国有产权

国家所有权概念涉及国家代表全民利益和意志，对全民所有制财产实施占有、使用、收益及处分的法定权利。在不同社会形态中，国家均需掌握一定数量的固定资产，包括但不限于耕地、溪流、林木、矿藏及某些特定行业的固定资产。依据现行法律规定，国家是企业唯一的所有权主体，严禁任何机构或个人利用技术手段侵犯或破坏企业权益。在我国，国有资产实行统一所有、分级监管、企业自主经营的管理体制。因此，围绕国有资产的占有、使用、收益及处分等权利的行使，已形成包括中央政府、地方各级人民政府、企业负责人、各类中介组织及多个企业机构在内的多层次土地所有权主体结构。

5. 法人产权

企业所有权也称公司所有权，是指企业资产权利的行使并非由单一自然人决定，而是由企业最高决策机构——公司法定代表机构所作出。在常规操作中，股东代表大会通过投票选举产生理事会，理事会随后依据民主程序对企业的产权运用、负债管理及利润分配等关键问题作出决策。然而，由于一致同意的投票结果往往难以达成，多数情况下，理事会只能在重大议题上寻求相对满意的结果。对于企业所有权的持有者而言，那些在集体投票中处于少数派的大股东，若对投票结果无法接受或其建议未获采纳，他们有权通过"退出"投票的方式，即转让其持有的股权，来表达其立场。

（二）产权界定

产权的划分是所有权设置的基本功能与条件，主要分为以下两个环节。

1. 界定权利范围

一般而言，产权划分的基础条件必须是明确的，只有这样，才能实现产权划分的目的。由于存在交易成本，并非所有情形下产权都是越明确越好。在某些情况下产权模糊性反而能够降低交易成本，提高效率，如公共汽车的月票制度、酒店的自助餐服务等。

2. 权利的归属、权利的分配对象及控制权的归属

所有权划分给个人就是私人所有权，划分给多人非排他性使用是共有所有权，划分给公众群体是公共所有权。一种资本通常拥有多个特征和权利，有时将这些特征和权利划分给不同的市场主体能够实现更高的效率。产权配置是指依据优化原理，采用特定方法对既定产权加以调整与整合，使其实现最高效能或最佳效益的过程。

（三）企业产权配置

在社会主义市场经济体系中，企业产权配置的理论基础应当建立在社会主义市场机制或市场交易之上。因此，政府机构需对企业产权配置政策进行宏观指导与调整。产权分配的依据必须遵循效率原则，即以能否实现效益最大化作为产权分配的决定性因素。有学者强调正义的重要性，主张

正义是所有法律体系中，包括产权制度的首要价值。同时，人们也强调平等与效率的平衡，尽管对于二者何者应优先存在不同的观点。不同的社会产权划分和配置方式将形成不同的社会产权结构，而所有制结构作为整个社会结构的基础，不同的社会产权结构也将对社会道德状况乃至整体社会结构产生不同的影响。

二、新创企业法人治理结构

根据《公司法》，法人治理结构由以下四个部分组成。

（1）股东大会由公司股东组成，反映了所有者对公司的最终所有权和最高权利。

（2）公司股东大会选举产生的董事会是公司的决策机构，决定公司的发展目标和重大经营活动，维护投资者权益。

（3）监事会是公司的监督机构，对公司的财务、董事、经营者的行为起到监督作用。

（4）董事会聘请的经理是公司的经营者、执行人和执行机构。

公司法人治理结构的四个组成部分是依法设立的，其产生、组成、行使职权和行为规则在《公司法》中都有具体的规定。因此，公司的治理结构是基于法律制度，根据公司本质属性的要求形成的。

三、新创企业注册的基本流程

每个创业者在创业路上都必须经历新办企业的过程。创业者需要了解国家的法律、法规和政策，准备必要的文件，并按照规定的步骤和流程完成各项手续，才能完成注册手续并开始经营。本节将从以下几个方面介绍新创企业的基本流程。

1. 确定企业类型和名称

在开始新的企业之前，创业者需要决定企业的类型和名称，如有限责任公司、股份有限公司、个体工商户等。这几种类型的企业在法律、法规和运营模式方面各有不同，因此需要根据实际情况来选择。企业的名称必须符合国家法律和法规的规定，不能与其他企业重名或相似。

2. 准备文件材料

准备文件材料是新企业注册的重要步骤之一。根据企业类型和注册地址的不同，所需准备的文件材料也会有所不同。通常需要准备的文件包括身份证、营业执照申请表、组织机构代码证、税务登记证、银行开户许可证等。其中，营业执照申请表是新企业注册的核心文件，其中包括企业名称、类型、经营范围、注册资本、股东信息等。组织机构代码证和税务登记证则是企业营业执照的附属证件，同时也是企业注册的必要条件。开户许可证是企业开立银行账户的必要证明。

3. 选择注册地点

选择企业注册地点是一个重要的决策，必须符合国家规定。根据企业类型和经营范围的不同，有时需要满足特殊条件或资质。例如，某些行业需要特殊的工商执照或资格证书，或者需要在特定的经济区域或园区进行注册。因此，创业者在选择注册地点时，必须考虑实际情况及其对企业经营的潜在影响。

4. 提交申请

一旦准备就绪，创业者需要将申请材料和申请表提交给工商部门，以便申请注册营业执照和税务登记证等。在提交申请前，务必仔细填写和核对申请表，确保所提供的信息准确无误。同时，还须缴纳相应的注册费用和税金。

5. 审核和领证

工商部门对提交的材料进行审核，确认无误后颁发营业执照和税务登记证等证照。这意味着企业正式成立，可以开始其经营活动。创业者必须妥善保管这些证照和相关材料，并根据规定及时进行更新和变更。

6. 办理其他手续

企业注册完成后，还需要办理其他一系列相关手续，如银行开户、缴纳社会保险、注册商标和建立财务管理体系等。其中，银行开户是企业日常经营的必备环节，而社会保险的缴纳关乎员工的基本权益。此外，商标注册和财务管理则是企业品牌和运营管理的重要方面。创业者必须根据实际情况和业务需求，及时办理这些手续，并保持良好的经营和财务管理状况，以确保企业健康发展。

第二节　新创企业概述

新创企业是指创业者利用商业机会，整合资源创建的一个具有法人资格的全新实体。它能够提供产品或服务，以营利为目的，并创造价值。

一、新创企业的管理模式

在现代市场经济的背景下，进行新创企业管理理论与管理模式创新研究，对于提高我国新创企业的管理水平有着重大的意义。身为公司的领导者，必须根据公司的实际情况及与时俱进的发展模式，增强新创公司的国际竞争力。与时俱进的发展模式是新创公司在多变的竞争环境中生存和发展的关键。

（一）亲情化管理

亲情化管理模式具有很大的内聚性功能，这种模式是利用家庭血缘关系的内聚性功能来实现对公司的管理。在公司发展初期，亲情化管理模式确实能够起到良好效果。然而，当公司壮大后，这种依靠亲情的管理模式可能从内聚性功能转变为内耗功能，这将不利于公司的长期发展，甚至可能导致公司走向没落甚至倒闭（图10-1）。

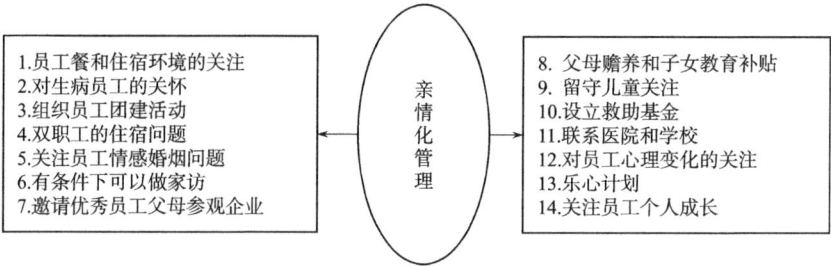

图 10-1　亲情化管理

（二）友谊化管理

友谊化管理，也称作哥们式公司，是一种基于友谊原则来处理企业内部人际关系的组织模式。在企业初创阶段，该模式能够带来诸多益处。在资金相对紧张的条件下，团队成员间的相互付出与支持能够形成强大的凝聚力。

然而，友谊化管理模式并非毫无瑕疵。随着企业规模的扩张，尤其是当企业盈利达到一定水平后，若利益分配机制处理不当，基于友情的关系可能会逐渐淡化。因此，若企业未能根据发展态势适时调整管理模式，将面临迅速衰败甚至倒闭的风险。

（三）温情化管理

温情化管理秉承"以人为本"的核心理念，注重对人的细节关怀、人才的依赖与重视，以及人才发展的促进。其本质在于"以身作则"，实现"人本"管理的目标，提升员工个人素质，强化企业内部的凝聚力，增强企业竞争力，促进企业的发展与壮大。温情化管理的本质可以从两个维度进行阐释：首先，对员工而言，无论是管理层对员工的宽容，还是员工间的相互关怀，均能提升员工在工作中的幸福感和对企业的归属感。员工将自己视为公司大家庭的核心成员，从被动接受转变为主动参与，积极投身于公司的管理活动，这体现了"人性化"概念的关键方面。其次，高度强调

"人"的作用,并将"人"的因素置于管理因素的首要位置,在管理实践中实现以理服人、以情动人。然而,温情化管理模式在实践中往往忽视了人的侥幸心理和懒惰倾向,随着时间的推移,可能导致一系列问题,如相互包庇、拉帮结派、工作效率低下等。若未能对温情化管理的缺陷进行有效改进,企业可能会面临衰败甚至倒闭的风险。

(四) 制度化管理

制度化管理是依据法律法规,作为调整公司内部各团体间集体活动的管理策略。该管理模式是公司发展进程中的必经阶段,体现了公司法治化建设的具体实践。制度化管理具有以下特征。

(1) 在劳动分工的基础上,对各职位的权限与责任进行明确界定并予以制度化;

(2) 依据各部门及各层级人员的职权范围,确定其在公司中的地位,构建一套规范化的指挥体系或等级结构,并以制度形式加以固化;

(3) 以书面形式规范工作特性及从业者应具备的素质和技能要求,依据正式流程选拔团队中的所有成员。

综上所述,制度化管理往往未能充分重视人的作用,忽略了人的主观能动性。在实施制度化管理的过程中,可以构建相应的公司文化,使之深入员工日常生活的各个层面,从而激发员工的工作积极性。

不存在任何一种完美的管理模式,在公司的管理实践中,必须实现刚柔并济,营造良好的工作环境,增强员工的幸福感与归属感,从而促进公司的成长与壮大。

二、新创企业的商业模式

商业模式是指通过整合企业内部的各项运营要素,构建一个全面、高效的运营体系,以最优化的方式满足客户需求并实现持续盈利。其核心在于为企业创造价值,不仅包括收益的获取,还涵盖为顾客、员工、合作伙伴及股东带来的多元化价值。在此基础上，企业能够形成独特的竞争力与可持续发展的能力。对于新创企业而言，其商业模式通常可以分为以下几类。

1. 一次性预付使用费加维护费模式

一次性预付使用费及维护费模式在业界颇为常见，客户需预先支付一定费用以获取产品体验，并可选择通过周期性支付方式使用产品升级功能或享受产品维护服务。预付费用通常源自企业的资本性支出，尤其在收费额度较大时，此支出过程将相应延长。而后续的维修费用则多从客户的营运预算中支取。

2. 成本增加模式

在成本递增模式下，消费者需承担产品成本的特定比例。此类模式通常应用于政府合同及企业与用户之间成本分摊的情境。然而，该模式存在的主要问题在于，它要求各方在财务假设上达成共识，并对生产率、产品价格等信息的长期准确性持有信心。例如，在购买 DIY 产品时，若消费者需要专业人员进行组装，则需额外支付组装费用。

3. 实价模式

"同一商品价格，实施统一价格"，即在特定区域内对同一商品或服务实施统一的标价政策。当产品或技术无法产生差异化时，为了减少同行之间的竞争，商家往往会采用这种模式。

4. 订阅或租用模式

用户可依照既定的时间段支付固定的服务费。此方法能够为公司提供重复性收入，具体分为以下两个子模式。

（1）年费制或长期制：该模式能有效锁定顾客。与一般预付方式相比，它可以显著降低顾客的支出。年费制的优势是能够减少公司对即时资金的需求。

（2）月费制度：该模式能够给予客户更多的弹性空间，与年费制或长期制比较，公司还可以承担更多的成本。

5. 授权模式

授权用户通过其 IP 地址缴纳使用费，这给公司提供了可观的毛利率（毛利是指销售收入与销售成本之间的差额）。产品授权的另一种好处是，不必在制造产品和营销产品方面进行大规模投资。但是，这种方式也存在许多弊端。除非你的 IP 地址十分热门，否则难以吸引用户付费使用。而且，需要通过现有企业维持 IP 和研发颠覆性新产品，但这些企业可能不希望提供授权，因为这会影响它们保护现有产业的短期效益和中期效益，如购买音乐制作人的作品用于其他商业活动等。

6. 耗材模式

这是一种对公司与顾客而言能够达到双赢的价值获取方法。对于用户来说，利润的前期投入较少，而后期成本则根据用量来决定，这是用户能够自己控制的一个因素。尽管客户在前期投资较大，但一旦商品启用，他们就会持续购买。产品投入使用后，用户会购买所需的耗材。耗材的采购量由使用量决定，一般情况下，公司可将这部分成本转嫁给顾客。

7. 附加盈利模式

附加盈利模式的特点是先以较低的利润出售核心商品，再通过附加产品获得高盈利。

8. 广告模式

正如过去的报刊广告、杂志广告及现代的网络广告，或通过第三方付费的方式可以获取并保护特定消费者群体，实现资本化。如果运营得当并能够保证足够大的消费者群体，这种模式极具盈利潜力。但是，对于许多初创公司而言，若仅通过广告模式来实现盈利是很难得到发展的。

9. 交易费模式

在通常情况下，互联网零售商会给成功推荐客户的个人提供佣金，同时也会支付给其他互联网推送服务提供商相应的佣金。

10.（线下）使用量模式

这个模型与电表计费类似，但其使用范围却极为广泛。亚马逊公司提供一项专门的云计算服务,即网站伺服功能,是按照实际使用量来收费的。这种模式的最大优势是,客户能够更好地控制成本,只需为实际使用的带宽业务付费,而无须为未使用的其他功能付费。

11. 流量(线上)模式

流量(线上)模式是指根据固定使用量而实施的可预见的重复性收费模式,一旦用户超过规定使用量,附加用量的收费就远高于基础用量收费。公司和顾客都非常清楚基本用量收费,因为这个用量是固定的,而附加用量则有较大的灵活性。

12. 微交易模式

在这种模式下,网络平台需要用户提供银行卡号。用户支付较低廉的价格即可得到电子商品——这种商品由虚拟电子产品组成,几乎没有成本。销售这类产品的公司由于销量巨大,能够实现丰厚收益。

13. 连锁运营模式

如果创业者有可实现的项目,但没有拓展业务的实力或资金,可选择采取连锁运营模式,这种模式不仅可以在连锁营销中分成,还可以通过连锁店出售其品牌商品获得收入。

14. 营销管理与维护模式

有些企业并不直接销售商品,而是通过为客户提供企业管理运营服务来实现盈利。这种模式类似于咨询服务,其核心在于帮助客户控制成本,进而对营业收入产生积极影响。

在理解并学习了新创公司的商业模式后,我们该如何选择适合自己的商业模式呢?当然,每家公司的商业模式都不是固定不变的,而是随着公司的发展不断作出调整。

第三节 新创企业营销概述

企业就像一个有生命力的实体,经历着从产生到消亡的生命周期。在企业生命周期的每个阶段，企业都会面临转型问题。如果转型成功，企业就会成功跨入下一阶段；反之，则可能遭受挫折甚至失败。因此，对于成立3~42个月、正处于初创和成长期、存在未来成长潜力不确定性与高风险特征的新创企业来说，特别需要创业者把握好这一阶段的营销策略，处理好转型过程中的问题，才能更好地促进企业的健康成长。

新创企业的营销是在市场竞争中采用一系列的营销策略和方法。与传统企业相比，新创企业面临的挑战更大，如市场份额较小、品牌知名度较低，以及资金和资源有限。因此，新创企业需要有独特的营销理念，提高品牌认知度，吸引潜在顾客，建立市场份额并实现盈利目标。

一、新创企业营销的重要阶段

（一）初创期

初创期是新创企业刚开始运营的阶段，通常是从企业成立之日起到企业实现盈利或稳定运营的阶段。

初创企业需明确自身拟进入的行业。如果选择进入成熟行业，企业决策者应在精准把握行业环境并切实评估企业自身能力的基础上，审慎决定是否制定进入战略等相关事宜。而在涉足全新或陌生行业时，企业决策者对行业及企业环境的预测与分析能力将成为企业发展的核心要素。在这一阶段，企业资本实力通常较为薄弱，其产品或服务尚处于市场试销期，尚未被消费者广泛接受。由于生产批量或服务规模较小，同时研发和试制成本较高，产品或服务的成本居高不下。此外，由于用户对产品或服务缺乏了解，企业需投入大量资源用于促销活动，这进一步推高了销售成本。在这样的市场环境中，产品或服务通常没有直接竞争对手。

面对竞争激烈的市场环境，新创企业在初创阶段将面临巨大的挑战。要想成功进入市场，企业需深入理解目标市场需求，提供独特价值，并与客户建立并维持良好的关系。虽然进入市场需要大量的准备工作和资源投入,但这并不意味着无法实现。为了取得成功,企业应全面了解目标市场,提供差异化且有价值的产品或服务,保持优质的客户关系,积极参与社交媒体运营,并逐步树立良好的品牌形象。这些要素是企业成功的关键所在。

初创期企业面临的主要风险包括生产风险、技术风险、市场风险和财务风险等。其中,财务风险尤为突出,主要源于企业对资金的高需求与缺乏过往经营记录之间的矛盾,这使企业从银行获取贷款的可能性极低。大多数创业型企业在这一阶段遭遇挫折,导致初创期失败率较高。生产风险则体现在新产品或服务可能因工艺能力不足、材料供应短缺、零部件配套问题或设备供应能力限制而影响计划推进。技术风险涉及技术能否产品化、新技术的实际效果和发展前景的不确定性,以及潜在的技术副作用等问题。市场风险则体现在市场对新产品或服务的接受程度及所需时间的不可预测性上。

对于初创期企业而言,首要任务并非成长,而是生存。只有在市场中站稳脚跟,才能为未来的成长奠定基础。由于创业型企业通常缺乏管理经验,尚未形成完善的供应和销售网络,也未被业界广泛认可,因此可以考虑引入具备丰富社会关系和投资经验的创业投资者。借助创业投资者的关系网络和信誉,企业能够找到合适的管理人员、供应商和销售商,从而推动生产和销售的顺利进行。此外,企业还需合理配置股权结构,既保证对外部投资者的吸引力,又确保创业者对企业的绝对控制权,避免因外部干预而失去灵活性。

(二) 成长期

1. 成长期的具体内容

新创企业从创业期进入成长期,意味着企业已经具备了一定的市场认可度和经营基础,并开始向规模化、品牌化、专业化等方向发展。成长期通常会持续数年时间,其间企业往往难以实现显著突破,这一阶段也因此成为企业发展过程中最具挑战性的时期之一,需要企业制定并实施有效的应对策略。新创企业的成长过程可分为创业期和成长期两个主要阶段，前一节已对创业期进行了详细阐述，而本节将聚焦于成长期的特点及其应对措施。

当新创企业进入成长期，它们通常已经具备了一定的经营基础，并与市场形成了密不可分的联系。市场对企业的发展起着决定性作用，因此处于成长期的企业为了获取更大的市场份额，必须持续拓展市场边界。与此同时，随着企业基础架构的逐步完善，高效的运营需要更多高素质的人才支持。对于企业而言，人才、科技和创新是不可或缺的核心要素。尤其是在成长期，人才不仅是推动技术创新的关键力量，还能为企业注入新的活力。因此，能否吸引并留住优秀人才成为衡量企业在这一阶段能否成功的重要因素。

为了实现市场扩张和吸纳优秀人才的目标，企业需要投入大量资金。然而，为了避免因资金链断裂而陷入困境，企业必须注重资本积累，增强自身的财务实力，以应对日益增长的竞争压力和其他挑战。在这一阶段，企业对资金的需求显著增加，同时面临更加复杂的市场环境。例如，随着企业进入更大的市场，虽然机遇增多，但也将遭遇更为激烈的竞争，这种竞争环境进一步加剧了企业的生存和发展压力（图10-2）。

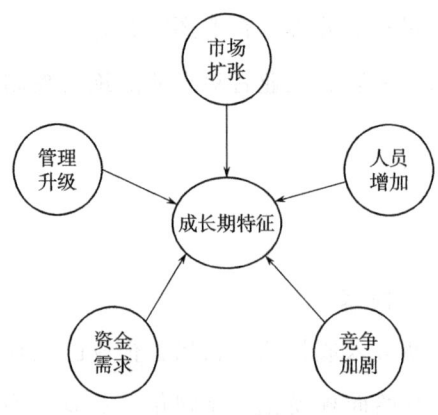

图10-2　成长期特征

2. 企业如何应对成长期

成长期是创业企业发展中最为关键的阶段之一，那么在成长期中，创业者应该如何应对呢？此时首先要明白由"初创期"向"成长期"过渡的企业，普遍存在"管理模式落后""销售模式单一""生产粗放""效率低下"等问题。应针对这些问题，逐一进行解决。

首先，商业模式的设计和创新。在初创期使用的商业模式是针对早期企业建设所提出的，因此它已不再适合成长期企业所面临的困难。商业模式的创新在企业竞争优势的塑造和提升企业绩效方面具有重要作用。成功的商业模式创新可以帮助企业实现可持续的竞争优势，并使组织绩效显著提升。尤其是在动态变化的市场环境中，那些采用商业模式创新的企业比其他竞争对手有着更高的绩效表现。

其次，销售模式朝着多元化方向发展。在初创期，企业的资源和实力有限，往往只能采用单一销售模式，产品利润难以实现最大化。销售模式是指通过某种方式或手段把产品送到客户手里的方式，完成"生产制造—物流流转—终端客户"的环节。

再次，提高产品质量，实现集约化生产。紧跟党的步伐，贯彻新发展理念，着力推进高质量发展，推动构建新发展格局。企业步入成长期后，需调整生产方式，摆脱粗放式生产，提高各生产要素的使用率。

最后，提高效率。进入成长期后，随着企业竞争日益激烈，成本不断上升、利润率下降，新创企业面临巨大的生存压力。企业如何应对压力，是摆在每位经营管理者面前的现实问题。开源节流、降低运营成本是企业应对压力的首要策略，而提升生产效率则是实现成本削减的关键举措。

处于成长阶段的企业所面临的经营管理问题具有系统性特征，需要从商业模式优化、销售模式创新、生产模式改进及生产效率提升等多个维度入手，全面推进经营管理体系的优化与升级，为打造具备核心竞争力的强健企业奠定坚实基础。

二、新创企业营销特点

根据上述分析，可以总结出新创企业具有以下几个营销特点。

（1）创新性：新创企业通常具有独特的产品或服务，与传统市场上的竞争产品存在明显差异。

（2）敏捷性：新创企业通常具有快速反应市场变化的能力。他们能够迅速调整战略和策略，及时抓住市场机会。

（3）数字化：新创企业在营销上更倾向于采用数字化和网络化手段。

（4）社交化：新创企业通常通过社交媒体和社区来进行品牌营销。它们通过消费者的参与和互动，积极建立和维护品牌形象和声誉。

第四节　新创企业运营概述

一、企业使命和愿景

新创企业的使命是通过创新与卓越的实践，致力于为客户、员工及社会创造更美好的未来，推动世界进步与发展。其愿景是成为全球行业的引领者，树立卓越标杆，驱动行业创新与持续发展，这一愿景不仅是短期目标，更是具有长远性与挑战性的战略方向。我们坚信，通过坚持创新、优化运营及持续改进，企业能够逐步迈向行业领导者的地位；同时，通过不懈努力带动整个行业的成长，为社会创造更大的价值。

为实现此愿景，企业需构建一支目标明确、充满热情且敢于冒险的强大团队，并注重培养健康的企业文化，鼓励员工勇于尝试、开拓创新并直面挑战。此外，企业还需与合作伙伴建立紧密协作关系，共同谋求发展与成长，形成互利共赢的生态体系。

在塑造企业文化和推动创新的过程中，关注市场动态、用户需求变化同样至关重要。企业应积极营造开放包容的创新环境，从内部激发员工潜能，同时以敏捷的市场洞察力和前瞻性技术布局，确保企业在竞争中保持领先地位。这种全面的策略将为企业奠定坚实的基础，助力其实现长期可持续发展。

我们坚信，唯有持续追求卓越，方能实现企业之使命与愿景，为客户创造更高价值，为社会作出更大贡献，同时为员工提供更佳的发展机遇与更优质的工作环境。

展望未来，企业将持续保持对市场的敏锐洞察力，密切关注科技发展趋势，始终坚持以用户为核心，以创新为驱动力，致力于提供更为智能化、便捷化及可持续化的出行解决方案。坚信在未来智能出行领域，企业的使命与愿景将引领行业发展之方向，使世界因我们的不懈努力而变得更加美好。

二、目标市场分析与目标市场战略

目标市场分析是指对产业进行细致划分，并针对企业所涉及的具体细分市场展开深入分析与描述。通过这一过程，能够以更加科学的方式制定市场销售策略、开发新产品或服务，同时预测未来的销售趋势与利润表现。该分析包含三个核心部分：市场细分、目标市场选择及目标市场战略。

1. 市场细分

企业根据自身条件和营销目标，以消费者需求的某些特性或变量为依据，区分出具有不同需求的顾客群体。市场细分的理论和实践经历了三个发展阶段：一是大量营销阶段；二是产品差异化营销阶段；三是目标营销阶段。

2. 目标市场选择

企业打算进入的特定细分市场或满足具有特定需求的顾客群体。在当今竞争激烈的市场环境中，企业若想脱颖而出，必须制定一套有效的目标市场战略。

3. 目标市场战略

目标市场战略通常包括无差异化战略、差异化战略及集中性战略。企业需依据内外部环境分析、企业目标设定及资源状况，选择适宜的战略模式。

三、组织架构与团队建设

组织架构与团队建设是实现卓越绩效的关键因素。合理的组织架构能够明确职责与权限，促进协作与沟通，并能灵活应对市场变化。一支高效且具备协作精神的团队则是推动企业实现卓越绩效的驱动力。为了实现这一目标，企业应定期进行组织架构评估、鼓励创新、建立有效的激励机制、培养领导力和营造积极的企业文化。通过这些策略和措施，企业将打造出一支高效协作的团队，从而实现卓越绩效。

（一）组织架构的重要性

在新创企业的初创阶段，很多创业者往往将组织架构视为次要事项。他们把更多的时间和精力投入到产品开发、市场推广和融资等方面，却忽略了组织架构对企业长期发展的重要性。然而，对于新创企业而言，一个良好的组织架构是成功的关键。

对于初创企业而言，一个健全的组织结构是其成功的核心要素。该结构不仅有助于企业确立明确的职责与权利界限，而且能够促进决策的高效性及对市场变动的敏捷反应，增强企业的协同效应，并且吸引及保留杰出人才。因此，初创企业必须重视组织结构的构建，并将其视为企业发展战略的关键环节，根据企业的特性及发展阶段进行持续的调整与优化。唯有如此，企业方能在竞争激烈的市场环境中稳固其竞争优势。

（二）团队建设的关键要素

团队建设是新创企业运营的重要环节，包括团队组织结构、沟通机制、协作流程和团队成长等多个方面。团队建设可以提高团队的凝聚力和合作能力，从而促进企业的创新和发展。对于新创企业而言，团队建设的关键要素包括以下几点。

1. 明确的目标和愿景

团队的存在和发展应该有明确的目标和愿景。目标不仅可以使团队成员明确工作方向，还能激发团队成员的工作动力和积极性。而愿景，则可以为团队提供长远的发展方向，从而增强团队成员的归属感和团队认同感。

2. 清晰的角色和职责

在团队建设中，每位团队成员都应明确自己的角色和职责。唯有如此，才能确保团队运作的顺利和高效。同时，明确的角色定位和职责分工可以避免团队中出现冲突和混乱，从而提高团队的工作效率和成果质量。

3. 良好的沟通与协作

在团队建设中，良好的沟通与协作非常重要。团队成员之间应保持畅通有效的沟通，及时分享信息和交流意见，应该互相支持和协作，共同解决问题和完成任务。只有建立良好的沟通和协作机制，团队成员才能充分发挥各自优势，完成团队目标。

4. 积极的团队文化

团队文化是团队内部共同遵守的价值观和行为规范，对于团队建设至关重要。积极的团队文化可以增强团队的凝聚力和归属感，形成团队成员之间的认同感和共同的价值观。同时，积极向上的团队文化可以激发团队成员的创造力和创新意识，促进团队的持续发展和成长。

5. 有效的领导力和管理能力

团队建设需要有效的领导力和管理能力。领导者应具备良好的领导力和管理能力，能够激发团队成员的潜力，调动他们的积极性和创造力。同时，领导者还应设定明确的目标和策略，指导团队成员的工作和成长。

6. 持续地学习和发展

团队建设是一个持续学习与发展的动态过程。团队成员应具备不断学习和适应变化的能力，通过系统的培训与自主学习，逐步提升个人的专业能力和知识储备。与此同时，团队需要对外部环境保持高度的敏感性与适应性，及时调整工作方式，并优化内部策略。

四、资金管理与预算规划

（一）资金管理

资金管理是指企业运营中对资金的合理配置和有效利用的过程，包括固定资金管理、流动资金管理和专项资金管理。对于新创企业来说，良好的资金管理是成功的关键之一。

资金管理涉及企业对资金的筹集、使用、投资和监控等环节的管理。其核心目标是确保企业能够获得足够的流动资金以支撑日常运营和促进发展，同时最大限度提高资金的使用效率和投资回报率。资金管理包括短期与长期两个层面。在短期资金管理中，主要聚焦于企业日常运营所需的流动资金，包括现金、存货及应收账款等；而长期资金管理则着眼于企业的战略性投资与融资活动，如资本投资、债务融资以及股权融资等。

资金管理在新创企业中的重要性不言而喻。首先，新创企业通常面临资金短缺的困扰。良好的资金管理可以帮助企业更好地运用现有资金，降低对外融资的需求，从而减少财务风险。其次，资金管理可以提高投资回报率。通过合理配置资金，企业可以将资金用于有利可图的项目和业务，进而增强盈利能力。最后，良好的资金管理还可以提高企业的经营效率和市场竞争力。通过有效利用资金，企业能够更好地应对市场变化和竞争压力，实现长期稳定的发展。

在新创企业的资金管理中，有以下几个常用的策略值得参考。首先，是预测和规划资金需求。新创企业应根据自身业务特点和市场情况，合理预测未来一段时间内的资金需求，并进行相应的规划和准备。其次，是控制和管理现金流。新创企业应建立科学的现金流管理体系，及时统计和掌握企业的现金流动情况，合理安排资金的使用和收支平衡，避免资金的浪费和闲置。最后，是优化资金结构。新创企业应根据自身的资金需求和风险承受能力，选择适合的资金来源，如银行贷款、债券融资和股权融资等，以降低融资成本。

新创企业可以借助一些工具和技术来辅助资金管理。例如，企业可以通过财务软件来进行资金流量的预测和管理，提高资金的使用效率和准确性。同时，企业还可以运用金融衍生品等工具来降低利率和汇率等风险，保护企业的资金安全。

资金管理是新创企业运营中不可忽视的重要一环。良好的资金管理可以帮助企业更好地应对资金短缺和经营风险，提高投资回报率和竞争力。因此，在新创企业的发展过程中，应注重建立科学的资金管理体系，并结合实际情况制定相应的资金管理策略，以实现可持续发展。

（二）规划预算

规划预算法是市场经济条件下的一种现代预算管理方法，与传统预算方法存在显著差异。其核心在于不依据职能领域进行资源分配，而是基于规划项目来实施资源的配置。该方法主要适用于政府机构和事业单位，其基本原则是依据实现组织目标的最高效方式来分配资源。规划预算法涵盖了对企业财务状况、预期收入与支出的合理规划与控制。通过制订和执行精确的预算计划，新兴企业能够更有效地管理资金，优化资源配置，并有效应对市场挑战，进而促进企业的可持续发展。

规划预算可以帮助企业建立长期的经营目标和战略。通过编制预算计划，企业可以明确财务目标和关键指标，如销售额、利润率、市场份额等，并且可以对这些目标进行具体量化和时间规划。

规划预算对企业的财务稳定和控制具有重要作用。通过预算，企业可以合理估计和安排收入和支出。

规划预算还可以提升企业的决策能力和灵活性。通过预算，企业可以对各项业务活动进行细致的分析和评估，发现问题和风险，及时采取相应的措施。规划预算也是企业与利益相关者进行有效沟通和交流的基础。通过预算，企业可以向各方展示自己的财务状况和经营目标，明确表达自己的运营计划和需求。

规划预算还有助于企业的未来发展和规划。通过对历史数据和市场趋势的分析和预测，可以为企业的未来发展提供参考和指导。企业可以根据预算的执行情况和结果，对财务目标和计划进行修正和优化，不断提高自身的竞争力和盈利能力。

五、销售与市场推广

随着市场竞争的日益激烈，销售和市场推广已成为企业成功的关键因素之一。销售是推动企业发展的动力，市场推广则是连接消费者与产品的桥梁。

（一）销售的重要性

销售是企业获取利润的关键环节。通过销售，企业可以将产品或服务推向市场，并与消费者建立联系。成功的销售需要了解消费者的需求和偏好，制定有针对性的营销策略，并提供优质的服务和售后支持。通过销售，企业可以扩大市场份额，提高品牌知名度和市场竞争力。

（二）市场推广的重要性

市场推广是将产品或服务推向潜在消费者的过程。通过有效的市场推广，企业可以吸引更多的消费者，提高品牌知名度和美誉度，进而促进销售增长。市场推广需要了解目标消费者的需求和偏好，制定有针对性的营销策略，并运用各种渠道和手段进行推广。此外，市场推广还需要关注竞争对手的动态，及时调整推广策略，以保持竞争优势。

六、供应链管理与生产运作

（一）供应链管理

供应链管理是指通过优化供应链运作方式，以最低的成本实现从采购到满足客户需求的全过程。

供应链管理旨在协调企业内外部资源，以更好地满足消费者需求。可以将供应链的每个环节视为虚拟企业联盟中的一个部门，而该联盟的内部管理即构成供应链管理的核心内容。这一联盟并非固定不变，而是根据市场需求动态调整其组成结构。通过高效的供应链管理，企业能够实现四个关键目标：缩短现金周转周期、降低企业运营风险、推动盈利增长及提供更加可预测的收入来源。

供应链管理还可以帮助新创企业降低风险。新创企业往往面临原材料供应不稳定、市场波动和其他不确定因素的影响。通过建立强大的供应链网络，企业可以更好地应对风险，减少损失。

然而，对于新创企业而言，供应链管理可能构成一项严峻的挑战。部分新创企业由于缺乏相关的经验与资源，在有效管理供应链方面往往显得力不从心。此外，供应链管理涉及多个利益相关方，包括供应商、物流公司及分销渠道等，这些环节之间的高效运作需要依赖良好的协调能力和沟通机制。

（二）生产运作

生产运作是企业运营的重要环节，它涉及产品或服务的设计、制造、分发，以及与供应商、员工和客户之间的关系管理。它是一个将输入（生产要素）转化为输出（产品或服务）的过程，即生产产品和提供服务的过程。生产运作是社会组织的基本职能之一。市场营销、生产运作和财务会计构成社会组织的三项基本职能，它们处在同一管理层次上，既相互独立又紧密协作。生产运作职能是组织创造价值的主要环节，是组织竞争力的源泉。

1. 生产运作分类

（1）生产性运作分类。

按产品使用性能分类，有通用产品和专用产品。通用产品是按照一定标准设计和生产的产品。产品的通用性越强，销路就越广；生产的机动性越大，对市场的适应性就越强。专用产品是根据用户的特殊需求专门设计和生产的产品，产品的适用范围较小，需求量也不大。

按生产工艺特征分类，有加工装配式生产和流程式生产。加工装配式生产是先通过固有的加工作业工序，制造出图纸规定的零部件，再按照一定工艺流程把零部件装配成最终的产品。相较于装配式生产，流程式生产则更注重连续性和整体性。此类生产方式通常涉及原材料经过一系列化学反应或物理变化，逐步转化为最终产品，且这一系列转化过程往往在同一设备或生产线内连续进行。流程式生产的核心在于对生产过程的精确控制与管理，以确保产品质量的稳定性和生产效率的最大化。

按产品需求特性分类，有订货性生产和备货性生产。订货性生产是指按用户订单进行的生产。备货性生产是指在对市场需求（现实需求和潜在需求）进行研究的基础上，有计划地进行产品开发和生产，生产出的产品不断补充成品库存，通过库存随时满足用户需求。

按生产的稳定性和重复性程度分类，有大量生产、成批生产和单件小批生产。大量生产是指一次只生产一种或少数几种产品，但其产量很大。成批生产是指周期性更新产品的品种，每种产品均有一定的数量，加工对象在生产过程中按批次轮换。单件小批生产是指一次只生产一件或几件产品，但产品种类繁多。

（2）服务性运作分类。

按是否提供有形产品分类，服务性运作可分为纯劳务运作和一般劳务运作两种。纯劳务运作不提供有形产品；一般劳务运作则提供有形产品。

按顾客需求的特性、服务性运作可分为通用型服务运作和专门型服务运作两大类。通用型服务运作是指针对一般的、日常的社会需求所提供的服务。专门型服务运作是指针对顾客的特殊要求或一次性的要求所提供的服务。

按服务运作系统的特性分类，可将服务型运作分成技术密集型运作和人员密集型运作。技术密集型运作需要更多的设施及装备投入；人员密集型运作需要更多的人员投入。

按服务运作的稳定性和重复性程度分类，可将服务性运作分成多件大批运作和单件小批运作。

2. 生产运作的重要性

生产运作对企业的盈利能力具有重要影响。它是企业实现产品价值的过程，直接影响产品的销售收入和生产成本。通过精细化的生产计划和控制，企业可以最大程度地提高生产效率，减少生产资源浪费，降低生产成本，从而提高产品的利润率。此外，生产运作还可以通过提高产品质量和服务水平，增加顾客满意度和忠诚度，从而促进企业销售额和盈利能力的增长。

生产运作对于企业的可持续发展至关重要。在资源有限且面临日益增大的环境压力的背景下，企业需要通过减少能源消耗和排放，提高资源利用率，以实现可持续的生产和运作。一个优秀的生产运作系统可以帮助企业实现工业4.0的理念，通过数字化技术和智能化设备，实现生产过程的自动化、集成化和智能化，从而提高生产效率，减少环境污染，促进绿色可持续发展。

七、创新与研发

创新与研发对新创企业的持续发展和成功起着至关重要的作用。在竞争日益激烈的市场环境中，只有通过不断创新并加大对研发的投入，企业才能更好地满足消费者需求的动态变化，同时保持自身的竞争优势。因此，创新与研发已成为新创企业运营中不可或缺的核心要素。

（一）创新与研发的作用

创新与研发可以提高新创企业的效率和竞争力。通过持续地创新与研发，新创企业可以改进现有的生产技术和流程，从而提高生产效率和产品质量。同时，借助创新技术和新颖的商业模式，新创企业能够提供更加便捷和高效的服务，吸引并留住更多客户。这样不仅可以降低企业运营成本，还能提高利润率，增强企业的市场竞争力。

创新与研发是企业实现可持续发展的关键。随着市场的不断变化和竞争的加剧，新创企业需要不断进行创新与研发，开发新产品或服务，满足新的市场需求，开拓新的市场空间，以适应市场变化，并保持企业的长期竞争力。

（二）如何进行创新与研发

对于新创企业来说，建立一种创新文化和环境是至关重要的。创新不仅是一种思维方式，也是一种精神状态，需要全体员工的共同支持和参与。企业应积极鼓励员工提出新的想法和建议，并且为他们提供成长、实验和创新的机会。同时，企业还应该设立相应的奖励和激励机制，以表彰和鼓励创新行为。此外，领导者在这一过程中扮演着关键角色，需要投入足够的资源和支持，以确保创新活动能够稳步推进。

企业需要密切关注市场变化和趋势，了解用户需求变化，并根据市场需求进行创新和研发。同时，企业也要接受失败，并从中汲取经验教训。在创新和研发过程中，不可避免地会遇到失败，企业需要接受失败，并及时总结经验教训，不断改进和调整创新与研发路径。

八、品质管理与客户服务

（一）品质管理与客户服务的作用

在新创企业中，品质管理扮演着至关重要的角色。品质管理涉及通过标准化的生产过程控制，确保产品和服务能够满足既定的质量标准。对于新创企业而言，有效的品质管理不仅保障了产品或服务的稳定性，满足了客户的需要和期望，而且有助于企业获得客户的信任与认可，树立积极的企业形象，增强市场竞争力。

客户服务被定义为企业与客户之间的互动与沟通过程，其目的在于满足并超越客户的期望和需求。在新创企业中，客户服务是不可或缺的组成部分。优质的服务能够帮助新创企业构建稳固的客户关系，提升客户的忠诚度和满意度。当客户体验到满意时，他们倾向于通过口碑效应，为企业吸引更多的潜在客户。

因此，新创企业若能积极主动地提供高质量的客户服务，将构成其持续发展的关键战略。

(二) 如何进行品质管理和客户服务

在品质管理方面，新创企业可以采取以下措施。

1. 建立品质管理体系

新创企业应根据自身业务特点和市场需求建立一套完整的品质管理体系，包括品质管理政策、流程、目标和指标等方面。通过制定明确的品质管理标准，可以确保产品或服务的一致性和稳定性。

2. 培养员工品质控制意识

新创企业应重视培养员工的品质控制意识，使其充分认识到产品或服务的品质对企业发展的重要性。企业可以通过组织培训、定期开展品质控制宣讲会等方式增强员工的品质控制意识。

3. 建立品质档案

新创企业应建立完善的品质档案，记录每次产品或服务的品质检测结果、产品退换及客户投诉情况等。通过及时分析和总结这些数据，企业可以找出在品质控制方面存在的问题并采取相应的改进措施，进一步提升品质水平。

4. 加强供应链管理

新创企业应该与供应商建立良好的合作关系，并对供应商进行严格的品质审核和评估。只有选择可靠的供应商，才能保证原材料和配套组件的品质符合标准，从而保证最终产品或服务的质量。

5. 引入先进的品质管理工具

新创企业可以引入如六西格玛、质量功能展开等先进的品质管理工具，优化产品或服务的品质管理过程。这些工具可以帮助企业识别问题、分析原因、制定改进措施，并监控改进效果。

6. 持续改进

新创企业应持续改进品质管理流程，不断寻找并消除产品或服务潜在的品质问题。通过开展质量内审、定期召开品质管理改进会议等方式，将持续改进产品或服务品质的理念贯穿整个企业。

7. 重视客户反馈

新创企业应该重视客户反馈，并及时处理客户的投诉和建议。通过积极回应客户反馈，改进产品或服务的质量，提升客户满意度，进而提升企业的品牌声誉和市场竞争力。

在客户服务方面，新创企业可以采取以下策略。

1. 建立良好的沟通渠道

新创企业应设立多种沟通渠道，包括电话、电子邮件等多种方式，以便客户可以方便地与企业进行联系并提供反馈。同时，也可以考虑利用社交媒体平台搭建与客户服务的沟通渠道。

2. 强化员工的客户服务培训

新创企业应当为员工提供良好的培训，以确保他们具备良好的客户服务技能。培训内容应包括礼貌用语、有效沟通、解决问题的技巧等方面。通过提高员工的客户服务能力，新创企业可以提供更好的用户体验。

3. 提供快速响应

新创企业应该确保能够快速响应客户的问题和需求，及时回复咨询和反馈,并采取积极行动解决问题,为客户提供更好的体验。

4. 个性化服务

新创企业可以利用客户数据了解客户的偏好和需求,并提供个性化服务。例如,根据客户的购买历史和兴趣爱好推荐相应的产品或服务,这能够提高客户的满意度和忠诚度。

5. 提供优质的售后服务

新创企业应提供全面且高效的售后服务,涵盖产品的保修与维修服务,以确保客户在购买产品后遇到问题时能够获得及时、专业的支持。这不仅有助于快速解决客户的实际问题,还能显著提升客户满意度和品牌忠诚度。

6. 定期收集客户反馈

新创企业应建立系统化的客户反馈收集机制,通过定期获取客户的意见和建议,持续优化客户服务体验。这不仅能帮助企业深入了解客户需求,还能为服务改进提供明确方向。

7. 建立客户忠诚度计划

新创企业可以建立客户忠诚度计划,为忠诚客户提供专属特权和优惠。通过对忠诚客户的奖励和关怀,企业不仅可以提高客户的忠诚度,还能促进他们再次购买。

8. 加强互动

初创企业利用社交媒体及在线社区进行客户互动,已成为一种高效且成本低廉的营销手段。为了构建积极的品牌形象并构筑稳固的客户关系,企业必须采取系统化、专业化的运营策略。

9. 投资技术创新

新创企业可考虑投资新技术来改善客户服务体验。例如,采用自动化客服系统、智能机器人等技术手段提高客户服务的效率和质量。

10. 不断改进

新创企业应当不断评估并优化客户服务的效果。通过分析数据和客户反馈,企业可以发现问题并改进,从而提高客户满意度。

九、数据分析与绩效评估

(一) 数据分析与绩效评估的定义

数据分析与绩效评估是指通过对企业运营过程中产生的数据进行深入分析和评估,从而了解企业的运营状况和业绩表现。对于新创企业来说,数据分析和绩效评估能够帮助企业管理层更好地了解企业的运营情况,制定科学有效的管理决策,进而提升企业运营效率并增强其市场竞争力。

(二) 数据分析与绩效评估的作用

1. 提供决策依据

通过数据分析和绩效评估,企业管理层能够了解企业的运营情况和业绩表现,为决策提供依据。例如,通过分析销售数据,可以了解企业哪些产品销售额较高,进而调整产品组合和定价策略;通过分析市场调研数据,可以了解市场需求的变化,为产品开发和市场拓展指明方向。

2. 发现问题和优化流程

数据分析与绩效评估能够助力企业识别运营过程中存在的问题与瓶颈,从而为优化流程、提升效率提供支持。例如,通过深入分析生产环节的数据,企业可以精准定位生产线中的瓶颈节点,并据此优化资源配置和布局设计,进而提高生产效率与产品质量。此外,基于对客户反馈数据的全面解析,企业能够发现产品或服务中潜在的改进空间,从而有针对性地进行优化,进一步增强客户满意度与忠诚度。

3. 监控业务风险

数据分析和绩效评估能够帮助企业及时发现业务风险。通过分析财务数据,企业可以发现财务风险和异常情况,并采取相应措施以保护企业的经济安全;通过分析市场竞争情况,企业可以发现竞争对手的动态和趋势,及时调整策略应对挑战。此外,通过对市场竞争、用户行为等数据的分析和监测，企业能够实时识别并应对潜在的问题与机遇，有效降低风险并把握机遇。

(三) 如何进行数据分析与绩效评估

1. 关键绩效指标法

通过设定关键绩效指标（Key Performance Indicator，KPI），企业能够对运营和业绩进行量化评估。例如，在销售部门，关键绩效指标包括销售额、销售增长率等；在生产部门，关键绩效指标包括产品合格率、生产周期等。通过收集和分析关键绩效指标，企业可以了解各个方面的表现和潜在问题。

2. SWOT 分析法

利用 SWOT 分析法对企业的优势、劣势、机会和威胁进行分析，了解企业内部环境和外部环境对业绩的影响，发现自身的竞争优势和劣势，把握机遇和应对挑战。例如，对于新创企业来说，可能面临资金不足、品牌知名度不高等劣势，但也可能面临市场需求增长和政策支持等机遇。

3. 数据可视化分析法

利用数据可视化工具将数据转化为易于理解和分析的图表，从而帮助企业更好地理解数据和信息。通过数据可视化分析，企业可以发现数据之间的关联性、趋势和异常点，进一步了解企业的运营情况和业绩表现。

十、风险管理与合规性

在运营过程中，新创企业面临着许多风险和挑战。因此，实施有效的风险管理与合规性措施，对于保护企业利益和维护企业可持续发展非常重要。风险管理涉及识别、评估和应对潜在的威胁和风险，旨在确保企业的稳健运营。合规性是指企业遵守相关的法律法规、规章制度和道德准则，保证企业的合法性和道德合理性。下文是对这两个概念的详细解释及相关措施的介绍。

（一）风险管理

风险管理是指通过识别、评估和应对可能对企业运营造成负面影响的各种风险，并采取相应措施减轻和控制这些风险的过程。风险可能来自外部环境（如市场变化、竞争压力等）或内部因素（如组织管理、内部流程等），包括多个维度，如财务风险、法律风险、技术风险和市场风险等。

风险管理的作用主要体现在以下几个方面。

1. 预防风险

通过识别和评估潜在风险，我们可以提前采取措施，避免风险的发生。

2. 减轻损失

即使风险无法完全避免，通过风险管理也可以减轻潜在损失，提高企业在不可预见事件中的抵抗能力。

3. 保护企业声誉

风险管理有助于保护企业的品牌形象和声誉，减少风险事件对企业声誉的影响。

4. 改进决策

风险管理的过程可以帮助企业更好地评估各种决策对企业风险的影响，从而作出明智的决策。

为了实现有效的风险管理，企业可以采取以下措施。

1. 风险识别与评估

通过分析内外部环境，企业可以识别潜在风险并进行评估，确定风险的严重性和优先级。

2. 风险控制与管理策略

制定相应的控制措施和管理策略，以降低潜在风险的发生概率及其影响程度。

3. 监测与反馈

建立风险监控机制，及时监测风险的变化，并根据实际情况进行相应的调整和修正。

4. 培训与意识提高

加强员工在风险管理方面的培训,增强其风险意识和应对能力。

(二) 合规性

合规性是指企业按照相关法律法规、规章制度和道德准则开展经营活动。合规性的作用主要体现在以下几个方面。

1. 降低法律风险

严格遵守法律法规和规章制度,可以降低企业因违规行为而面临的法律诉讼和罚款风险。

2. 增强企业信誉

合规性与企业声誉息息相关,履行法律义务和社会责任可以提高企业的声誉。

3. 有效管理企业风险

合规性是风险管理的重要组成部分,合规性措施可以帮助企业识别和管理风险,减少风险事件的发生。

4. 促进企业可持续发展

合规性要求企业在经营过程中优先考虑环境保护、社会责任等方面,促进企业的可持续发展。

为确保企业合规性,新创企业可以采取以下措施。

1. 建立合规性政策和制度

制定企业内部的合规性政策和制度,明确合规性要求和责任分工。

2. 风险评估和监测

进行风险评估,识别潜在合规风险,并建立监测机制,定期检查和评估合规情况。

3. 培训和教育

加强对员工培训,使其了解合规性要求和工作流程。

4. 合规性审计和检查

定期进行内部审计和检查,核实合规性实施情况,如发现问题应及时整改。

本章综合论述了新创企业的注册流程、营销策略及运营管理等关键要素。本章首先,详细阐述了新创企业的注册流程;其次,深入分析了新创企业的管理模式与商业模式,并着重探讨了营销阶段的关键特点;最后,对组织架构的构建与团队建设进行了讨论,并强调了资金管理与预算规划的重要性。

思考与讨论

1. 新创企业应如何平衡亲情化管理、友谊化管理、温情化管理与制度化管理?

2. 如何根据自身特点选择合适的商业模式?

3. 如何进行有效的目标市场分析和制定市场战略?

4. 如何建立高效的团队和优化组织架构?如何进行资金管理和预算规划?

参考文献

[1] 相艳.普通高等教育精品教材大学生科研训练与论文写作[M].上海:上海交通大学出版社,2019.

[2] 陈晶,黄孝鹏,侯杰.创新创业基础双色版[M].长沙:湖南大学出版社,2021.

[3] 张玉利,陈寒松,薛红志,等.创业管理:第4版(基础版)[M].北京:机械工业出版社,2017.

[4] 徐军,徐全忠.大学生创新创业基础[M].北京:高等教育出版社,2020.

[5] 许彦彬,陈海玉.管理学[M].北京:清华大学出版社,2019.

[6] 何朝林.创业意识与创新管理[M].长沙:湖南师范大学出版社,2019.

[7] 杜永红,秦效宏,梁林蒙.论文写作[M].北京:清华大学出版社,2021.

[8] 李胜,李媛媛.市场营销类岗位能力分级模型[M].北京:北京师范大学出版社,2018.

[9] 李媛媛,刘江鹰,杨静.会计类岗位能力分级模型[M].北京:高等教育出版社,2016.

[10] 姚玉珠,臧伟.管理学双色[M].上海:上海交通大学出版社,2017.

[11] 张珍荣,白银华,邱靖.高校大学生创新创业教育研究[M].长春:吉林出版集团股份有限公司,2017.

[12] 姚屏,赵玲玲,姚宏.创新创业能力提升[M].武汉:武汉大学出版社,2020.

[13] 吴青松,巫霞,冉敏.基础类课程规划教材高等教育大学生创新创业教程[M].大连:大连理工大学出版社,2020.

[14] 高建.创新与创业管理:第4辑 技术创业专辑[M].北京:清华大学出版社,2008.

[15] 王春青.大学生创新创业基础[M].长春:吉林教育出版社,2020.

[16] 李倩,谭姝,彭铮.高职院校创新创业教育与就业指导研究[M].北京:世界图书出版公司,2017.

[17] 任江.大学生创新创业法律风险认知教学实践探索[M].哈尔滨:哈尔滨工业大学出版社,2017.

[18] 陈偶娣,闫琴,陈江.大学生创新创业[M].石家庄:河北科学技术出版社,2021.

[19] 敬阳,刘楠.大学生创新创业基础活页版[M].苏州:苏州大学出版社,2023.

[20] 高泽金,张华春,秦松涛."十四五"高等职业教育创新创业系列教材大学生创新创业实务[M].北京:中国铁道出版社,2023.

[21] 王北一.创新创业理实一体化教程电子活页式[M].北京:清华大学出版社,2023.

[22] 张存江,余飞,王昕明.财商与创新创业[M].南京:南京大学出版社,2018.

[23] 彭炜锋,陈晓桁,许玲.国际创新创业教育特色教材[M].哈尔滨:黑龙江教育出版社,2020.

[24] 葛向东,陈工孟.创新创业机会识别[M].北京:经济管理出版社,2017.

[25] 葛茂奎.高校创新创业教育与人才培养方案研究[M].北京:九州出版社,2020.

[26] 高勇.大学生创新创业教育与能力培养实践[M].西安:西北工业大学出版社,2020.

[27] 温强.创业企业运作与投融资[M].北京:清华大学出版社,2022.

[28] 苏致莉,刘源.大学生创新创业教程[M].天津:南开大学出版社,2017.

[29] 张萌.大学生创新创业教育探索[M].北京:光明日报出版社,2018.

[30] 王伯良,等.创业管理学[M].北京:中共中央党校出版社,2005.

[31] 贺尊,贺嘉贝.创业管理学[M].北京:高等教育出版社,2020.

[32] 李莉.创业管理学[M].北京:中国商务出版社,2019.

[33] 张帏,姜彦福.创业管理学:第2版[M].北京:清华大学出版社,2018.

[34] 姜彦福,张帏.创业管理学[M].北京:清华大学出版社,2005.

[35] 李良智,查伟晨,钟运动.创业管理学[M].北京:中国社会科学出版社,2007.

[36] 雷家骕,葛健新,王华书,等.创新创业管理学导论[M].北京:清华大学出版社,2014.

[37] 王锋.创业管理学[M].西安:陕西人民教育出版社,2016.

[38] 罗爱华.大学生论文写作导引[M].汕头:汕头大学出版社,2021.

[39] 罗爱华.大学生论文写作基础[M].北京:中国书籍出版社,2020.

[40] 朱希祥,王一力.大学生论文写作规范·方法·示例[M].上海:汉语大词典出版社,2003.

[41] TURABIAN K L.大学生论文写作指南:第4版[M].张晨,丁迅,译.北京:高等教育出版社,2016.

[42] 戈登·哈维.学会引用:大学生论文写作指导手册[M].沈文钦,李茵,译.北京:教育科学出版社,2007.

[43] 范建国,高珀琛.大健康背景下天津市普通高校大学生体质健康综合评价分级模型构建[M].北京:原子能出版社,2020.

[44] 王玲.基于机器视觉和多元回归的收获前棉花品级抽样分级模型研究[M].南京:南京农业大学出版社,2006.

[45] 于玲玲,段东山,刘秀.管理学[M].北京:北京理工大学出版社,2022.

[46] 陈泉辛,严文燕,席佳蓓.管理学[M].南京:东南大学出版社,2023.

[47] 肖华茂,杨佳利.管理学[M].北京:企业管理出版社,2022.

[48] 王成,李明明.经济管理创新研究[M].北京:中国商务出版社,2023.

[49] 迈克尔·莫尔,朱利安·伯金肖.管理创新的跃迁[M].祝惠娇,译.北京:机械工业出版社,2022.

［50］王春宝,张永越.高校学生管理创新理念研究[M].北京:中国商务出版社,2023.

［51］李海燕.管理创新手册[M].杭州:浙江大学出版社,2020.

［52］曾云.创新与创业[M].重庆:重庆大学出版社,2020.

附　录

附录 A 《2023 全国普通高校大学生竞赛分析报告》竞赛目录（2023 年版）

序号	赛事名称
01	中国国际"互联网+"大学生创新创业大赛
02	"挑战杯"全国大学生课外学术科技作品竞赛
03	"挑战杯"中国大学生创业计划大赛
04	ACM-ICPC 国际大学生程序设计竞赛
05	全国大学生数学建模竞赛
06	全国大学生电子设计竞赛
07	中国大学生医学技术技能大赛
08	全国大学生机械创新设计大赛
09	全国大学生结构设计竞赛
10	全国大学生广告艺术大赛
11	全国大学生智能汽车竞赛
12	全国大学生电子商务"创新、创意及创业"挑战赛
13	中国大学生工程实践与创新能力大赛
14	全国大学生物流设计大赛
15	外研社全国大学生英语系列赛（英语演讲、英语辩论、英语写作、英语阅读）
16	两岸新锐设计竞赛·华灿奖
17	全国大学生创新创业训练计划年会展示

续表

序号	赛事名称
18	全国大学生化工设计竞赛
19	全国大学生机器人大赛-RoboMaster、RoboCon
20	全国大学生市场调查与分析大赛
21	全国大学生先进成图技术与产品信息建模创新大赛
22	全国三维数字化创新设计大赛
23	"西门子杯"中国智能制造挑战赛
24	中国大学生服务外包创新创业大赛
25	中国大学生计算机设计大赛
26	中国高校计算机大赛——大数据挑战赛、团体程序设计天梯赛、移动应用创新赛、网络技术挑战赛
27	蓝桥杯全国软件和信息技术专业人才大赛
28	米兰设计周——中国高校设计学科师生优秀作品展
29	全国大学生地质技能竞赛
30	全国大学生光电设计竞赛
31	全国大学生集成电路创新创业大赛
32	全国大学生金相技能大赛
33	全国大学生信息安全竞赛
34	未来设计师-全国高校数字艺术设计大赛
35	全国周培源大学生力学竞赛
36	中国大学生机械工程创新创意大赛
37	中国机器人大赛暨RoboCup机器人世界杯中国赛
38	"中国软件杯"大学生软件设计大赛
39	中美青年创客大赛
40	睿抗机器人开发者大赛（RAICOM）
41	"大唐杯"全国大学生新一代信息通信技术大赛
42	华为ICT大赛
43	全国大学生嵌入式芯片与系统设计竞赛
44	全国大学生生命科学竞赛（CULSC）
45	全国大学生物理实验竞赛

续表

序号	赛事名称
46	全国高校 BIM 毕业设计创新大赛官网
47	全国高校商业精英挑战赛
48	"学创杯"全国大学生创业综合模拟大赛
49	中国高校智能机器人创意大赛
50	中国好创意暨全国数字艺术设计大赛
51	中国机器人及人工智能大赛
52	全国大学生节能减排社会实践与科技竞赛
53	"21世纪杯"全国英语演讲比赛
54	iCAN 大学生创新创业大赛
55	"工行杯"全国大学生金融科技创新大赛
56	中华经典诵写讲大赛
57	"外教社杯"全国高校学生跨文化能力大赛
58	百度之星·程序设计大赛
59	全国大学生工业设计大赛
60	全国大学生水利创新设计大赛
61	全国大学生化工实验大赛
62	全国大学生化学实验创新设计大赛
63	全国大学生计算机系统能力大赛
64	全国大学生花园设计建造竞赛
65	全国大学生物联网设计竞赛
66	全国大学生信息安全与对抗技术竞赛
67	全国大学生测绘学科创新创业智能大赛
68	全国大学生统计建模大赛
69	全国大学生能源经济学术创意大赛
70	全国大学生基础医学创新研究暨实验设计论坛（大赛）
71	全国大学生数字媒体科技作品及创意竞赛
72	全国本科院校税收风险管控案例大赛
73	全国企业竞争模拟大赛
74	全国高等院校数智化企业经营沙盘大赛

续表

序号	赛事名称
75	全国数字建筑创新应用大赛
76	全球校园人工智能算法精英大赛
77	国际大学生智能农业装备创新大赛
78	"科云杯"全国大学生财会职业能力大赛
79	全国职业院校技能大赛
80	全国大学生机器人大赛-RoboTac
81	世界技能大赛
82	世界技能大赛中国选拔赛
83	"一带一路"暨金砖国家技能发展与技术创新大赛
84	"码蹄杯"全国职业院校程序设计大赛

资料来源:《2022 全国普通高校大学生竞赛分析报告》发布[EB/OL].(2023-03-22)[2025-01-15]. https://m.163.com/dy/article/I0DS7R120516RJ0M.html.

附录B "双创"政策库——国务院文件

政策文件	发文字号	发文日期
《教育部关于举办第八届中国国际"互联网+"大学生创新创业大赛的通知》	教高函〔2022〕2号	2022年4月6日
《国家发展改革委等部门关于深入实施创业带动就业示范行动力促高校毕业生创业就业的通知》	发改高技〔2022〕187号	2022年02月08日
《关于支持港澳青年在粤港澳大湾区就业创业的实施意见》	人社部发〔2021〕75号	2021年09月23日
《国务院办公厅关于进一步做好高校毕业生等青年就业创业工作的通知》	国办发〔2022〕13号	2022年05月05日
《国务院办公厅关于进一步支持大学生创新创业的指导意见》	国办发〔2021〕35号	2021年09月22日
《国务院办公厅关于建设第三批大众创业万众创新示范基地的通知》	国办发〔2020〕51号	2020年12月09日
《国务院办公厅关于支持多渠道灵活就业的意见》	国办发〔2020〕27号	2020年07月28日
《国务院办公厅关于提升大众创业万众创新示范基地带动作用进一步促改革稳就业强动能的实施意见》	国办发〔2020〕26号	2020年07月23日
《关于促进国家高新技术产业开发区高质量发展的若干意见》	国发〔2020〕7号	2020年07月13日
《国务院办公厅关于应对新冠肺炎疫情影响强化稳就业举措的实施意见》	国办发〔2020〕6号	2020年03月18日
《国务院办公厅关于推广第三批支持创新相关改革举措的通知》	国办发〔2020〕3号	2020年01月23日
《国务院关于进一步做好稳就业工作的意见》	国发〔2019〕28号	2019年12月13日

续表

政策文件	发文字号	发文日期
《国务院办公厅关于印发职业技能提升行动方案（2019—2021年）的通知》	国办发〔2019〕24号	2019年05月18日
《国务院办公厅关于推广第二批支持创新相关改革举措的通知》	国办发〔2018〕126号	2018年12月23日
《国务院关于做好当前和今后一个时期促进就业工作的若干意见》	国发〔2018〕39号	2018年11月16日
《国务院关于推动创新创业高质量发展打造"双创"升级版的意见》	国发〔2018〕32号	2018年09月18日
《国务院关于优化科研管理提升科研绩效若干措施的通知》	国发〔2018〕25号	2018年07月18日
《国务院关于推行终身职业技能培训制度的意见》	国发〔2018〕11号	2018年05月03日
《国务院办公厅转发证监会关于开展创新企业境内发行股票或存托凭证试点若干意见的通知》	国办发〔2018〕21号	2018年03月22日
《国务院关于印发积极牵头组织国际大科学计划和大科学工程方案的通知》	国发〔2018〕5号	2018年03月14日
《国务院关于全面加强基础科学研究的若干意见》	国发〔2018〕4号	2018年01月19日
《国家发展改革委办公厅关于推广支持农民工等人员返乡创业试点经验的通知》	发改办就业〔2021〕721号	2021年09月15日
《两部委关于举办第六届"创客中国"中小企业创新创业大赛的通知》	工信部联企业函〔2021〕124号	2021年5月21日
《教育部办公厅关于开展2021届高校毕业生就业促进周活动的通知》	教学厅函〔2021〕17号	2021年5月6日
《教育部关于举办第七届中国国际"互联网+"大学生创新创业大赛的通知》	教高函〔2021〕2号	2021年4月9日
《关于依托现有各类园区加强返乡入乡创业园建设的意见》	发改就业〔2021〕399号	2021年03月10日

续表

政策文件	发文字号	发文日期
《关于深入组织实施创业带动就业示范行动的通知》	发改办高技〔2021〕244号	2021年03月23日
《人力资源社会保障部关于做好2021年全国高校毕业生就业创业工作的通知》	人社部函〔2021〕27号	2021年03月10日
《退役军人事务部等8部门关于促进退役军人到开发区就业创业的意见》	退役军人部发〔2021〕6号	2021年01月27日
《教育部关于做好2021届全国普通高校毕业生就业创业工作的通知》	教学〔2020〕5号	2020年11月20日
《农业农村部办公厅 中国农业银行办公室关于举办第四届全国农村创新创业项目创意大赛的通知》	农办产〔2020〕7号	2020年7月8日
《农业农村部 国家发展改革委 教育部 科技部 财政部 人力资源社会保障部 自然资源部 退役军人部 银保监会关于深入实施农村创新创业带头人培育行动的意见》	农产发〔2020〕3号	2020年06月13日
《关于开展双创示范基地创业就业"校企行"专项行动的通知》	发改办高技〔2020〕310号	2020年04月24日
《科技部关于印发2020年度国家备案众创空间的通知》	国科发火〔2020〕104号	2020年04月16日
《关于进一步加大创业担保贷款贴息力度全力支持重点群体创业就业的通知》	财金〔2020〕21号	2020年04月15日
《农业农村部办公厅 人力资源社会保障部办公厅关于印发〈扩大返乡留乡农民工就地就近就业规模实施方案〉的通知》	农办产〔2020〕2号	2020年03月26日
《科技部印发《关于推进国家技术创新中心建设的总体方案（暂行)》的通知》	国科发区〔2020〕70号	2020年03月23日
《科技部火炬中心关于做好创业孵化机构科学防疫推进创业企业有序复工复产保持创新创业活力的通知》	国科火字〔2020〕66号	2020年3月4日

续表

政策文件	发文字号	发文日期
《教育部关于应对新冠肺炎疫情做好2020届全国普通高等学校毕业生就业创业工作的通知》	教学〔2020〕2号	2020年03月04日
《工业和信息化部财政部关于举办2020年"创客中国"中小企业创新创业大赛的通知》	工信部联企业〔2020〕26号	2020年02月17日
《人力资源社会保障部财政部农业农村部关于进一步推动返乡入乡创业工作的意见》	人社部发〔2019〕129号	2019年12月10日
《工业和信息化部关于公布2019年度国家小型微型企业创业创新示范基地名单的通告》	工信部企业函〔2019〕303号	2019年10月9日
《农业农村部办公厅关于征集2019年全国大众创业万众创新活动周主题展示农村创业创新项目的通知》	农办产〔2019〕3号	2019年03月12日
《教育部关于公布2019年度全国创新创业典型经验高校名单的通知》	教学厅函〔2019〕38号	2019年8月5日
《教育部关于印发〈国家级大学生创新创业训练计划管理办法〉的通知》	教高函〔2019〕13号	2019年7月10日
《关于做好当前形势下高校毕业生就业创业工作》	人社部发〔2019〕72号	2019年7月3日
《两部门关于2019年度中央财政支持"创客中国"中小企业创新创业大赛有关工作的通知》	财办建〔2019〕75号	2019年5月15日
《工业和信息化部中小企业局关于做好2019年全国大众创业万众创新活动周工作的通知》	工企业函〔2019〕298号	2019年5月28日
《国家发展改革委 科技部关于构建市场导向的绿色技术创新体系的指导意见》	发改环资〔2019〕689号	2019年4月15日
《两部门关于发布支持打造大中小企业融通型和专业资本集聚型创新创业特色载体工作指南的通知》	工信厅联企业函〔2019〕92号	2019年4月22日
《四部门关于实施支持和促进重点群体创业就业有关税收政策具体操作问题的公告》	国家税务总局公告2019年第10号	2019年2月26日

续表

政策文件	发文字号	发文日期
《两部门关于开展2019年中小企业与高校毕业生创业就业对接服务工作的通知》	工信厅联企业〔2019〕8号	2019年2月15日
《三部门明确进一步扶持自主就业退役士兵创业就业有关税收政策》	财税〔2019〕21号	2019年2月2日
《关于进一步支持和促进重点群体创业就业有关税收政策的通知》	财税〔2019〕22号	2019年2月2日
《人力资源社会保障部办公厅关于推进技工院校学生创业创新工作的通知》	人社厅发〔2018〕138号	2018年12月18日